甘肃省科技创新热点辨析

GANSU SHENG KEJI CHUANGXIN REDIAN BIANXI

邱金　杜英　张文丽　刘勇　著

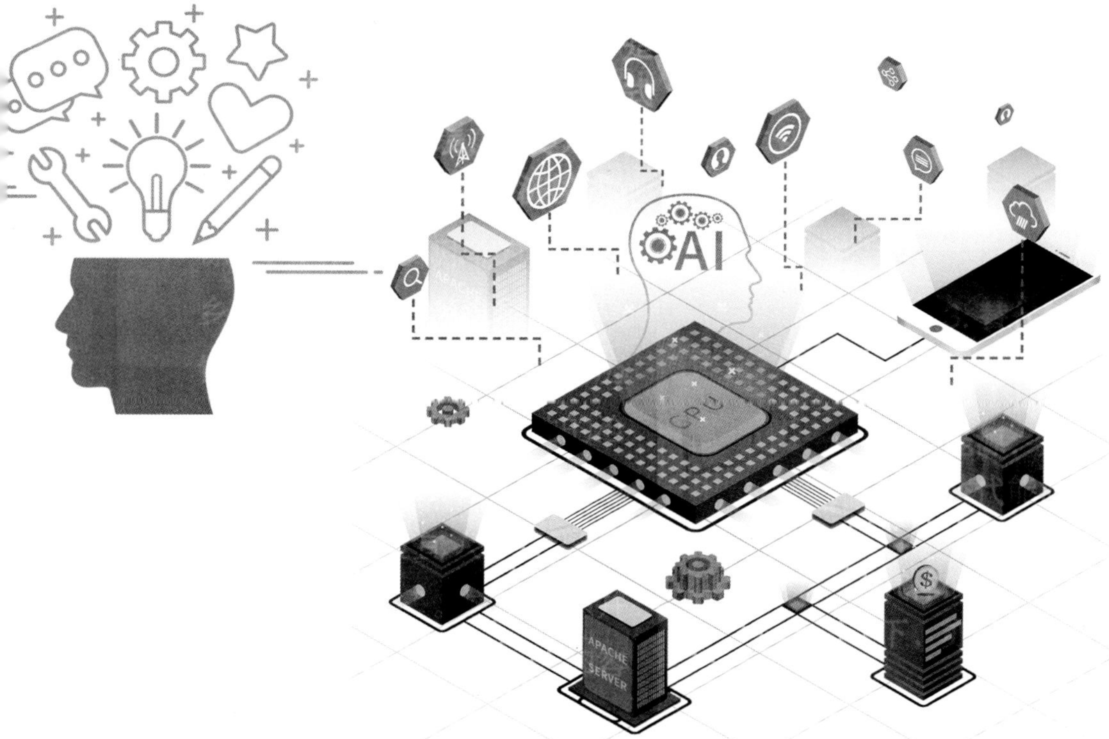

甘肃科学技术出版社

图书在版编目（CIP）数据

甘肃省科技创新热点辨析 / 邸金等著 . -- 兰州 :
甘肃科学技术出版社，2022.7
ISBN 978-7-5424-2948-3

Ⅰ. ①甘… Ⅱ. ①邸… Ⅲ. ①技术革新—研究—甘肃
Ⅳ. ①F124.3

中国版本图书馆CIP数据核字（2022）第100897号

甘肃省科技创新热点辨析

邸 金 杜 英 张文丽 刘 勇 著

责任编辑 刘 钊

封面设计 李天红 宿江华

出 版 甘肃科学技术出版社

社 址 兰州市城关区曹家巷1号甘肃新闻出版大厦

网 址 www.gskejipress.com

电 话 0931-2131572（编辑部） 0931-8773237（发行部）

发 行 甘肃科学技术出版社 印 刷 甘肃城科工贸印刷有限公司

开 本 787毫米×1092毫米 1/16 印 张 17 插页 2 字 数 320千

版 次 2022年8月第1版

印 次 2022年8月第1次印刷

印 数 1~1 000

书 号 ISBN 978-7-5424-2948-3 定 价 46.00元

前　言

从情报科学到经济计量再到科技信息宣传，三十多年来，我基本经历了甘肃科技事业发展的各个阶段，亲历者、参与者也是记录者。从新闻记者的角度去观察、记录时代变迁，是一件令人乐此不疲的事情，在科技日报甘肃记者站工作过多年，作为一个新闻写作“二传手”，我也日益明晰了一个理念，“新闻宣传也是生产力”，这一理念促成了本书的问世，新闻宣传在推进科技创新事业发展过程中，直接或间接地产生了巨大的生产力，因此我希望更多地管理者能重视和深入思考新闻宣传工作。

一篇新闻稿、一条短视频甚至一张照片能产生什么生产力呢？从表面看，新闻宣传不会产生直接的经济效益，但其可以通过为生产力的发展创造良好条件的方式对经济社会的发展起到积极的、间接的、重要的、深远的促进作用。古往今来的大量事实证明，新闻宣传无疑也是一种生产力，从烽火狼烟到晨钟暮鼓，从驿寄梅花到鸿雁传书，千百年来，人们潜移默化地推动着宣传事业前行的车轮。到了近代，1933 年的“炉边谈话”，是美国总统罗斯福利用大众传播手段进行政治性公关活动的典型事例之一，通过一部小小的收音机，罗斯福鼓舞了美国人民，更为重要的是宣传了他的货币及社会改革的基本主张，从而赢得了人们的理解和尊敬。对美国政府度过艰难、缓和危机起到了较大的作用,这难道说不是真实的生产力吗?

步入现代社会,宣传也是生产力的理念,不断被复刻与实践,可口可乐、一汽大众、蒙牛……国内外许多知名企业在年度生产成本中列支相当比例的新闻宣传费用,尤其是那些直面市场的产销企业,宣传成本更是高得惊人,恰恰是这些广泛的新闻宣传效应,造就了企业的知名度和其产品在市场上的占有率。不难看出,在经济社会中,有了市场,自然就有了生产力。这个道理看起来浅显,实则深刻。

人民日报国内政治部《时代潮》杂志编辑刁瑞在《中国城市新闻榜》著作中,对全国 100 个城市进行新闻排序,诞生了第一个“中国城市新闻榜”。该新闻榜第一次以新闻报道的数量和分量为依据,来评价和评估中国城市在经济发展和新闻宣传中的成败利弊,660 多个中国城市,哪些发展突飞猛进品牌名扬四方?哪些经济平淡,知名度只局限本省本市?进入和没进入新闻榜的城市也许都该为此深思并敬畏,新闻的参照与牵引,某种程度上决定着城市的方向,决定着城市的影响力和核心竞争力,同时也多少决定着新闻中国千千万万市民的幸福生活。

行有不得,反求诸己。践行科技是第一生产力、实施科教兴国战略、营造科技进步氛围是现实需要,也是树立科学意识、提高全民科技素质的重要措施,“讲好科技故事”是一个需要敏锐与激情的行当,是一代代新闻人的“追赶”,更是传承。汶川地震发生后,我第一时间赴灾区采访,在舟曲泥石流灾害现场我蹲在帐篷里“码字”,这样的经历是难忘的,报道是有温度的,当时并肩作战的战友们用大量的作品全景再现了灾区人民“泰山压顶不弯腰”的精神,给了全国人民比金子还要宝贵的信心,展示了灾区人民恢复生产、重建家园,艰苦创业、勇攀高峰的志气和精神。近几年来，随着新鲜血液的注入，为科技鼓与呼的队伍壮大了，视角更加多元化，思考更加多维度，但理念一脉相承，逐渐汇集成出版此书的“初心”：本书以笔为媒，探寻宣传促进科技创新的脉搏，搭建科技与经济发展的媒体桥梁。

“删繁就简三秋树，文似看山不喜平。”采访、推敲、提笔的过程总是令人纠结又愉悦，因篇幅有限，本书选取的176篇文章，主要从成果荟萃、政策追踪、创新故事、科技扶贫、活动直击、人物聚焦和科普视野7个篇章，刻画了近年来甘肃科技创新工作的发展脉络，探讨了科技创新热点及其趋势，进而为把握科技发展动向提供参考。在写作过程中，对科技日报社、甘肃省委宣传部、甘肃省科学技术厅等单位及参访过的众多大咖们心存感激，他们使一名科技新闻记者的写作功底得到升华，践行“五力”的体会更加深刻。

采访写作中，我逐渐有了一个想法，就是让新闻“高大上”起来，内容更加“引人入胜”，过程更加“大连机动”，传导更加“上档进位”，这些想法和心得或许也是管中一窥吧！

诚然，无论是对于这本书的作者还是读者来说，我们对甘肃科技创新发展的认识不会限于这些文字，所以这本书并不期望您能手不释卷地阅读，而更希望能启迪您对科技工作更多的思考与好奇，陪伴您探寻到新的收获。

杜英

2022年5月7日

目 录

成果荟萃(42 篇)

政策追踪(24 篇)

创新故事(30 篇)

科技扶贫(21篇)

活动直击(29篇)

人物聚焦（14篇）

科普视野(16篇)

成果荟萃

（42 篇）

作者导言

科技的强大如何被“感知”？比如，首套国产碳离子治疗装置的自主创新路、“100+N”开放协同创新体系建设落地甘肃、组建创新联合体加快核心技术攻关、兰州大学在YBCO超导块材3D打印制备技术上取得新突破……当科学技术从“实验场”走进“应用场”，面向世界科技前沿、面向经济主战场、面向国家重大需求、面向人民生命健康发挥重要作用时，这些有前途的创新梦想、有前景的创新成果，便会被看见与珍视。

我们所踏足的这片土地上，持续传来创新发展的好声音。为了更好地培养公众对科学的兴趣，培养能引领世界未来创新的人才，让公众感受科技工作的魅力，本章收录了近年来作者在甘肃采访见证的科研学术、农业科技、民生科技、生态保护、新能源等领域的丰硕成果。不尽全面，让我们更加期待把创新驱动的新引擎全速发动起来，把科技创新潜力更好释放出来，让创新的成果更多惠及百姓。

兰洽会搭台　十大生态产业唱响重头戏

2019 年 7 月 11 日

7 月 8 日，历时 5 天的第二十五届中国·兰州投资贸易洽谈会（简称“兰洽会”）在兰州圆满闭幕。本届兰洽会举办了甘肃省十大生态产业项目对接洽谈、民企陇上行和侨商、台商、陇商等投资洽谈活动，共计 40 余场论坛及活动，各市州、省直有关部门和企业以本届兰洽会为契机，瞄准生态产业，精准对接项目，积极开展招商引资，507 个项目在会期间成功签约。据统计，兰洽会期间进馆观众累计达 24 万人（次），展览商品展销总成交额 15.02 亿元。本届兰洽会科技味十足，十大生态产业项目异军突起，绿色丝路、绿色发展理念熠熠生辉。

作为国际性经贸盛会，本届兰洽会以“深化经贸合作，共建绿色丝路”为主题，坚持新发展理念，按照高质量发展要求，围绕“文化、枢纽、技术、信息、生态”五个制高点和“十大生态产业”发展，邀请了“一带一路”沿线 42 个国家和 3 个国际组织、13 个国家部委、25 个省区市、新疆生产建设兵团和港澳台地区的嘉宾、多家世界 500 强、中国 500 强、中国民营 500 强企业高管代表参会，境内外共有 3 万人注册参会参展。

甘肃是华夏文明的发祥地之一，是丝绸之路经济带的黄金段，是连接欧亚大陆桥的战略通道和沟通西南、西北的交通枢纽，是全国的重要生态安全屏障、新能源基地、有色冶金新材料基地和特色农产品生产与加工基地。随着“一带一路”倡议的深入实施，甘肃以丰富的自然资源、厚重的文化积淀、明显的区位优势、良好的产业基础、丰富的要素资源、优越的营商环境，已成为投资的热土。省政府副秘书长、兰洽会组委会执行副主任贾宁表示：“感谢与会各方围绕深化共建‘一带一路’，开展多领域、多层次交流合作，共同推动甘肃经济社会高质量发展。”

在闭幕大会签约现场，嘉峪关粤通旅游开发、张掖智能终端产业、兰州宝能物流供应链、白银全球新药生产服务基地、天水世茂国际生态城等 33 个重点招商引资项目进行了现场签约，涉及装备制造、通道物流、文化旅游、职业教育等全省重点发展的十大绿色生态产业项目，随着这些项目的建成运营，必将成为助推甘肃加快高质量发展，建设开放型经济，实现绿色崛起的强大引擎。甘肃省商务厅厅长张应华说：“本届兰洽会严格审核招商引资项目，突出高质量发展，签约项目投资回报率高、市场前景好，必将实现双方互利共赢。”

据记者了解，除了做好生态产业文章，今年兰洽会特别设置了特色农产品产销对接展区，产业扶贫促销成为新亮点，商务部、全国工商联分别组织了2019全国农产品产销对接、中国光彩事业临夏行扶贫洽商活动，会展期间举行了13场扶贫工厂推介和特色产品采购专场对接活动，采购成交金额共计6528万元，脱贫攻坚有了国际机遇。

甘肃：从"科技小白"到"创新谷地"

2019年8月14日

"国产首台医用重离子示范装置在武威开始临床试验治疗啦！"2018年11月6日，这则简短的消息快速刷遍了甘肃人的朋友圈。近十年，中科院近代物理研究所率先完成213例临床前期试验研究，取得显著疗效，使我国成为第四个掌握重离子治疗技术的国家。

两弹一星、超导电站、离子电火箭、镍闪速熔炼炉、全膜双垄沟播技术、轮状病毒活疫苗技术、古壁画保护技术……70年沧桑巨变，地处三大高原交汇地的甘肃，坚持创新引领，从曾经的"科技小白"发展成西部"创新谷地"。

科技资源几何增长

临近兰州市东方红广场的平凉路上坐落着一座浅灰色建筑，就是甘肃省科学技术情报研究所。作为1949年后甘肃省首个地方研究机构，历经几十年的发展，现在已经是国家产业技术创新和科技发展研究基地。目前甘肃省专业技术人员总量已达58万人，科研院所达153家。

依托兰州、白银2个高新技术产业开发区建设的国家自主创新示范区，通过完善创新创业投资引导机制，创建兰州科技大市场和丝绸之路国际知识产权港并与张江自创区建立稳定的合作关系。2017年，兰白自创区生产总值达到349亿元，开发新产品257项。

科技力量的补强、科技队伍的壮大，离不开持续的经费投入。2017年，甘肃省财政科技支出和R&D经费投入分别达到25.8亿元和88.4亿元。

科技产出量质齐升

近日，由兰州大学功能有机分子化学国家重点实验室开发的“依维莫司类大环内酯药物合成和纯化”成果完成小试转化，将在增加药品供给方面打破进口垄断，为晚期肾癌患者带来希望。同时，兰州佛慈制药股份有限公司研制生产的当归、党参两个中药精制饮片获得中国中药协会第四届中药饮片诚信品牌。

中医药是甘肃优秀的文化资源、有潜力的经济资源和具有原创优势的科技资源，素有“天然药库”美誉。中药材种植规模化、中医药工业集聚化、中药材电子商务化、合作交流国际化，形成了“佛慈”“岷山”“唐龙”等品牌，与10多个国家合作建设了海外岐黄中医中心或中医学院。

除了中医药，甘肃的电子信息产业也有长期的发展沉淀。天水华天电子集团在全球集成电路封装行业中排名第6位，主要产品包括塑封集成电路、半导体功率器件、光电子器件等十大类1000多个品种。五年来，累计研发投入16.8亿元，年均研发投入达到销售收入的5.56%，拥有注册商标14项、计算机软件著作权56项、发明专利143件。堪称欠发达地区发展新兴产业的“地标”。

近年来，冰川冻土、地质勘探、核物理、石油化工、有色冶金、装备制造、生物制品等领域均取得了丰硕的成果，科技产出实现了量质齐升。

经济贡献稳中向好

科技创新让甘肃经济切切实实地感受到了“底气”，就是“越是欠发达地区，越需要实施创新驱动发展战略”。

由于环保政策和下游市场的调整，甘肃窑街煤电集团正为每年50万吨的半焦固体废弃物发愁，而中科院兰州化学物理研究所也在寻求突破工业废物油页岩半焦的资源化利用技术。相向寻觅之间，一份《半焦高值利用关键技术及产品研发》项目合同在2019年初签订。6个月后，4个系列108个样品完成了生产线验证，为半焦高值利用找到了一条有效途径，探索出了一条“科学家+企业家”的成果转化机制。项目负责人王爱勤用“瞌睡遇到枕头”来形容这次技术“碰撞”。

作为传统资源省份，固体废弃物的高值性、低成本、循环化利用，是甘肃企业发展与科技工作共同面临的考验。2019年，“复杂铜基多金属固废绿色协同冶炼技术与成套装备研究”“祁连山等地区多源固废安全处置集成示范”获得国家立项支持。

统计数据显示，甘肃综合科技创新水平指数达到51.38%，综合科技进步水平排名全国第18位，科技对甘肃经济增长的贡献率达到52.8%。

“在思路上，要主动适应国内外形势新变化，加快科技创新从科技与经济结合到全面支撑引领发展的转变；在政策上，要针对调动人的积极性和优化资源配置进行精准施策；在重点上，要抓好体现战略意图和重大决策部署任务落实。”甘肃省科技厅厅长史百战对《科技日报》记者表示：研发组织方式要实现工程思维、流程治理，研发资源使用要实现梯次推进、分类配置，研发制度安排要实现输入产业、输出产品，“新领域的管与服，思维方式需要重大转变。”

甘肃：抓实抓细防控，促生产稳就业

2020 年 2 月 27 日

甘肃省近日发布了《甘肃省新冠肺炎疫情省级三级应急响应防控指导意见》，共指出 7 个方面 30 条具体措施，实施应急响应由一级调整为省级三级后的疫情防控工作措施。

统筹推进疫情防控和经济社会发展工作，持续强化社区和农村网格化管理措施，规范流动人口管控……甘肃在更加科学防范、更加细致有效做好疫情防控工作的基础上，为复工复产创造良好环境。

交通保障要先行。甘肃逐步有序恢复道路客运服务，全面恢复公交交通和县市客运，不得封路、封村、封社区、封市场。对有组织的劳务输转，可以采取包车接送、专列直达等一站式、点对点输转运送。在甘肃省交通厅、公安厅、卫健委等部门高效协作下，2 月 21 日上午，首趟“点对点”高铁专列已从定西高铁北站发出，519 名务工人员赶赴福州市。2 月 22 日中午，白银高新区管委会派专车赴会宁迎接工友返银复工。

抗疫扶贫两不误。积极有序推进扶贫车间、合作社等生产经营性主体复工复产，吸纳贫困劳动力务工就业。截至目前，甘肃已有 519 家扶贫车间复工复产，吸纳就业超过 1.5 万人。同时，组织动员全省就业服务机构，将一年一度的“春风行动”现场招聘活动转为网上招聘，24 小时开通 12333 人社服务热线，为农民工提供就业指导和维权服务。甘肃人社部门联合 22 家职业技术学校为农民工开设了 34 个简单易懂、生动鲜活的线上培训课程，包括护理、烹饪、美容、美发等实用技艺。

为方便群众出行，甘肃省研发线上新冠肺炎疫情期间健康出行码系统。该系统基于卫生、通信、交通等部门提供的在甘来甘返甘人员健康数据等信息，通过大数据比对，出行码由系统后台自动生成，外出需求人员可通过手机端即用即申请。

赋能优势产业:“津企陇上行”再签科技合作框架协议

2020 年 7 月 30 日

“当前,‘津企陇上行’已经成为津甘两地产业合作的品牌活动,2019 年 11 月签约的 58 个项目中有 40 个项目投资落地。时隔 8 个月,津甘两地企业和政府部门深入对接,共 60 个项目将在今天会上签约,金额近 200 亿元。”在 7 月 28 日甘肃天水召开的 2020 年“津企陇上行”暨产业扶贫座谈上,天津市扶贫支援办主任、市政府合作交流办主任张庆恩公布了“津企陇上行”活动取得的喜人成效。

津甘双地人才交流更加深入、资金投入持续加大、合作氛围更加浓厚。近两年,甘肃省科技厅借助“津企陇上行”活动机遇,立足甘肃“牛羊菜果薯药”六大特色农业产业优势,全力推动津企甘肃项目落地。在 2019 年促成 6 家农业科技型企业参加“津企陇上行”合作项目签约的基础上,今年进一步在技术引进、智力支撑、平台建设、成果交流等方面持续发力,促成天津与甘肃多家单位签订了价值 5800 万元的科技扶贫合作框架协议,以协同创新为甘肃脱贫攻坚注入科技活水。

其中,天津市农业科学院与甘肃省庆阳市科学技术局,天津盛实百草药业有限公司与天水美伦中药材有限公司,天津市正达蜂业有限公司与甘肃省天水市麦积区畜牧兽医事务服务中心等,围绕畜禽、中药材、蜂蜜等产业发展技术需求与市场需求,以技术支持、消费扶贫、建设产业基地等方式签订了东西部扶贫协作科技合作框架协议。天津市正达蜂业有限公司支持建设的致富蜜特色产业帮扶基地,项目实施后预计能实现带动 900 多户贫困人口受益。通过开展农业科技决策咨询、开展农业科技协同创新、开展科技人才信息交流等多方面深度合作,甘津两地实现优势互补,共同培育“甘味”农产品品牌,推动农业高质量发展。

“工作推动快,工作方法新,帮扶成效好,‘津企陇上行’活动推动了产业发展、促进了就业增收、促进了东西部互通有无”,国务院扶贫开发领导小组副组长、国务院扶贫办主任刘永富同志在座谈会致辞中,充分肯定了津甘扶贫协作取得的丰硕成果。下一步,甘肃省科技系统将更加主动作为,把甘肃特色资源优势、市场空间优势与天津科技、人才、资本等优势精准对接,促进甘津科技型企业建立长期友好战略合作伙伴关系，赋能东西部协作扶贫工作再上新台阶。

97件专利打破高端医疗器械国际垄断

——首套国产碳离子治疗装置的自主创新路

2020年12月7日

“国产碳离子治疗系统走出了从基础研究、技术研发、产品示范到产业化应用的全产业链自主创新之路，打破了高端医疗器械的国际垄断。”近日，在甘肃省科学技术奖答辩现场，中国科学院近代物理研究所所长肖国青介绍了首套国产重离子治疗装置的应用情况。

自20世纪60年代建设1.7米回旋加速器，兰州重离子加速器以其能量和规模享誉物理界，从精确称重原子核、合成新核素、农作物育种、辐照材料改性，到成功研发碳离子治癌装置，重离子加速器的应用可谓“柱天踏地”。目前，国产碳离子治疗系统已投入临床治疗，并成功推广5套装置。

面向国家重大需求，27年执着博弈

自1993年起，中科院近代物理所利用从重离子加速器冷却储存环引出的碳离子束，启动了重离子束治疗生物学基础和临床前期研究。中国工程院院士夏佳文介绍，研究聚焦碳离子放射治疗技术和治疗机理验证，并形成治疗计划。

2006年至2013年，兰州重离子加速器国家实验室进行了213例临床前期试验，证明了治疗安全性和有效性。2015年，首台自主知识产权的国产碳离子治疗系统示范装置在甘肃武威市建成，并成功引出碳离子束，部件国产化率90%。2019年10月，中科院近代物理研究所和兰州科近泰基新技术有限责任公司研制的“碳离子治疗系统”获批第三类医疗器械产品注册。“实现了大型加速器从科研装置到医疗器械的跨越。”肖国青说。

面向人民生命健康，70%癌症患者获生机

“50%~70%的恶性肿瘤需要接受放射治疗。”肖国青说，碳离子是目前精准、高效和安全的放射治疗方法。今年3月，首套国产碳离子治疗系统在甘肃·武威肿瘤医院

正式用于临床治疗。

“碳离子治疗系统特别适合于不宜手术、对常规射线不敏感、常规射线治疗后复发的部分实体肿瘤治疗。”武威肿瘤医院院长叶延程透露，已有2000余名肿瘤患者预约治疗。

“临床试验表明，体表肿瘤患者3年局部控制率达到70%、大部分病人3年存活率达到或超过70%；体内肿瘤3年局部控制率62%、存活率70%。”肖国青介绍说。

面向世界科技前沿，97件专利突破封锁

“尽管起步晚于国际近20年，但核心束流强度和品质等技术指标处于国际领先水平，突破了国际技术封锁，研发的‘回旋注入＋同步主加速器’组合医用装置，周长居世界同类装置最短。”肖国青介绍，装置攻克了高可靠、高稳定、高精确度小型化医用加速器核心关键技术，授权国际国内专利97件。

偏心剥离注入、生物视听反馈患者呼吸引导、基于微型脊形过滤器的重离子组合照射治疗等一批首创技术将治疗推向微纳尺度，自主完成的软件解决方案，进入商业临床运行。“提高治疗效率4倍左右、治疗精度10倍左右，最大限度地保护了人体正常组织。”肖国青说。

“医用装置包括电气连接设备1303台，涉及3个国家标准，检测工作量巨大。”肖国青介绍，示范装置注册检测报告有7000多页，为我国同类医疗器械确立了标准。

面向经济主战场，1000亿产业链初养成

“国际上重离子治疗装置建成和在建19套，单套装置全生命周期产业价值近100亿元。”谈及产业布局，肖国青非常自信，未来10年内碳离子治疗系统市场需求远超过10套，将形成千亿级新兴产业链。

在河西武威，武威重离子中心“金刚离子”命名标识在国家知识产权局完成注册；在兰州新区，总投资8亿元的重离子应用技术及装备制造产业落地，一期工程即将竣工，作为高端医疗装备、大科学工程的国之重器为甘肃镌刻了专属创新印记。

“国产碳离子治疗系统是重大科技成果转移转化的典范。”甘肃省科技厅厅长张世荣表示，围绕产业振兴和产品产出部署创新链，推进医用碳离子成果转化示范基地、装备产业化生产基地、运维人员培训基地、检验检测基地建设。

十余省开展试验示范500余项
保水剂替代地膜技术成功“出道”

2020年12月7日

“试验结果分析，保水剂替代地膜技术没有带来作物产量和经济效益的下降，技术成熟度十二级，创新度五级，先进度六级，继续加大研究和推广是完全可行而且十分必要的。”11月19日，在“海瑞达保水剂替代地膜技术”成果评价会上，来自中国矿业大学、中国农科院、甘肃农科院、甘肃农业大学的多位专家对项目给出了综合评价，认为该项技术在国内属于首创，经济社会生态效益显著。

21世纪初，地膜覆盖技术开始在我国旱作农业区大面积推广使用，残膜、废膜带来的农业环境污染和土地质量破坏问题日渐严重。“2018年我国的地膜使用量突破140万吨，覆盖面积接近2.7亿亩，按照80%的地膜回收率计算，每年将近有30万吨残膜被滞留在农田中。”

项目总负责人、甘肃耕地质量保护总站站长崔增团说，PE地膜的降解周期超过百年，对耕地质量带来的影响不可小觑。开展保水剂替代地膜技术研究与应用推广，就是从根本上解决地膜的污染问题。

在此大环境下，由甘肃省耕地质量保护总站、中科院兰州化学物理研究所、甘肃海瑞达生态环境有限公司等单位组织的保水剂替代地膜技术研究与应用推广项目于2017年正式启动。

据了解，保水剂材料以丙烯酰胺和凹凸棒石为主原材料，通过有机无机杂化聚合反应获得，来自中科院化物所王爱勤教授课题组，2008年获得国家科技进步二等奖。这类保水剂可在6~7年内通过光降解、生物降解和化学物理降解等途径，完全降解为二氧化碳、水和矿物质，没有任何残留污染。

“4年来的几十项试验结果表明，保水剂适用于降雨量300~800毫米的区域，在海拔2400米以下地区保水剂可以替代PE地膜进行马铃薯种植，在海拔2600米的数十项保水剂替代地膜药材种植试验中，经济效益亩均增幅接近400元。”项目实施人、甘肃海瑞达生态环境科技有限责任公司董事长水明海在评审会上介绍，项目共计在甘肃、宁夏、内蒙古等十余地开展保水剂替代地膜技术试验示范500余项，示范面积已经达到30万亩。

甘肃是旱作农业大省，也是全国地膜双垄沟播技术的起源地，盛产的马铃薯和中药材都是地膜覆盖种植的主要作物，全省每年地膜覆盖面积将近3000万亩。“与PE地膜的直接材料成本相当，考虑到覆膜、除草、放苗、旧膜捡拾等环节的成本，保水剂在综合使用成本方面每亩还有近百元优势。”水明海说。随着海瑞达保水剂的推广使用，希望地膜的污染问题尽快得到根治，在确保粮食安全的同时，给子孙后代留下一片洁净的耕地环境。

银西铁路迎来“蓝朋友”

2020年12月21日

12月20日17时，两组CR300BF型复兴号动车组列车缓缓驶入中铁兰州局银川动车运用所，银西高铁开通后，这列被称之为“蓝暖男”的动车组将担负该线路的运输任务。

据了解，CR300BF型动车组是复兴号平台的“新丁”，此次落地也是它的“首秀”。至此，时速160千米至350千米复兴号系列动车组全部投用，中国高铁技术持续领跑世界。

CR300BF型复兴号动车组由中国中车长春轨道客车股份有限公司研发，中车长春轨道客车股份有限公司和中车唐山机车车辆有限公司生产制造，设计最高运营速度250千米/时，列车总长208.95米，车体最大宽度3.36米。

记着在现场看到，动车体材质为铝合金，车身涂装延续复兴号“金凤凰”设计理念，两条金色飘带贯穿全车，头部凤眼展现车辆灵机与生动，金色与“海空蓝”底色协调统一，深灰色车下设备裙板沉稳大气。因车身采用“海空蓝”颜色涂装，“蓝暖男”的称号正是由此而来，乘客们更是亲切地称之为“蓝盆友”。

“蓝盆友”硬科技满满，不仅暖，还很安全便捷，车体采用结构隔声和减振设计，能有效降低列车行驶时的车内噪声和外部噪声，乘坐空间更安静，智能空调系统让温度更适宜，行李架过道边缘增加250个座位显示器，每节车厢内设置半球摄像机、通道区域设置全景摄像机，可对车厢内区域进行实时监控。车内增加车载无线系统，每节车厢两端增加2个WIFI天线，为旅客上网、刷剧提供便利条件。

据兰州局兰州车辆段相关人员介绍，为确保“蓝盆友”安全顺利运行，公司联合运输、调度、车辆、机务、供电、电务、客运等部门组成接车、整修、试运行小组，积极对接厂家，完成了列车出厂前的静态、动态试验，数据换装和联网故障排查处理，并提前组织，让高铁司机与动车组机械师对新车构造、操纵驾驶、数据分析、应急处置等内容进行了集中培训和模拟演练，所有参培人员全部通过了理论和实作考试，确保“蓝盆友”快速稳定地行驶在银西高铁上。

综合措施赋能兰白“两区”高质量发展

2020 年 12 月 21 日

“2020 年，兰白试验区、兰白自创区生产总值预计达到 973 亿元，比 2019 年增长 7.39%。研发经费支出达到 30.57 亿元，占地区生产总值比重 3.14%。高新技术企业达到 596 家，比 2019 年增长 17.55%。”12 月 21 日，甘肃省科技厅一份“报告”公布了 2020 年兰白“两区”建设的成绩单。

2020 年，兰州新区大科学装置科技创新创业园检验检测中心成功获批“中国科学院离子加速器及质量检验检测工程实验室”，国家先进装备制造高新技术产业化基地入选国家新型工业化产业示范基地，兰石集团入围第三批国家专业化众创空间备案示范名单。“开发新产品 132 项，完成重大科技成果转化 102 项，新增创新平台 107 个，培育和引进创新团队 136 个，各类科技创新投入达 100 亿以上。”“报告”介绍了“两区”建设进展情况。

“加速推进 11 个重大科技基础设施和 21 个国家级创新平台载体建设。”据介绍，专精特新化工新材料生产研发基地、大数据产业园一期和国网云数据中心一期建成运营，重离子应用技术及装备制造产业基地、同位素国家实验室、钍基熔岩泵等平台加快建设，硅立方超算中心、离子加速器及质量检验检测工程实验室即将建成运营，纳米产业园等创新平台正在加快形成集聚化发展态势，白银实创高新产业研究院、师科创新研究院等 5 家研发平台相继落地建成。

对标国家科技创新与发展改革专项“甘肃省自主创新试验示范创新服务中心建设”项目内容，加紧推进科技金融综合服务平台、大仪共享服务平台等 5 大线上服务平台建设工作，推动兰州科技大市场、丝绸之路国际知识产权港等服务平台建设，通过设立知识产权港置业管理有限公司、兰州高新区知识产权院士工作站，搭建知识产权认证、交易、运营平台，建成银西生物医药加速器、白银巨亨创新园孵化器，一体化创业孵化服务体系初步形成。

从一枝独秀迈向多点开花。如今，兰州新区已初步形成先进装备制造、绿色化工、大数据等优势产业，经济增速在国家级新区中位居前列。兰州高新区加快兰州肽谷、中以（兰州）绿色、先进制造业、生物产业、纳米新材料、新能源“一谷五园”建设，推动产业集聚发展。白银高新区高标准谋划循环化工、特色新材料等优势产业建设。兰州经济区着力发展新能源、新材料、生物工程、人工智能等战略性新兴产业，一批生物医药企业入驻西部药谷产业园，增强了产业集聚能力。

筑好创新巢，引来金凤凰。2020 年，第 26 届兰州投资贸易洽谈会上，“两区”共有 166 个重点项目签约，总投资 685.85 亿元。新签约恒大新能源、中国生物、华为鲲鹏等一批知名 500 强企业，涉及生物医药、新基建、互联网金融等多个领域，“努力形成人才智力集聚与产业转型升级互促并进新格局。”“报告”给予评述。

《甘肃科技发展战略研究》（2014—2018）正式出版

2020 年 12 月 23 日

科技创新，思想先行，战略引领。科技发展的大潮离不开战略研究总舵手的领航，近日，由甘肃科学技术出版社出版的《甘肃科技发展战略研究》（2014—2018）正式出版。

全书多层次、多视角、多维度，全面集中地总结了甘肃省在以科技促经济发展方面的成功经验，集结了“十二五”到“十三五”期间甘肃科技创新的案例及特点，提出相应的问题与对策，甚至针对性地提出解决方案，旨在为甘肃科技下一步发展梳理可供借鉴的经验做法，推进理论和实践创新，助力甘肃抢抓战略机遇。

何为科技发展战略？科技发展战略指为促进科学技术发展优化而制定的有关政策体系，其实质是规划如何在世界范围内的竞争中争取到科学技术发展的战略主动地位。国际上相关科技战略研究方兴未艾，我国从 20 世纪 80 年代初起，兴起了科技战略研究的热潮。

甘肃省科技发展战略研究院围绕全省科技战略、政策、体制、管理、预测、评价以及科技促进经济社会发展等多个方面开展了广泛而又深入地研究。本书即集锦了甘肃省科技发展战略研究院多年来科技创新研究成果，从区域科技创新政策研究到全省宏观科技战略研究，从区域科技发展水平研究到重点领域产业研究，研究内容主要来源于战略院完成的相关项目研究论文、甘肃省科技发展报告、科技决策参考、调研报告等多种形式的研究成果。

本书共有六个篇章。其中，第一篇是战略研究篇，主要摘编了近年来省战略院在甘肃科技进步分析、科技投入产出分析、兰州白银自主创新示范区和兰白科技创新改革试验区发展规划、区域创新动力等方面的研究成果。第二篇是产业研究篇，主要从工业和高新技术产业、农业、服务业、战略性新兴产业等产业领域，一方面综合分析了甘肃省在相关产业的发展历程、存在的问题与对策建议；另一方面开展了相关产业的预测分析，此外，还开展了部分产业发展与区域经济增长的关系研究。第三篇为区域研究篇，在综合分析甘肃省各个市州科技进步水平的基础上，重点选取甘肃兰州、天水、白银等重点市区在科技创新效率和可持续发展能力评价等方面的研究成果。第四篇为政策与评价，主要包括科技创新政策的落实落地调查分析、执行实效情况分析、具体政策的实证分析等多个方面研究成果。第五篇为其他研究，主要摘编甘肃省技术市场发展与经济增长动态关系、科技创新与经济发展耦合关系，以及循环经济发展等方面的研究成果。最后一篇为大事记，主要摘选了近五年甘肃省在科技领域的有关发展战略研究机构成立、重大项目立项、重大成果验收或奖励、表彰、开展的重大活动、重要会议等重大事件。每年摘编 5~10 条，共计约 50 条。

“纵然伴随经济社会发展，科技战略研究的内涵和外延发生了变化，但我们试图从供需、产业、科技、市场和体制等纬度，给予读者更高的视角和更宽的视野。”本书主编表示。

一枝一叶总关情，《甘肃参事工作报告(2019)》出版

2020 年 12 月 23 日

“衙斋卧听萧萧竹，疑是民间疾苦声。”郑板桥的这首诗是习近平总书记以人民为中心的真实写照，提出了政府参事为党分忧、为政解难的光荣使命。近日，《甘肃参事

工作报告(2019)》正式出版,也是甘肃省政府参事室从2016年起,每年将本年度参事咨政建言成果和参事工作总体情况结集成册的第4本报告。

“报告”围绕甘肃省委、省政府中心工作,深入甘肃基层认真调查研究,及时了解人民群众的期待和诉求,收集和反映社情民意,提出了许多有价值的对策建议。

2019年,甘肃省政府参事室从脱贫攻坚、生态保护、高质量发展等方面,精心组织参事和特约研究员认真开展调查研究工作,开展了一系列调查研究和建言献策活动,全年上报甘肃省委、省政府咨政建言报告72篇,“《关于争取尽快上马南水北调西线工程的调研报告》《关于建立培黎职业大学的建议报告》《关于脱贫攻坚情况的调研报告》《加快推进我省乡村振兴战略的十条建议》等报告得到省领导和有关部门的关注。”甘肃省参事室主任王华存说。

“利民之事,丝发必兴;厉民之事,毫末必去。”报告主编、省政府参事室原主任郭清祥以两句诗表明了践行“参事风范”的信心与决心。今后,甘肃省人民政府参事室将再接再厉,围绕甘肃省委、省政府工作部署及全省经济社会发展中的热点难点问题,深入调查研究,多谋良策,参到高处,参到大处,参到实处,竭诚尽智为促进全省经济社会发展建言立论。

油田矿井上的绿底色

2020年12月23日

红色的抽油机、庞大的储油罐、整齐的管道线……俯瞰长庆油田采油十厂厂区,群山环绕,井场棋布,整洁、环保景象随处可见,厂区犹如一颗明珠镶嵌在绿色的底座上,格外耀眼。

长庆油田采油十厂地处甘肃陇东,数十年来,作业区域大多在黄土高原、戈壁滩,甚至乌素里沙漠边缘,生态环境十分脆弱,对于采油十厂来说,“绿色发展、和谐发展、可持续发展”不是口号,而是发展需要,更是生存需求。

实践出真知,近年来,采油十厂逐渐把绿色发展融入油田生产建设各个环节,开发与绿化同步,巩固生态防线,推广“南梁林缘区”“华池水缘区”两种生态保护模式,得到地方政府和油田公司的一致肯定,成为甘肃省陆上采油首家国家安全生产标准化一级企业。

守好绿底色，科技创新是利器。针对油田生产过程中产生的废水、废气、废渣，采油十厂积极开发新工艺、新技术，寻找提高工业“三废”利用率的新途径，为了确保生产生活污废水不渗入土壤，近年来，采油十厂在环保新工艺、新技术、新设备引入上“不差钱”，引进国际先进的“二级沉降 + 二级过滤”采出水一体化处理装置 13 套，日处理能力 5600米^3，并自行研发生产了 MVR-W2 型一体化智能生活污水处理设备 46 台，用最先进的技术和设备筑起了“铜墙铁壁”，实现了采出水和生活污水循环再利用。

伴生气是油田生产过程中的附属品，以前技术不成熟的时候只能白白燃烧排放掉，既浪费了资源，又污染了环境。为了根除这块“心病”，采油十厂引进消化新技术，探索形成了一套成熟的伴生气综合利用模式，建成轻烃回收、发电场站 6 座，伴生气综合利用率 100%。

监督与改造并重，严守环保底线。近年来，采油十厂大力实施油区绿化工程，合理设置公共绿地、居住区绿地、生产绿地和防护绿地，以井为点、以道为线、以站为园，打造环境优美、绿色温馨、宜居生活的生态文明和谐矿区。截至目前，累计投资 1.2 亿元，栽植各类苗木 580 万株，种植苜蓿 761 亩，铺植草坪 48 000 米^2，绿化标准化井场 1118 个、站点 62 个、道路 636 千米，建成刘玲玲站生态示范区、庆四联家园式示范区，华庆油田 263 万吨开发建设水保方案成为国家水利部九大项目之一，白 465 区域成为省级水保示范点，实现了油田生产与周边环境的自然和谐。

发展未有穷期，环保没有终点。“十四五”期间，采油十厂将落实习近平总书记生态文明思想，将持续深入打好污染防治攻坚战作为发展首要目标，力争实现经济效益、社会效益和环境效益的有机统一，为油田高质量发展不断注入“绿色能量”。

科技赋能祁连山农牧区生态保护

2020 年 12 月 25 日

“在餐厨废弃物资源化处理方面，已经完成了小型低能耗餐厨废弃物资源化利用装备的初步设计方案，预计明年 5 月份就可以投入使用。围绕部分核心技术开展的工程示范，可处置畜禽粪便超 4000 吨 / 年。”23 日，甘肃省农科院土壤肥料与节水农业研究所围绕国家重点研发计划“固废资源化”重点专项“祁连山农牧旅游区有机废弃物生态高效利用技术集成示范”召开总结会，项目负责人车宗贤教授做了预估。

仓廪实，天下安，绿色可持续发展理念是必由之路。针对祁连山农牧旅游区秸秆还田难以腐解、畜禽粪便好氧发酵慢和臭味大、餐厨废弃物分散乱堆滥放等难点问题，土壤肥料与节水农业研究所集成了玉米秸秆带状覆膜还田技术和小麦秸秆绿肥协同还田技术。同时，联合甘肃省农业机械化技术推广总站，试制了集秸秆收割、粉碎、揭膜、开沟、翻埋等为一体的秸秆还田机械。

据车宗贤介绍，小麦秸秆绿肥协同还田技术利用小麦秸秆与绿肥的碳氮共济来促进秸秆腐解，培肥地力，后茬作物产量可以提高15%以上，化肥使用量减少10%~20%。研发的1种畜禽粪便堆肥腐熟除臭保氮剂，使用后，堆肥过程中H_2S和NH_3释放浓度可降低45.87%和49.31%。研发的制种玉米专用肥配方，可以提高玉米产量20%以上。同时还研发了以玉米秸秆和牛粪为主要原料的低成本栽培基质配方，研制生产了全营养基质核心料。

“玉米秸秆带状覆膜还田技术的意义在于不仅破解了传统秸秆还田过程中还田秸秆与作物同时同位而造成的减产问题，可以提高玉米产量8%~15%，可以形成适合祁连山农牧旅游区有机废弃物生态高效利用的综合解决方案。而成果的应用，将会为促进加快建设幸福美好新甘肃、不断开创富民兴陇新局面提供有力的科技支撑。”车宗贤说。

“甘霖－Ⅰ”首飞成功，可飞跨甘肃东西全境增雨雪作业

2021年1月12日

1月6日，“甘霖－Ⅰ”人工影响天气无人机在甘肃省金昌市成功首飞。捷报传来，意味着我国破解了国内大型无人机人工增雨的“密码”。“‘甘霖－Ⅰ’是目前全球第一架大型人工影响天气无人机，它的首飞开辟了人工增雨雪的新途径，属于世界首创。”中国气象局副局长余勇表示。

无人机增雨雪作业利用高性能无人机平台，搭载机载播撒系统，可在复杂天气背景下，进入云层中实施播撒作业，也可以在低空安全条件复杂的山区发挥独特技术优势。它具有成本和风险较低、保障维护方便、布设灵活等特点，是未来人工增雨雪技术

发展的必然趋势。

“甘霖－Ⅰ”如此耀眼，到底有哪些“黑科技”？

“‘甘霖－Ⅰ’可以在气象条件复杂多变的环境中穿行作业，这是以往飞机增雨雪难以具备的。”据甘肃省气象局副局长李照荣介绍，祁连山区常年积雪，地理地貌复杂，以往用人驾飞机实施增雨雪作业很难灵活深入云水资源多变且富集的深山区域。由于“甘霖－Ⅰ”系统智能化程度高，机动性灵活，转弯半径小，能够自动沿预设航线或者实时快速修正航线到达目标区，深入绵绵群峰间实施降雨催化作业任务。

其次，“甘霖－Ⅰ”犹如增雨雪航空群落里一个充满智慧的“逆行者”，不分昼夜、风雨无阻，航时超过 14 小时，航程 5000 千米，能一次绰绰有余地飞跨甘肃东西全境，不仅能精准探测最适宜增雨雪的区域实施作业，而且能深入作业区域探测效果，实现先探测、再作业且能自动评估效果，“这是人工增雨雪作业质的飞跃。”李照荣说。

据了解，甘肃将持续开展祁连山生态修复人工增雨雪工程，涵养祁连山水源，富集祁连山冰川，构筑坚固的祁连山生态屏障，在精准应急救援、自然灾害评估、自然生态遥感等方面，挖掘“甘霖－Ⅰ”潜力。“以每年开展 50 个架次人工增雨雪作业测算，祁连山区域年增水将达到 6 亿 ~8 亿米^3，全省年人工增雨(雪)量增加 10%~15%，达到 20 亿米^3。”李照荣表示。

3D 打印加持　兰州大学第一医院再添黑科技

2021 年 1 月 16 日

近日，兰州大学第一医院胸外科应用 3D 打印手术导航系统，结合术中 CT 实现肺部病变的超精准定位。此项技术填补该省相关领域的空白。

伴随胸部 CT 筛查的普及，早期肺部肿瘤发病率逐年增加，外科治疗是唯一根治手段。这类疾病手术的难点在于病灶偏小(<1cm)、质地软(磨玻璃型结节)，外科术中难以精准确定病变位置及切除范围。兰州大学第一医院胸外科利用 3D 打印技术，个体化定制肺小结节的术前定位导板，结合目前国际先进水平杂交手术平台，术中 CT 设备辅助外科医师术中定位肺结节位置。对比传统定位技术，3D 导板定位导航系统可极大简化肺结节定位操作步骤，降低辐射暴露剂量，提高手术精度，减少肺部手术损伤。为患者加速康复打下了坚实的基础。

据了解，此前兰州大学第一医院胸外科已成熟应用电磁导航气管镜对肺部小结节,肺癌进行术前定位、活检、微波热消融治疗,结合已开展的快速康复治疗,微创手术,为患者提供了更为微创、全面的治疗方案和术后恢复策略。目前这项技术全国仅有极少数医院开展。

作为甘肃省胸外科医疗质量控制中心、胸外科国际合作基地,兰州大学第一医院胸外科致力于应用新技术解决临床难题,提升了肺小结节、肺癌早诊早治的整体水平。

兰州大学参与研究发现:南大洋水文循环对AMOC冰期空间形态的形成有重要作用

2021年1月18日

以“Antarctic Icebergs Reorganize Ocean Circulation during Pleistocene Glacials”为题,关于南大洋水文循环对AMOC冰期空间形态形成的研究结果,于北京时间2021年1月14日凌晨发表在《Nature》杂志上。兰州大学西部环境教育部重点实验室/泛第三极生态环境与气候变化前沿科学中心张旭教授是该研究的参与者之一，为该研究提供了关键的数值模拟支撑和动力解释。

大西洋径向翻转环流(Atlantic meridional overturning circulation,AMOC)是南北半球物质与能量的主要传送带。理论上,AMOC可大体分为上支流和下支流:上支流将热带大西洋以及南半球的热量输送到北大西洋北部及北欧海，暖水失热下沉形成北大西洋底层水(North Atlantic Deep Water,NADW)后,沿西边界流回南大洋,并在南极绕急流附近上涌至海表。这部分水团一部分向北输送,回到AMOC的上支流;而另一部分向南输运,在南极冰架附近冷却下沉,形成富含无机碳的南极底层水(Antarctic Bottom Water,AABW)后,向北输送至大西洋(及其他洋盆)底部,形成AMOC的下支流。

150万年以来的更新世,地球系统反复经历冰期-间冰期旋回的气候变化,大量记录指出,在温暖的间冰期,NADW主导的AMOC上支流可占据大西洋3500米左右以上的水体;但在寒冷的盛冰期,NADW仅能下沉至2500米左右,而其下部水体则由富含无机碳的AABW控制。近年来,学者们发现,南大西洋东南侧的厄加勒斯洋流对大西洋的温盐平衡起到至关重要的作用；同时南极绕急流附近表层海水温盐变化和西风带强度变化对 NADW、AABW 的形成也具有重要影响。但这些南半球的过程如何影响 AMOC 冰期 - 间冰期的形态变化尚不明确。

为尝试解答上述问题，由英国、中国、德国、美国等国的科学家组成的科研团队，利用“国际海洋发现计划(IODP)”361 航次从厄加勒斯海底高原采集的海洋沉积物，重建了 160 多万年以来南大西洋的底层水团性质和南极冰携碎屑量的变化。

值得注意的是，这两类重建指标因来自同一根海洋岩心，具有一致的年龄框架，为分析不同周期上水团性质和冰携碎屑变化的相位关系提供了十分难得的机会。该研究发现，过去 160 万年以来，无论是在冰期 - 间冰期旋回周期上(即地球倾角 4 万年和偏心率 10 万年周期)，还是在地球岁差(2 万年)周期上，厄加勒斯海底高原出现南极冰携碎屑的时间都明显早于水团性质的变化，这说明南大洋水文循环对 AMOC 冰期空间形态的形成有重要作用。

该研究结合数值模拟进一步指出：当地球进入一个合适的轨道背景(例如偏低的地球倾角)，将有利于更多的南极冰山向北输送至南大西洋东南部的厄加勒斯洋流区域，使得融化在南大洋的冰山数量减少，而在南大西洋的数量增多。这一方面淡化了回流至北大西洋的表层海水的盐度，引起 NADW 形成速率的降低；另一方面，盐化了南大洋表层海水，加快 AABW 的生成速率，两者的协同作用促进了 AMOC 从间冰期向冰期空间形态的转变。此外，在向冰期环流态转变的过程中，随着 AABW 水体体积的增大，会导致更多的大气二氧化碳封存在海洋底部，导致全球气温的下降，将进一步促进海洋对二氧化碳的吸收以及北半球大陆冰盖的形成。

“这一新发现让我们对冰期发育的动力过程有了进一步的认识。”张旭教授说，地球轨道引起的微小的太阳辐射变化，可通过南极冰冻圈激发地球系统内部各圈层间(即海洋大气圈 - 冰冻圈 - 碳循环)的正反馈过程，有利于地球气候进入冰河期。“未来我们需要利用可模拟多圈层耦合过程的地球系统模型重现冰期旋回的演变特征，评估各圈层过程对其的贡献，到时我们将会对这一历史难题有更深入地理解。”

兰州大学生物可降解储能器件研究取得重要进展

2021 年 1 月 22 日

健康实时监测与精准诊疗,植入式医疗电子器件是核心产品,目前主要依赖于植入式一次电池,占据了器件大部分质量和体积,电池耗尽需要通过二次手术替换或移除。由于电池中包含有毒或有害物质,在植入前需要严格的刚性封装和生物兼容处理。基于此背景,多种植入式能量供应替代方案被业界提出,包括植入式能量捕获装置(如葡萄糖生物燃料电池、纳米发电机等),无线电传输技术(如电感耦合/射频、光伏/超声诱导等),但这些方案存在不可降解、机械刚性、尺度较大、能量较低等各种弊端,限制了在生物可降解医疗电子器件中的使用。因此,实现轻薄、柔性、小尺寸、全生物可降解的能量供应方案是迫切需求。

近日,兰州大学兰伟团队、王凯荣课题组联合美国休斯敦大学余存江教授,发明了一种轻薄、柔性的全生物可降解超级电容器植入物,兼具高能量密度和功率密度。该器件由绿色、安全、生物相容的材料构成,工作任务完成后可在生物体内完全降解吸收,经自然新陈代谢排出体外,无须二次手术移除,具有安全、健康、避免手术痛苦和降低医疗成本等特点。该研究有望为下一代生物可降解植入式医疗电子器件或其他瞬态电子器件提供能量解决方案。

该研究成果以“A thin, deformable, high-performance supercapacitor implant that can be biodegraded and bioabsorbed within an animal body”为题,2021 年 1 月 8 日在《Science Advances》发表。

记者获知,该超级电容器件具有快速充放电、功率密度高和长寿命使用等特点,可为有源植入式医疗电子器件供能,被认为是一种理想的储能装置。兰州大学柔性电子科研团队采用简单、绿色、可控的电化学氧化策略,在水溶性金属钼箔表面原位生长了一层富缺陷的非晶氧化钼微纳米片阵列,将其用做赝电容活性电极,生物相容的海藻酸钠水凝胶作为电解质,组装对称固态超级电容器植入物。封装后的器件可在模拟体液环境中有效工作一个月,实现了工作寿命的长短可控。器件的能量密度同比高出2个数量级，在不同角度持续弯曲数百次后，未发现明显的能量衰减。通过器件串并联可为各类商用电子产品供能。将该器件植入到SD大鼠皮下能正常工作，任务完成后的半年内，通过一系列水解反应和新陈代谢被自然吸收，对生物体不产生任何不良反应。

甘肃，传来发展好声音

2021年1月26日

“过去五年，甘肃生产总值(GDP)由6557亿元增加到9017亿元，年均增长5.5%，兰州新区经济增速连续4年领跑国家级新区。”1月25日，雪霁天晴，甘肃省第十三届人民代表大会第四次会议在兰州召开，甘肃省委书记、省人大常委会主任林铎主持会议并宣布大会开幕，代省长任振鹤代表省政府向大会作《政府工作报告》。报告里的卓然成绩，报告外代表和委员们的阵阵掌声，传递出陇原绿色发展的好声音。

今年的甘肃省《政府工作报告》内容不局限于2020年的工作总结，而是回顾了甘肃“十三五”规划目标任务总体完成、决战脱贫攻坚取得决定性胜利的坚实步伐。报告显示，全省“牛羊菜果薯药”六大特色产业增加值达到753亿元，占农业增加值的60.9%；粮食生产连年丰收，总产首次突破120亿千克；建成高标准农田331万亩、戈壁生态农业28万亩；成功创建4个国家级现代农业产业园和中以(酒泉)绿色生态产业园，农业农村发展稳定向好。

创新驱动发展纵深推进。“‘十三五’期间，全省专利申请量从5.11万件增加到13.25万件，高新技术企业由319户增加到1229户，科技进步对经济增长贡献率达到55.1%，增长动能加快转换。”任振鹤在报告时说，获批建设兰白自创区、国家中医药产业发展综合试验区、国家新能源综合示范区、兰州新区绿色金融改革创新试验区，兰州步入国家创新型城市行列，兰州白银综合性高技术、金昌新材料、酒泉新能源、天水装备制造、定西中医药等产业集群初成规模。2020年5月，甘肃省作为改善地方科研基础条件、优化科技创新环境、促进科技成果转化成效较好的五个省份之一，受到国务院通报表扬。

五年的发展实践，甘肃蹚出了绿色崛起的转型路子，实现了经济增长的提速进位和民生福祉的持续增进。2020年，全省上下勠力同心，交出了抗击疫情和暴洪泥石流灾害好于预期的答卷,11 件为民实事全部办结。任振鹤说,“十三五”时期,甘肃民生支出占到财政总支出的 80%,就业和社会保障得到强化,社会事业全面进步,社会治理水平显著提升,成绩值得倍加珍惜。

一以贯之抓落实,蓝图大计兴陇原。“‘十四五’时期,聚力推动创新甘肃建设、产业竞争力提升、基础支撑强化、绿色发展崛起、城乡融合发展、深化改革开放和民生品质改善七个新突破,厚植兴陇之势。”任振鹤表示,只要紧紧扭住发展第一要务不动摇,集中力量办好自己的事,完全能够拓展势能、增添动能、发挥潜能,开辟高质量发展新境界。

兰州大学:牵头设计国际医学实践指南注册制度

2021 年 3 月 18 日

3 月 16 日,来自兰州大学基础医学院陈耀龙课题组与来自亚洲、欧洲、北美、南美、澳洲和非洲的多位专家在《内科学年鉴》(AnnalsofInternal Medicine)上联合发表了题为《临床指南注册:迈向减少重复,提高合作和增加透明性的必然之路》的宣言性文章。过去十年中,陈耀龙课题组在国际医学指南和标准的制订、方法学研究、制度设计和平台建设方面取得了一系列标志性成果,获得国际同行的认可。

在医学研究开展之初,通过公共平台进行预先注册,为公众提供研究开展的基本信息和详细的研究计划,是促进研究透明性和避免研究重复的重要方法。在过去 20 年间,在世界卫生组织与各国政府、科研机构的大力推广下,临床试验和系统评价的注册已经成为研究者需要共同遵循的规则。未经注册的临床试验将无法在医学期刊上进行发表。然而,医学实践指南作为连接医学研究和实践的桥梁,以及为医务人员提供科学决策的重要依据,其注册制度却未在国际范围内建立起来。

另外,国内外每年发布的医学实践指南数量超过 1000 部,其质量参差不齐,针对同一主题重复制订的现象也屡见不鲜。2020 年国内外发布的关于新冠肺炎诊疗的指南超过 100 部,但真正符合循证医学要求的指南不到十分之一。大部分指南并未详细交代制订的过程,也未充分报告潜在的利益冲突。

为解决该问题,陈耀龙课题组近年来一直致力于联合国内外专家共同研究指南注册的方法和制度,搭建指南注册平台,推广指南注册理念。

这篇宣言性文章论述了注册医学实践指南的十个潜在益处,包括:增加指南制订的透明度;提升指南的质量;促进指南制订者之间的合作;减少指南制订不必要的重复;增大患者及公众参与指南的机会;更好地反映患者和公众在指南制订过程中的意愿与价值;促进指南的传播;提高对指南的依从性;帮助审稿人判断指南的质量;增强使用者对指南的反馈。文章指出,指南的制订者、资助者、研究者、患者、医务人员、审稿人和编辑都能够从指南注册中获益。

此外,文章还对国际实践指南注册平台的高层设计和运行模式进行了阐述,其中包括建立一个统一的注册端口, 不同指南的利益相关方可根据各自的需求在该平台上发挥作用。该平台应做到客观、独立,具有权威性和公信力,同时也需要尽可能开放共享。该平台后期将与国际临床试验注册平台和系统评价注册平台进行有机对接,进而构成一个完整的研究注册生态系统。

据了解,上述成果的核心观点是由陈耀龙教授、杨克虎教授课题组于 2014 年提出。后期联合 GRADE 工作组主席、加拿大麦克马斯特大学 Gordon H. Guyatt 教授课题组,全球指南联盟副主席、澳大利亚阿德莱德大学 Zachary Munn 教授课题组,国际指南质量评价 AGREE 协作网主席、加拿大麦克马斯特大学 Ivan D. Florez 教授课题组,世界医学编辑协会医学研究委员会主席、《全球卫生》杂志主编、克罗地亚斯普利特大学 Ana Maru 教授课题组,原世界卫生组织指南评审委员会负责人、俄勒冈健康与科学大学 Susan L. Norris 教授课题组,Cochrane 资深研究员 、南非开普敦大学 Tamara Kredo 教授课题组,美国医师协会副主席、托马斯杰斐逊大学 Amir Qaseem 教授课题组,北京大学第三医院翟所迪教授课题组,北京大学人民医院沈浣教授课题组,北京大学附属积水潭医院刘亚军教授、吕艳伟教授课题组,复旦大学护理学院胡雁教授、周英凤副教授课题组, 广东省中医院李慧教授课题组等研究团队, 历时 6 年逐步完善。

牛羊吃草或减少草地病害

2021 年 4 月 6 日

在我国,草地面积约占国土面积的 41%,数以亿计的牛羊生活其间,草地的健康与人类生产生活可谓息息相关。近日,兰州大学生态学创新研究院刘向研究员通过一系列实验发现，一定梯度的放牧可以通过病原体减少植物病害从而间接保护草地。

植物病原体包括病原菌物、病原细菌、病原线虫和植物病毒等类群，根据其生活史特征，又可分为活体营养型病原体和死体营养型病原体。所谓活体营养型病原体，是指仅能从宿主的活细胞中获取营养，并生活在活植物组织内的病原体，如植物常见的锈病和白粉病等；而死体营养型病原体是指能够从宿主的死细胞中获取营养，并可以生活在死植物组织内的病原体。

根据上述特点，刘向课题组选择青藏高原的高寒草甸为对象，研究不同放牧梯度（在一定面积的草地上放养不同数量的牛羊，放的牛羊越多则放牧强度越大）下植物病害的发生情况，结果发现放牧会直接降低活体营养型病原体所导致的植物病害。即一定强度的放牧可以通过病原体减少植物病害，间接保护草地，而对死体营养型病原体所导致的植物病害无显著影响。

为了证实此发现是否具有普遍性，刘向课题组基于 Web of Science 和中国知网数据库，在全球范围内共计获取了 63 项有关放牧影响植物病害的案例研究，而后对数据进行整合分析，结果证实了刘向课题组此前实验结论的准确性。

刘向团队通过两种高寒草甸常见植物进一步设计了控制性实验，其中一种携带由活体营养型病原体引起的锈病；而另一种则携带由死体营养型病原体引起的叶斑病。研究人员人工去除掉部分植物叶片以模拟放牧可能给植物叶片带来的影响，而后对病害的发生情况进行调查。

结果证实，活体营养型病原体主要分布在新鲜牧草上，放牧过程中，牲畜的啃食移除了其繁殖体，从而达到控制传播源的目的。同时，被啃食的伤口可能会促进死体营养型病原菌的传播，进而引发病害，因为死体营养型病原菌的繁殖体往往能够大量存在于枯枝落叶、土壤甚至空气中。

目前，该成果以 Contrasting effects of mammal grazing on foliar fungal diseases: patterns and potential mechanisms 为题发表在国际植物学顶级刊物 New Phytologist 上。为我国开发草原生物灾害预警系统提供了重要的理论支撑。

首都科技创新成果暨
甘肃抗疫先进事迹展在兰州启幕

2021 年 4 月 7 日

“通过展示人类对传染病认知探索的历程，讲述人类与传染病的博弈史，引导公众思考未来人类如何与微生物共处，培养公众‘向科学要答案、要方法’的科学素养与能力。”由北京市科协、甘肃省科协联合举办，为期 72 天的“人类与传染病的博弈——首都科技创新成果展暨甘肃抗疫先进事迹展”在甘肃科技馆开展。

人类同疾病较量最有力的武器就是科学技术，人类战胜大灾大疫离不开科学发展和技术创新。作为巡展首站，采用线下展馆 + 线上展厅相结合的模式，共展出实物展项 55 项，3D 模型展品 55 件。线下展馆分为“序章”“探索，发现隐形世界”“创新，守护生命健康”“发展，实现共存和谐”和“甘肃省抗疫事迹”5 个展区及 1 个研学活动区，用真人、真事和真情，弘扬科学家精神，提高公民科学素质。

“小口罩大智慧”“小小流调员”“360 攻防演练”，研学实践活动区多种主题的科普课程吸引了前来参观展览的中小学生。据悉，为结合当前疫情防控实际，满足不同年龄群体的科普需求，甘肃科技馆将专门组织中小学生在展览专区进行 16 场研学实践活动。同时，邀请来自甘肃中医药大学附属医院、河南省中医院等单位的医疗专家，在展览期间为公众讲述抗疫防控策略与技术手段，传播蕴含在创新成果背后的传染病防控理念、技术进步的思想源头与基础学科方法。

据介绍，中国科协于去年 11 月启动了“共襄战疫·共享未来”中国科协抗疫主题展览全国巡展活动，“人类与传染病的博弈” 主题是首都科技创新成果展的主题化系列化临展中的第四展。启动仪式上，甘肃省科协党组书记、第一副主席陈炳东表示，将以此次巡展活动为契机，主动适应新时代科普工作新形势新挑战，从“五位一体”总体布局的高度深入理解习近平总书记“科学普及和科技创新同等重要”思想，不断转变工作理念，创新发展科普工作，努力开创甘肃省科普事业发展新征程。

研究表明：西北美食浆水中含有乳酸杆菌或可降尿酸

2021 年 4 月 7 日

“西北传统发酵食物‘浆水面’中，含有发酵乳酸杆菌，可通过降解尿酸缓解高尿酸血症。”近日，兰州大学环境微生物课题组发布了一项最新研究，课题组负责人、兰州大学生命科学学院教授李祥锴介绍，该研究在传统发酵食物浆水中分离出发酵乳酸杆菌 JL-3，发现其可通过降解动物体内的尿酸来控制组织中尿酸的积累，并揭示了具体作用的机理。

浆水是由芹菜、白菜、卷心菜等叶类蔬菜发酵而成的西北特色美食，在陕西、甘肃，常被用来做浆水面、浆水面皮、凉拌浆水，一年四季都可以饮用，被人们称为“最早的乳酸菌饮料”。曾有调查报道表明：浆水中含有丰富的乳酸菌、乙酸菌和酵母菌，并具有较高胆固醇降解能力(75%)。也有相关调查表明，北方地区痛风发病率低于全国平均水平。

“我们通过问卷调查进一步发现，痛风频率与西北地区传统发酵食品‘浆水面’的食用次数相关。”李祥锴说。经过长期研究，课题组从发酵浆水中筛选出了一株具有尿酸降解能力的新菌株发酵乳酸杆菌 JL-3。动物实验发现，灌胃 JL-3 菌株的小鼠血清尿酸降低 31.3%，粪便尿酸与对照组小鼠基本一致，部分与高尿酸血症相关的炎症标志物和氧化应激指标的含量在小鼠体内明显降低，并减缓了高尿酸血症引起的肠道微生物失调。

“根据这些实验结果，我们推测 JL-3 菌株可能通过多种途径发挥其作用。例如，降解肠道中的尿酸，从而减少积聚在肠道中的尿酸；也可以改善排便活动，从而减少尿酸的排泄，还能调节肠道微生物群的结构和功能。”李祥锴说，课题组从兰州多家面馆采集了 30 多份浆水样品，发现 90%的样品内都含有可以降解尿酸的益生菌，因此，推测发酵浆水中的益生菌对痛风有积极作用。

“在动物实验中，小鼠灌胃两周后，发现 JL-3 可以定植在肠道内。停止实验一个月以后，我们仍能在小鼠体内检测到这个菌株。”李祥锴说，根据我们掌握的实验数据等情况，推测出该菌株或可在人体内有类似功能。

调查报告显示，我国高尿酸血症患者已超过1亿人，年增长率为9.7%，其主要是由富含嘌呤的食物在人体内不完全降解为尿酸，在组织中的积累形成尿酸盐所致，传统的治疗策略不能在短时间内减少体内尿酸的积累而无副作用。相关专家认为，该研究利用发酵食品浆水降解尿酸从而缓解高尿酸血症在本领域具有时效性和价值性，在人类高尿酸血症的治疗中提供了一种很有前景的策略。

兰州大学：YBCO超导块材3D打印制备技术上取得新突破

2021年4月7日

高温超导YBCO块材因其高临界温度、高临界电流密度和高俘获磁场的优异性能，在无接触磁悬浮、储能旋转机械、准永磁体、混音器、磁透镜、便携式医疗器械、滤波器、航天导航陀螺等新型高性能器件与电磁装置开发研制中有着广泛的应用前景。尤其对于旋转机械、航天导航陀螺和便携式医疗器械的研制开发，在保持超导性的前提下，制备出轻质超导材料是这类应用追求的一个主要目标。

近日，兰州大学周又和教授团队提出了绿色环保的YBCO超导材料高精度直接书写式3D打印方法，解决了非牛顿流体陶瓷浆料配比和流变控制难题，并采用低温冷铸微结构调控策略，克服了超导块材烧结收缩开裂的问题，实现了复杂多尺度多层级、超轻超导块材的高效可控制备，通过性能表征，获得了最佳性能的工艺过程参数。

这一新工艺过程采用的可食用有机材料辅助生成的绿色浆料展现出了优良的流变特性，实现了精细化的复杂可控结构YBCO块材的制备。为了解决现有3D打印陶瓷材料中面临的高收缩率问题（原有可到50%），提出的低温冷铸策略，实现了3D打印超导材料高保型性，为YBCO超导块材的高精度制备奠定了基础。同时，这一新工艺的烧结与补氧耗时均比传统工艺大为缩短，提高了超导材料的制备效率。

据介绍，周又和团队采用3D制备出的多孔、多尺度、多层构型的YBCO块材具有质量密度仅为每立方厘米1.38克，为目前国际最低值，约为传统冷压烧结工艺制备样品的1/3；临界电流密度高于传统烧结方法样品约3.15倍等优点。

据知，该研究成果以“Efficient Fabrication of Ultralight YBa2Cu3O7-x Superconductors with Programmable Shape and Structure”为题在Advanced Functional Materials发表。

该论文评审人认为，作者提出了一种技术先进且具有工业化应用潜力的3D打印YBa2Cu3O7超导陶瓷坯体巧妙制备方法，这种方式制备得到的超导体能够改善临界电流密度并且提高结晶性，这种结构能够在航天工业中用做导航辅助设备。

兰州大学：利用禾草内生真菌创制大麦新种质

2021年4月7日

《科学通报》近日在线发表了兰州大学南志标院士团队题为《利用禾草内生真菌创制大麦新种质》的研究论文。该研究以禾草野大麦（Hordeum brevisubulatum）的内生真菌优良菌株为材料，通过大量的人工接种研究，将其接种至栽培大麦（Hordeum vulgare）柴青1号裸大麦和扬饲麦1号皮大麦两个品种，创制出了能稳定遗传的野大麦内生真菌大麦新种质。与未接种的对照相比，接种后的皮大麦新种质的地上生物量和单株籽粒产量提高了46%和22%，生育期提前了5天，裸大麦新种质地上生物量和单株籽粒产量分别提高了37%和28%。

据了解，利用内生真菌进行种质创新，目前只有部分草坪草以及少数牧草获得成功，本研究首次将禾草内生真菌接种至栽培作物体内，获得了能稳定遗传的内生真菌大麦共生体新种质。这种育种方式为育种学开拓了一个新的研究思路，论文评审专家均认为利用野生禾草内生真菌创制抗逆、高产的牧草和栽培作物新种质是牧草和作物育种的一个创新方向。应用属内生真菌对禾谷类作物进行定向改良，对农林资源的开发应用具有重要意义。

甘肃组建创新联合体　加快核心技术攻关

2021年4月13日

聚焦关键环节，发挥企业主体作用合力突破“卡脖子”技术。笔者近日从甘肃省科技厅获悉,2021 年,甘肃省提出支持领军企业牵头组建创新联合体,在加快突破关键核心技术的同时,将带动更多中小企业参与创新。

一石激起千层浪。近日,甘肃省首批创新联合体正式出炉,来自兰州大学、金川集团、酒泉钢铁集团、中核四零四有限公司等陇原“大佬”们强强联手,带动科研院所及上下游企业抱团发展,让“创新链”更强赋能“产业链”。第一批创新联合体包括:由金川集团股份有限公司牵头,联合酒泉钢铁(集团)有限责任公司等组建的甘肃省镍钴资源高效利用及新产品开发创新联合体;由酒泉钢铁(集团)有限责任公司牵头,联合兰州大学等组建的甘肃省钢铁新材料研发及产业化应用创新联合体;由中农威特生物科技股份有限责任公司牵头组建的甘肃省动物用生物制品创新联合体;由兰州兰石集团有限公司牵头组建的甘肃省能源装备创新联合体;由甘肃省公路交通建设集团有限公司牵头组建的甘肃省绿色智慧公路交通创新联合体。

据甘肃省科技厅相关负责人介绍,首批创新联合体结合了甘肃镍钴资源高效利用、钢铁新材料研发、动物用生物制品、能源装备、智慧交通等领域“卡脖子”技术和产业发展共性关键技术需求,创新联合体将共同组织,凝练瓶颈制约问题、支持开展关键技术研发和联合攻关,加快推进重大技术突破、重大科技成果转化,促进技术需求与科技供给精准对接。

旱田“去污”有良方

2021 年 4 月 28 日

“地膜覆盖栽培技术是甘肃旱作区核心推广技术,每年地膜用量约占全国十分之一,耕地污染和环境压力日趋加重。”近日,山西农业大学姚建民教授及相关专家来到甘肃省庆阳市环县,开展给旱地“去污”的现场技术示范,正式启动“甘肃省渗水地膜试点示范推广工作”。启动会上,甘肃成为渗水地膜旱地穴播技术试点省份,并成为各试点省份中首个向科技部报送《甘肃省渗水地膜旱作技术试点示范工作方案》的省份。

甘肃地处西北内陆,农业基础薄弱,生态环境脆弱,旱地面积占全省耕地面积的70%,是全国水资源最为贫乏和土壤侵蚀较为严重的省份,地膜覆盖栽培技术是甘肃省旱作区的核心推广技术,每年覆盖栽培面积超 3000 万亩,地膜用量剧增,环境压力和耕地污染给环境带来了“挥之不去”的阴影。

特殊的省情决定了甘肃要依靠“科技”这条腿走路，作为示范区实施单位，甘肃省农业技术推广总站站长赵贵宾研究员介绍说，生物降解渗水地膜覆盖技术强化良种良法配套、农机农艺融合，绿色、优质、增产、轻简、节本，在试验示范的基础上，加快新技术、新品种、新材料等集成技术的示范推广，有利于引导规模经营，创新服务方式，构建绿色增收的长效机制，是协调解决农田白色污染问题和高效利用天然降水资源、提高旱地农作物产量的重要途径。“全生物降解渗水地膜上有微米级小孔结构，不仅保持了渗水、保水、增温、调温、微通气等优良性能，还能实现生物降解。”赵贵宾向记者做了科普。

一张小小的渗水地膜，解了多年来旱作农业的“渴”。据了解，结合甘肃省农业科技园区整体布局，全省共选定玉米、马铃薯、小杂粮等 10 个示范区，示范面积达 2000 亩，“全生物渗水地膜覆盖栽培品种与普通地膜覆盖栽培品种相比较，良种率、良种统供率、包衣率、全膜覆盖率等均可达到 100%。”赵贵宾告诉记者。

兰州大学：阐明牦牛适应逆境的食性特征与新机制

2021 年 4 月 28 日

择食组分的准确量化一直是放牧动物精准饲养和科学管理的难点和热点问题之一。极端环境条件下，哺乳动物的食性选择和采食量关乎其健康和生存；明晰其肠道微生物如何响应宿主择食的季节性变化机制，对放牧动物科学管理意义重大。牦牛作为维系青藏高原生态系统功能与草牧业发展不可或缺的关键物种，进化形成了一整套特殊的适应高原逆境胁迫的形态结构、生理代谢机制。

近日，兰州大学生命科学学院、草地农业生态系统国家重点实验室龙瑞军教授团队和云南大学省部共建云南生物资源保护与利用国家重点实验室张志刚研究员团队联合研究，通过食性 – 肠道微生物互作的新视角，准确量化了放牧牦牛的择食特征，同时阐明了牦牛适应高原严酷环境过程中食性选择特征及其与肠道微生物的协同作用机制。该成果于 2021 年 4 月 20 日发表于期刊 npj Biofilms and Microbiomes。

该研究主要有以下三个方面的创新性发现。第一，牦牛食物组分的多样性高，且季节间差异显著；放牧管理学中的传统认知认为，放牧牦牛主要采食禾本科和莎草科植物，本研究却发现放牧牦牛食谱中全年均以阔叶杂类草为主，表明牦牛能充分利用富含蛋白的杂类草以补充自身营养需求，而且食物与肠道微生物保持了一致的季节性变化规律。第二，明确了牦牛肠道微生物组的三种肠型，其中 Akkermansia 和 WCHB1-41 为代表的肠型在冷季显著富集。第三，功能分析发现，Akkermansia 和 WCHB1-41 编码的精氨酸和脂肪酸合成代谢通路能有效提高牦牛对能量和氮素利用效率，利于牦牛度过严酷的冷季营养胁迫期。综上所述，牦牛具有独特的适应高寒营养胁迫的肠道细菌属，它们对维系冷季草地饲草匮乏期间的动物健康意义重大。这些结果不仅为我们前期发现牦牛为“低碳”和“节氮”之环境友好型动物提供了又一佐证，也为充分理解高原哺乳动物高海拔适应的组学机制提供了全新的见解，同时在实际生产中为青藏高原放牧牦牛的精准饲养和科学管理提供了理论指导。

甘肃：80%高添加青稞糖友挂面问世

2021 年 4 月 28 日

随着国民物质生活水平提高，膳食结构发生变化，越来越多的人开始关心食物的 GI 值（血糖生成指数），粗杂粮也因其特有的营养价值特性，日渐成为餐桌上的“新宠”。

近日，甘肃省农业工程技术研究院通过与相关科研院校及企业的合作，自主研发出“糯青稞糖友挂面”，突破了挂面中杂粮占比低和口感差的技术难题，糯青稞添加比例达 80%，远高于普通杂粮挂面 20%的占比。

青稞是海拔 3000 米以上地区唯一的粮食作物，富含 β－葡聚糖、γ－氨基丁酸、矿物质、维生素和微量元素等，血糖生成指数低，是开发功能食品的理想原料。由于青稞面筋含量低，加工性能差，产品深加工起步迟，严重制约了相关产业发展。

匠心独运出臻品，千锤百炼做研发。近年来，甘肃省农业工程技术研究院继成功选育国内第一个糯青稞品种甘垦 5 号后，其国家大麦青稞产业技术体系试验站团队选育出多个糯青稞品系。糯质青稞是青稞变种，支链淀粉含量高，黏性强，筋道爽滑，加工性能大大改善，且降低了生产成本，引起了业界广泛关注。

“预计明年年底可实现大规模生产上市。”甘肃省农业工程技术研究院相关负责人表示，下一步，院所将抢抓机遇，积极融入乡村振兴战略，谋求高质量发展，加快推动科技成果转化，壮大青稞产业，为打造健康中国贡献科技力量。

甘肃将新增一省部共建国家重点实验室

2021 年 4 月 28 日

近日，甘肃农业大学传来捷报，省部共建“干旱生境作物学国家重点实验室”建设运行实施方案通过论证，甘肃将新增一省部共建国家重点实验室。

论证会上，来自中国工程院、中国农科院、中国农业大学、西北农林科技大学、浙江大学、山西农业大学等单位的院士专家们从聚焦国家目标与战略需求、打造体系化原始创新科技力量的高度，对实验室的建设与运行“会诊把脉”，认为实验室研究方向特色鲜明，管理体系完善健全，在干旱生境作物抗旱种质创新和品种培育、作物生产系统调控等方面取得了一批重大科研成果，具备建成省部共建国家重点实验室的良好基础，符合有关目标定位与建设要求。

据了解，实验室建成后将瞄准世界科技前沿，服务国家重大战略需求，进一步加强高层次人才、特别是优秀中青年人才的培养和引进，重点面向西北干旱地区农业发展制约瓶颈，以马铃薯、油菜、玉米、麦类、当归等主要作物为对象，围绕抗逆、提质开展相关基础和应用基础、重大关键技术研究，着力在作物抗旱优质特异种质创新利用、干旱生境作物生产系统调控机理和精准管理研究领域取得标志性成果。

“当前，甘肃正积极打造国家级区域创新中心，亟须高水平创新平台的支撑与布局，国家级的重点实验室落地甘肃意义重大，我们争取将其建成区域内组织和开展高水平科学研究、聚集和培养优秀科研人才、促进国内外学术交流合作的重要助推器。”甘肃省科技厅副厅长王彬表示。

让数据多跑路，让群众少跑腿　甘肃首个“数字乡村”示范项目在平凉市建成落地

2021 年 5 月 7 日

识别二维码，打开微信小程序，通过实名认证，甘肃省平凉市泾川县太平镇三星村的杨秀梅顺利登陆太平镇“数字乡村”综合平台上的“智慧政务”模块，第一次在手机上独立完成了社保卡的办理。这一切得益于刚刚落地的甘肃省首个基于地理信息系统的数字乡村示范项目。

记者了解到，数字乡村示范项目是由甘肃省科学院、中国电信泾川分公司、泾川县太平镇政府三方合作建立，该项目在框架上设置了“乡村振兴、脱贫巩固、智慧规划、智慧农业、社会管理、智慧生态、智慧政务”七大功能模块，涵盖农产品可追溯体系，可提供自然生态监测、生态保护和生态修复新模式。基于地理信息系统，融合云计算、互联网、物联网等技术，以电子大屏、Web 页面、手机 App 三端为一体的数字科技项目，项目旨在巩固脱贫成效、服务群众需求、全面推进乡村振兴，项目落地标志着甘肃在打造“数字乡村”品牌、发展智慧乡村“新基建”中走上了快车道。

一辈子没有接触过网络平台的杨秀梅，对于“数字乡村”带来的便捷喜形于色。她和老公现在同心合力用“高科技”种田，她家的苹果园和花椒田去年收入喜人。在“数字乡村”建成落地之后，她第一时间找到村委会，在包村干部王红的帮助下，她不到 5 分钟就成功提交了申办社保卡的所有材料。“以前，我们办事都要往镇上跑四公里，车少不说，还得来去花半天的时间。现在，我在村委会通过镇里的‘数字乡村’平台很快就能办好自己要办的事情，既方便又省钱，效率还非常高。”在村里，杨秀梅逢人就说自己在手机上办社保卡的速度和便捷。

“项目应用地理信息系统和物联网技术，对种植业、养殖业进行实时监控，建立了农产品可追溯体系，帮助农户便捷地实现订单农业，提升农业产业化水平。”据甘肃省科学院地质自然灾害防治所叶伟林副研究员介绍，该项目利用全空间一体化技术，实现数据二三维一体化展示、查询等应用功能，给平台各功能模块赋予位置信息属性，使各类数据达到了真实还原、便捷可视的效果，真正打通了服务群众的“最后一公里”。

兰州大学学者首次揭示胃癌演进中 mRNA 乙酰化修饰新机制

2021 年 5 月 18 日

近日，兰州大学第一医院李汛教授团队在期刊《信号转导与靶向治疗》上在线发表《NAT10 通过在 COL5A1 mRNA 上写入 N4- 乙酰化修饰促进胃癌转移》研究论文，系统诠释了 NAT10 介导的 mRNA 乙酰化修饰促进胃癌细胞上皮 - 间质转化(EMT)和转移的机制作用，是国际上关于 mRNA 乙酰化修饰参与癌症进展的机制方面的首个研究成果。

在基因的世界里，mRNA（信使核糖核酸）修饰被认为在基因表达转录后调控过程发挥重要作用，存在着广泛的化学修饰，如 m6A、m5C、m1Am、ac4C 等。2018 年，美国科学家 Arango D 等人首次报道了 mRNA 上存在 ac4C，也就是乙酰化修饰方式，功能上它可以促进 mRNA 翻译上调 mRNA 稳定性。但目前在癌症领域尚未见 mRNA 乙酰化修饰的相关报道。

“过去研究中，肿瘤患者尿液里 ac4C 会多一些，但对它在癌症进展过程中的功能研究是一个空白。”李汛解释，90%肿瘤病人的死亡与肿瘤转移有关，也就是细胞的迁移和转移。2018 年，团队成员兰州大学第一临床医学院 2016 级本科生张异淦关注到 Arango D 等人的最新发现，想以甘肃高发肿瘤胃癌为模型展开系统研究。

历时三年多，团队发现目前唯一已知 RNA 乙酰化写入蛋白 NAT10 在胃癌中表达广泛上调，NAT10 上调与患者预后不良及淋巴结转移密切相关。进一步的细胞及动物实验结果揭示，NAT10 蛋白可以促进胃癌细胞 EMT（上皮 - 间质转化）及体内转移。在机制研究方面，团队利用 acRIP 技术构建了 NAT10 蛋白相关的胃癌细胞 ac4C 修饰图谱，并鉴定出 NAT10 介导的 mRNA ac4C 修饰的下游调控靶标—— COL5A1。研究进一步证明 NAT10 蛋白可直接与 COL5A1 mRNA 相互作用，通过上调位于 COL5A1 mRNA 分子 3′-UTR 区的 ac4C 位点修饰水平从而维持 COL5A1 mRNA 稳定性上调 COL5A1 表达。

“解决肿瘤临床问题的‘总开关’在于通过深入揭示肿瘤内在的生物学机制，促进肿瘤治疗的科研进程，从而开发相关小分子抑制剂或免疫类药物。”李汛介绍，研究探索了胃癌演进、肿瘤转移的分子机理，为通过靶向干预 NAT10 和 ac4C 通路从而抑制肿瘤演进提供了新的策略。据悉，该研究是兰州大学第一医院医学前沿创新研究中心成立以来第三篇重大科研成果，也是国际上关于 mRNA 乙酰化修饰参与癌症进展的机制方面的首个研究成果。

打造农业企业创新联合体，“100+N”开放协同创新体系建设落地甘肃

2021 年 5 月 22 日

以“构建企业创新联合体集群引领甘肃农业农村高质量发展”为主题，共同谋划立足“新阶段、新理念、新格局”下甘肃农业农村高质量发展的新思路与新举措。5 月 21 日，由科技部中国农村技术开发中心和甘肃省科学技术厅共同主办的“100+N”开放协同创新体系合作备忘录签约仪式暨甘肃农业科技创新发展研讨会在兰州召开。

“甘肃是我国重要的农业大省，是全国重要的种子生产基地，全国最大的杂交玉米、瓜菜和花卉制种基地，马铃薯的原原种生产在全国也占有重要位置，蕴含巨大发展潜力。”签约仪式上，甘肃省副省长张世珍表示，希望各签约单位抢抓机遇，发挥优势，积极主动对接国家和省内外创新资源，争取更多技术、人才、成果、资金支持甘肃发展，切实推动“100+N”开放协同创新体系在陇原大地落地生根、开花结果，通过发挥示范带动作用，加快推动甘肃从农业大省向农业强省转型发展。

现场，中国农村技术开发中心与甘肃省科学技术厅签署《“100+N”开放协同创新体系建设工作备忘录》，中国农村技术开发中心、甘肃省科学技术厅与中农威特生物科技股份有限责任公司等 10 家甘肃协作单位签署合作备忘录。根据备忘录，签约双方将在“十四五”期间重点围绕动物用生物制品、主要粮食作物种质资源创新、农业机械装备、草产业、牛羊产业等甘肃特色优势产业，培育一批企业创新联合体，同步推进甘肃省农业科技园区技术创新中心和科技支撑乡村振兴研究中心建设，加快构建跨区域、跨领域、跨学科的科技支撑乡村振兴“100 + N”开放协同创新体系。同时，甘肃省农业科学院、甘肃农业大学、西北师范大学与国家及省级农业科技园区签署了技术服务合作备忘录，联合打造农业科技园区科技服务体系“升级版”，支撑和引领甘肃农村乡村振兴。

“在甘肃省推动‘100+N’体系建设，探索企业创新联合体集群发展模式，是着力提升甘肃涉农企业技术创新能力、构建产学研开放协同创新格局的积极探索。”科技部中国农村技术开发中心邓小明主任表示，要紧密结合“100+N”体系建设开展工作，将多方各类创新资源转化为联合体单位的内生动力和发展能力；紧密结合地方乡村振兴需求，推动先进适用技术进园入县；紧密结合农业科技人才队伍建设，培养壮大农业科技创新人才队伍和具备创新精神的农业企业家；紧密结合“十四五”甘肃省产业发展需求，积极探索适合甘肃农业高质量发展需要的新道路、新模式。

甘肃省科技厅党组书记、厅长张世荣表示，将把“100+N”开放协同创新体系建设工作摆在突出位置，统筹整合省内外创新资源，推动政策、项目、平台和资金等要素向各协作单位倾斜，积极探索企业创新联合体集群引领农业高质量发展的新机制、新模式，打造西部农业科技创新发展的新高地。

用“秘制”浆料进行3D打印
轻质超导材料实现可控化制备

2021年5月25日

想象一下，如果握在手里的甜筒冰淇淋化了，而甜筒壳底部恰好破了个洞，任由冰淇淋往下滴，会滴出怎样的图景？科技日报记者5月23日从兰州大学获悉，该校土木工程与力学学院周又和教授团队用这样的“冰淇淋”设计，解决了一个可控超导材料制备的国际难题。相关成果近日发表在国际著名期刊《先进功能材料》上。

在这个“冰淇淋”中，类似甜筒外壳的装置叫做3D打印喷头，“甜筒”里装的则是经过数次配比而成的YBCO（钇钡铜氧高温超导体）超导块材浆料。在团队设计的程序控制下，浆料自如地从喷头中滴落，可按照既定“路线”打印出具有复杂形状的超导样品。

一直以来，高温超导YBCO块材因其高临界温度、高临界电流密度和高俘获磁场的优异性能，在无接触磁悬浮、储能旋转机械、准永磁体等方面显示出良好的应用前景。但由于制备YBCO块材的原材料——YBCO氧化物陶瓷自带本征脆性，再加上高温烧结制备过程中温度变化引起的机械应力，传统冷压烧结制备无法实现各种形状、各种结构的制备和塑形要求。

“超导材料的固有脆性极大地制约了超导应用的力学性能,其超导性与力学性能是一大矛盾,建议兰州大学针对增韧改性进行攻关。”2015 年,在浙江大学召开固体力学国家基金委创新研究群体交流会时,时任国家自然科学基金委主任杨卫院士得知周又和团队长期关注此领域,就未来研究方向与周又和进行了深入探讨。

经过近五年的攻坚,周又和团队成功探索出高精度直接书写式(DIW)3D 打印技术,采用低温冷铸微结构调控策略,进一步克服了 YBCO 块材烧结收缩开裂的问题,将 YBCO 的收缩率由传统的 50%降低到基本不收缩,为 YBCO 超导块材的高精度制备奠定了基础。

该团队制备出的超轻质 YBCO 超导块不仅具有结构复杂、高超导性的优良特性,还将 YBCO 块材的临界电流密度提高到了传统冷压烧结样品的 3.15 倍,其密度值也为目前国际最低,约为传统冷压烧结工艺制备样品的 1/3。同时,材料的多孔结构特点也为后续缩短补氧耗时奠定了基础,使其制备效率得到大幅度提升。

由该 3D 打印设备制备出的厘米尺度级的超导块材,比如具有特定结构的 3D 晶格结构可应用于高温超导滤波器,为 5G 通信和军事设备提供了更好的服务。而由该 3D 打印设备制备出的超导飞轮,实现了在液氮温度下航天陀螺飞轮悬浮及旋转,为工程应用奠定了基础。

周又和说,下一步团队将着力研究超导材料的增韧改性,致力于实现超导块材的强韧化,进而实现易加工性,同时进一步提高 3D 打印制备样品的临界电流,为超轻 YBCO 超导块材的可控制备和未来应用打下坚实基础。

兰州大学首次观测到二代高温超导带材实时损伤形貌

2021 年 5 月 31 日

YBCO 二代高温超导带材是一种典型的层合材料,因其可用于提升如 REBCO 高场磁体、超导电机、超导电缆等电磁装置的性能,已成为国际学界高度关注并竞相开发应用的一类高性能超导材料。近日,兰州大学周又和团队首次观测到了二代高温超导带材在拉应变作用下的不同于磁通崩塌的点状磁通成核和纺锤状磁通穿透现象,对于理解 II 型超导的涡动力学提供了帮助。

据了解,超导电磁装置在极端使役环境下(即极低温、强电流和高磁场)的力学变形不可避免地存在热失配应力和强电磁应力等因素导致的材料损伤破坏行为,进而制约着这类超导材料及其磁体性能的提升与稳定运行。为此,如何有效检测出极端低温和强磁场受力条件下的材料损伤起源与裂纹演化就成为当前这类材料获得有效工程应用的一个重要环节。由于金属包覆层阻止了对超导层裂纹的直接观测和损伤的定位,通常的实验测量手段均难以直接应用于这一观测研究。为此,建立新的有效实验检测方法对于弄清这类先进超导材料内部损伤特征并揭示其破坏模式就一直成为提升 YBCO 二代超导材料性能有效设计与性能评估的挑战性研究课题。

兰州大学超导力学研究团队在周又和教授的领导与指导下,团队针对这一难题开展攻关研究,解决了磁光法在低温冷屏介质中的非均匀光照图像标定等技术难题,提出了模拟极端使役环境条件下超导带材的磁光与拉伸耦合的原位测量方法;其次,实现了 YBCO 超导带材在不同环境温度、不同环境磁场下的高清晰度磁光图像随拉伸应力的变化特征,即随着应变值的升高,超导带材的磁光测量图像从穿透起源及其发展的全过程演化,这一演化过程为认知超导带材内部损伤与裂纹扩展的定量研究提供了基本的关联信息特征。

依照磁光法的磁通图像演化过程特征,团队进一步提出了对磁通运动与损伤机制认知研究的新途径,发现了一种点状磁通运动的新模式及其运动时间尺度的变化特征,即随着环境温度从 40K 升高到 60K 和 77K,运动时间尺度从 30ms 增加至 60ms 和 100ms;随着应变的增大,磁通运动由点状结构变化为纺锤状的穿透模式;通过对穿透面积的统计分析,得到了这种应变驱动的磁通运动模式具有自组织临界态特征。

基于这一新的实验研究途径及其实验结果,团队提出 YBCO 二代超导材料在使役环境下材料损伤的磁场敏感性,即穿透深度远大于贯穿裂纹,进而揭示出这种损伤模式完全不同于传统推测的贯穿裂纹破坏模式。近日,上述研究成果以 Probing of the internal damage morphology in multilayered high-temperature superconducting wires 为题在 Nature Communications 上发表,该杂志认为此项研究揭示了 YBCO 二代超导带材的实时损伤形貌检测的新现象和新机制。

兰州大学:人类活动干扰或降低地球宜居性

2021 年 5 月 31 日

每天呼吸氧气的你,有想过可能出现氧气危机吗?

作为影响地球宜居性的重要因素，氧气与复杂生命体的形成和演化有着千丝万缕的联系,近年来,兰州大学黄建平教授团队开展了大量氧循环研究,探讨了氧在地球宜居性的历史演化和对未来发展的深远意义，城市缺氧对人体和城市可持续发展的影响,并在碳－氧框架下预估了未来不同排放情景下海洋和陆地碳汇的变化状况。相关研究成果近日分别发表在《中国科学(地球科学)》,Environmental Science & Technology,Earth's Future 等期刊上。

人类活动对氧循环的干扰可能会大大降低地球的宜居性

氧气的演化过程包含了地球系统各个圈层的相互作用，是多时空尺度和多学科交叉的前沿科学问题。地球系统经历了数十亿年充满波折的演化和发展,最终才形成了现在的富氧大气。然而,工业革命以来,人类活动正在使氧循环逐渐失衡,黄教授团队认为,如果不及早干预,人类活动对氧循环的干扰可能会大大降低地球的宜居性。以 The oxygen cycle and a habitable Earth 为题的论文最近发表于《中国科学：地球科学》英文版,该研究为人类健康和宜居地球的关系提供了理论研究的新方向。

缺氧将影响人类生存和城市可持续发展

据介绍,氧气浓度下降是世界各地正在出现并加速发生的一个普遍现象。城市作为人口最密集、氧通量严重失衡的地区,必定是缺氧问题关注的焦点。黄建平团队利用氧指数 OI(氧气消耗和氧气生产的比率)定量估算了全球 391 个大城市耗氧与产氧的失衡水平,评估了各水平下出现缺氧的风险。研究发现,75%人口超过 500 万的大城市中,耗氧与产氧的比值在 100 以上。在静稳天气下,当城市 OI 大于 352 时,100 米以下的大气氧浓度将在十天以内下降到缺氧水平。OI 值较高的大城市居民将面临严重的健康问题,而当极端热浪和污染事件同时发生时,这些问题将更加严重。该研究以 Declining Oxygen Level as an Emerging Concern to Global Cities 为题发表在美国化学学会(ACS)期刊 Environmental Science & Technology,并被选为封面论文。

一种基于氧收支的碳汇替代估算方法

氧循环和碳循环就像一对双生子,二者有着密不可分的联系,因此精确估算海洋和陆地中碳封存状况对国家制定减排目标意义重大。作者提出了一种基于氧收支的碳汇替代估算方法,并定量估算了海洋和陆地的碳吸收速率。该研究另辟蹊径,从氧的角度揭示了碳循环对人类活动的强烈响应, 并在碳 - 氧框架下预估了未来不同排放情景下碳汇的变化状况,为碳中和实现路径提供了重要的参考。这项成果以 Estimation of oceanic and land carbon sinks based on the most recent oxygen budget 为题发表在美国地球物理学会(AGU)旗下期刊 Earth's Future。

黄建平团队呼吁,为构建“人类命运共同体”,世界各国要通力合作,开展氧循环的交叉研究,控制城市人口、建筑,增加全球植被覆盖率和生物多样性,优先研发可再生燃料(包括碳中性生物燃料和碳负性生物燃料),以促进氧气产生、减少温室气体排放,争取在氧气含量下降至威胁生命健康的水平之前扭转局势。未来,氧循环必将成为科学研究的热点话题, 相关研究成果也将为碳中和目标的尽快实现提供重要的理论依据和数据支撑。

智慧能源亮相　瞄准“双碳”目标发力

2021 年 6 月 9 日

光伏座椅、智能引导、AI 识别、无接触洗车、智慧仓储……8 日,中国石油甘肃销售公司举办“中国石油开放日”活动,西北首座智能智慧综合能源站——莫高站对外亮相,展示满满“黑科技”。

据了解,莫高智能智慧综合能源站集成品油零售、CNG 加气、非油销售、汽车充换电于一体,是一座综合能源补给站,于 2020 年 12 月建成。“以油、气、电服务为主要功能区,加上光伏能源区、便利店区、简餐水吧区、4S 车友会区、综合汽服区,借助于互联网、大数据、云技术,实现‘融合、共享、跨界’服务,是一座科技赋能、绿色环保、功能齐全的汽车能源综合补给站。”工作人员告诉记者。

走进莫高站,1650 米 ^{2} 的巨大扇形罩棚让这里显得格外与众不同,据介绍,罩棚上的579块高效单晶半片组件、42片薄膜太阳能组件是支撑莫高站运转的核心枢纽，总装机容量273千瓦，预计年均发电量为40万千瓦时，每年可节约电费支出17万元。加油站周边还有微风立式发电机、智慧路灯和光伏座椅等。光伏系统配备智慧能源综合平台，将站内光伏发电、小型风力发电系统与充电桩、智慧路灯等设施的全流程信息进行智能采集与处理，实现整个能源系统的智能监控和集中管理。

据介绍，莫高站与国家电网并网54天以来，已累计发电3.7万千瓦时，发电量占全站用电量的40%，这标志着该站采用光伏发电助力企业绿色发展转型实践获得成功，实现了“自发自用、市电补充、多能互补、智能控制”的目标。未来，中国石油销售分公司将新能源业务发展列入“十四五”发展规划，提出“打造国际知名、国内一流油气氢电非综合服务商”的转型发展目标，进一步明晰新能源业务推进路径，将着力建设一批集加油、加氢、加气、充电、换电、光伏等于一体的综合能源服务站。

中科院西北研究院等揭示青藏高原多年冻土退化下碳损失的微生物机制

2021年6月16日

多年冻土区储存着大量有机碳，约占全球土壤碳库的一半以上。气候变暖背景下，多年冻土退化导致土壤有机碳降解并以温室气体形式释放，进一步加剧气候变暖。作为生物地球化学循环的“引擎”，微生物在调控多年冻土区土壤碳循环中发挥关键作用。然而，有关多年冻土退化下土壤微生物群落稳定性变化特征及其同碳损失关联机制的系统认知依然缺乏。

以中国科学院西北生态环境资源研究院（简称西北研究院）、中国科学院大学为核心的联合研究团队，将更为活跃、受气候变化直接影响更大的活动层土壤作为研究对象，对青藏高原多年冻土区开展相关研究，为进一步深入认识全球变暖背景下多年冻土退化的生态与气候效应提供科学参考。

研究团队在疏勒河源冰冻圈与生态环境综合监测研究站（西北研究院和祁连山国家公园青海省管理局共建）的长期定位监测点开展研究，通过分析不同类型多年冻土区活动层土壤微生物的群落特征，发现多年冻土退化降低了活动层土壤微生物群落的稳定性，表现在重度退化多年冻土区活动层土壤微生物对环境变化的敏感性更高、微生物共现网络更不稳定且稳健性更低。

“多年冻土退化下的活动层土壤微生物稳定性下降和碳损失紧密关联，即微生物群落的相异性每增加 10%，重度退化的多年冻土区土壤碳损失增加 0.1%~1.5%。”西北研究院冰冻圈科学国家重点实验室陈生云研究员介绍。因此，多年冻土退化下的土壤微生物响应特征很可能介导了高寒生态系统对气候变暖的正反馈。

据介绍，该研究揭示了青藏高原多年冻土退化下碳损失的微生物机制，为多年冻土区土壤碳稳定性的微生物调节提供了新视角，也为未来气候情景的模型预测奠定了生物学基础。研究成果于 2021 年 6 月 16 日以 Reduced microbial stability in the active layer is associated with carbon loss under alpine permafrost degradation 为题在线发表于美国国家科学院院刊 Proceedings of the National Academy of the Sciences of the United States of America(PNAS)。西北研究院冰冻圈科学国家重点实验室博士研究生吴明辉及陈生云研究员、青岛华大基因研究院陈建威助理研究员为共同第一作者，陈生云研究员和中国科学院大学资源与环境学院薛凯副教授(长聘教授)为共同通讯作者。

1045 万千瓦！酒泉千万千瓦级风电基地正式建成

2021 年 6 月 24 日

“目前全市建成并网风电装机达到 1045 万千瓦，占全国风电装机的 3.7%，占全省风电装机的 71.9%，真正实现了千万千瓦级风电装机目标。”6 月 24 日，酒泉千万千瓦级风电基地建成仪式在甘肃省酒泉市瓜州县安北第一风电场举行，标志着酒泉千万千瓦级风电基地正式建成，为庆祝中国共产党成立 100 周年献上了一份贺礼。

“古今两飞天，新旧两能源”。地处河西走廊最西端的酒泉拥有占全国可开发量的七分之一、达 8000 万千瓦以上的风能资源，是全国新能源基地和开发利用示范区，也是甘肃省最早开发利用风能、太阳能的地区。1997 年 7 月，玉门三十里井子风电场正式并网发电，成为全省投产最早的大型示范风电场。2008 年 4 月，国家发改委批准了酒泉千万千瓦级风电基地规划报告，是国内首个获批的千万千瓦级风电基地。2009 年，酒泉千万千瓦级风电基地和百万千瓦级光伏基地全面启动。

“坚持外送与消纳并举，酒泉先后建成河西三条 750 千伏输电和酒湖 ± 800 千伏电力外送等骨干工程，2020年外送电量达224.6亿千瓦时；坚持风光水火多能互补和源网荷储一体化发展，建成常乐电厂一期200万千瓦调峰火电、敦煌首航节能110兆瓦光热、玉门30兆瓦生物质发电、瓜州60兆瓦储能电站等项目；加快发展现代高载能产业，2020年全社会用电量达到58.7亿千瓦时，风光电上网率分别达到92.8%和97.6%。”酒泉市委副书记、市长王立奇介绍说，推进酒湖工程二期风光电项目，首批120万千瓦风电项目顺利推进，二批220万千瓦风电项目全面启动。

日前，瓜州县风电二期二批220万千瓦风电项目建设也正式拉开帷幕。据了解，自2006年首家风电企业入驻以来，中国华能、大唐集团等28户风电开发企业先后入驻瓜州，建成风电场35个，并网容量670万千瓦，占全市风电总装机量的70%，占全省风电总装机量的50%。作为酒泉市千万千瓦风电基地的主战场，瓜州以“全国风电装机第一县”的领跑者姿态，着力打造全国新能源产业的核心示范区，目前，全县累计发电量已突破1000亿千瓦时，实现产值达320亿元。

立志捕风为电、变废为宝，酒泉建成以玉门、瓜州、肃北为核心的千万千瓦级风电开发规划区，和以酒泉经开区为中心的新能源装备制造产业集中区，走出了一条西北偏远落后地区的绿色、低碳、可持续发展之路。仪式上，酒泉市委书记吴仰东表示，将持续深化新发展理念，全力推进第二个千万千瓦级风电基地建设，力争“十四五”末全市风电装机达到2000万千瓦，努力当好“碳达峰、碳中和”的排头兵和生力军，全力建设“中国新能源之都”。

兰州大学：又一新学院揭牌成立！

2021年6月17日

6月16日，由兰州大学与中国农业科学院合作共建的兰州大学动物医学与生物安全学院在城关校区揭牌成立。

中国科学院院士、发展中国家科学院院士、武汉大学副校长舒红兵，兰州大学党委书记马小洁，中国科学院院士、校长严纯华，甘肃省农业农村厅厅长李旺泽，甘肃省科学技术厅厅长张世荣，中国农业科学院党组书记张合成，兰州畜牧与兽药研究所所长张永光，中农威特生物科技股份有限公司总经理李江华等出席揭牌仪式。

早在1946年国立兰州大学就设立了兽医学院，首任院长由新中国畜牧兽医第一位学部委员盛彤笙先生担任。“如今重建现代兽医学学科是兰州大学学科发展历史的传承与创新。”兰州大学党委书记马小洁表示，此举是双方贯彻落实习近平总书记在科学家座谈会上提出的“四个面向”的重要举措，是大力推动兰州大学“双一流”建设和兰州兽医研究所迈向世界一流科研院所的有机统一，是服务生物医药行业发展、培养高质量创新型复合型生物医药人才的必然要求，也是兰州大学改善学科结构，优化“精农”布局，促进农、医、理、工学科交叉，形成新的学科增长点的关键布局。

据介绍，动物医学与生物安全学院致力于建设兽医学学术学位点和生物与医药专业学位点，将于2022年开始进行研究生招生，力争三年内以2+2模式进行本科招生。关于兽医学专业，学院拟设立基础兽医学、预防兽医学2个学科方向，增设动物烈性病、人畜共患病2个学科方向，并设立兽用新药创制、抗病育种等特色研究方向；关于生物与医药专业，学院将积极推进该专业硕士学位授权点提升为专业博士学位授权点。学院将走“个性化、国际化、专业化”的本硕博贯通式精英人才培养之路，定位于建设基础研究与应用研究并重的前沿研究型学院，力求通过产学研一体化实现服务国家战略和地方经济社会发展。

甘肃单机容量最大风电机组并网发电

2021年6月22日

近日，在位于甘肃省酒泉市瓜州县境内的华能酒泉风电公司，安北第三风电场C区200兆瓦项目首批风机一次并网投产发电。据了解，该项目安装的3.4兆瓦风力发电机组是目前甘肃省内投产单机容量最大、叶片最长的陆上风电机组。

华能酒泉安北第三风电场C区200兆瓦风电项目是酒泉千万千瓦级风电基地二期二批500万千瓦项目之一，被纳入酒泉－湖南±800千伏特高压直流输电工程配套外送电源。开工建设以来，项目建设单位统筹抓好疫情防控和基建安全生产，全力克服大风、沙尘天气对现场施工影响，如期实现并网一次成功。

“我们已于6月9日下午5点，首批100兆瓦已经并网成功。目前安装的是59台单机容量3.4兆瓦的风电机组。”华能酒泉风电公司副总工程师李陟说。

风电机组大型化、提升产业集中度，有利于风电产业提质增效，增强风电整体竞争力，彰显规模效应。同时，也有助于降低风电全生命周期度电成本，更好迎接“平价”

时代的到来。据了解，华能酒泉安北第三风电场 C 区 200 兆瓦风电项目，也是瓜州县第一家并网发电的平价风电项目。“随着新能源补助的逐步退出，风电机组单位造价的降低，平价风电将成为风电的主流。”李陟说。

华能酒泉安北第三风电场 C 区 200 兆瓦风电项目首批风机一次并网投产发电，标志着瓜州县风电产业向提质增效发展目标迈出了坚实一步，为迎接“平价”时代的到来做出了有益的尝试，将为加速扩大全县风电装机规模起到示范带动作用。“该项目的建成并网，标志着我县新能源发展进入了集约化发展的时代，同时，也为我县实现‘3060’碳达峰、碳中和，提升我县风电项目装机总规模提供了借鉴意义。”瓜州县发改局能源股股长武宏伟说。

兰州大学：盘星藻作为古生态指标取得系列成果

2021 年 7 月 7 日

温度对地理环境的重要影响，一直是学界研究的热点。盘星藻在淡水湖泊中对生境要求单一性、较大的种间差异性和较短的生命周期特点，使得它们能迅速响应水体环境变化，因而是潜在的古气候和环境变化代用指标。近日，兰州大学黄小忠教授课题组结合中国和蒙古国西部 43 个水体盘星藻现生种、变种的大尺度空间范围调查结果，发现年均温是影响现代盘星藻物种组成和空间分布的最重要环境变量，从而发展了盘星藻种类变化指示古温度的潜力。本次研究明确了单角盘星藻是一种嗜热种，二角盘星藻是次嗜热种，短棘盘星藻属于广温种。

博斯腾湖是中国最大的内陆淡水湖，对区域气候和环境变化异常敏感，其沉积物中保存有大量气候和环境信息。课题组利用 2004 年和 2019 年博斯腾湖沉积岩芯盘星藻组合变化，结合同一钻孔自生碳酸盐团簇同位素重建的绝对温度变化，首次根据盘星藻嗜热种等重建了区域中晚全新世温度波动，该重建结果得到同一钻孔自生碳酸盐团簇同位素 $\Delta 47$ 重建的温度变化以及青藏高原、黄土高原其他古气候记录的支持。

据介绍，团队结合考古资料发现，温暖气候促进了史前人类在相对寒冷的阿尔泰山及周边地区活动；极端变冷事件可能触发了阿尔泰山区域史前人群向南迁徙，才使得南北疆盆地绿洲出现早期文明。同时发现，我国北方季风边缘区黄土高原和青藏高原的一系列文化更替可能与中晚全新世的温度变化有关，如温暖气候为我国新石器文化鼎盛、宗日文化在青藏高原出现提供了气候条件，而冷气候事件则迫使人群南向迁徙、技术更新、生业模式转换，开启了我国青铜时代，促进了东西方文化交流。

本研究对盘星藻种属分布及气候意义的调查和博斯腾湖盘星藻沉积记录的解译，对盘星藻作为古生态指标的未来应用具有重要意义，为中晚全新世气候变化及其与文明演进的关系对环境考古和古气候研究提供了重要的证据。

国家林业草原高寒草地鼠害防控工程技术研究中心在甘肃农业大学揭牌成立

2020 年 7 月 13 日

7 月 10 日，由甘肃农业大学牵头，联合中国科学院西北高原生物研究所、四川农业大学等单位共同建立的“国家林业草原高寒草地鼠害防控工程技术研究中心”在甘肃农业大学揭牌成立。国家林业和草原局科技司王连志副司长和甘肃农业大学党委书记赵凯共同为工程中心揭牌。

据了解，草地啮齿类动物是草地生态系统的重要组成，在能量流通和物质循环中扮演着重要角色，但草地害鼠掘洞造丘和采食牧草所导致的地表塌陷、水土流失以及草地生产力下降等问题，在种群过高时不仅严重威胁着草地生态安全，还制约牧区社会经济的可持续发展。2020 年全国草原鼠害严重危害面积达 3.32 亿亩，占草原鼠害危害面积的 61.7%，草原鼠害已成为威胁我国草原生态安全、妨碍畜牧业发展、影响边疆民族地区社会稳定的主要草原生物危害因素。

甘肃农业大学在国内院校中率先开设草原专业，并第一个成立草业学院，在以任继周院士为代表的老一辈草业科学家的引领下，先后创立和提出了草原综合顺序分类法、畜产品单位指标体系、草地农业生态系统与草业四个生产层、荒漠灌区“间隙性干旱”周期与根瘤菌结瘤效应转换等众多科学理论，为我国草业科学的发展做出了巨大贡献，被誉为草业人才培养的“黄埔军校”。中心的建立将进一步提升国家草原鼠害防控科技自主创新能力，也为全国草原牧区绿色可持续发展提供了强有力的科技平台支撑。

中国工程院院士任继周先生通过视频发来贺词，希望把工程中心建成国家草原鼠害防控的主要学术力量和骨干力量。“学校将充分发挥好工程中心的示范、推广作用，努力在落实黄河流域生态保护与高质量发展、统筹推进山水林田湖草系统治理、草原修复和草地畜牧业可持续发展战略中做出新的更大贡献。”赵凯在致辞中表示。

“希望甘肃农业大学和各共建单位基于多学科交叉融合，针对西部高寒草地鼠害防控中亟待解决的重大关键性、基础性问题开展研究，集成示范西部高寒草地鼠害防控和鼠害地修复的新技术与新方法，着力攻克高寒草地鼠害监测预警和危害评价的技术瓶颈。”王连志和国家林业和草原局草原管理司副司长宋中山、森林和草原病虫害防治总站副站长闫峻，以及甘肃省林业和草原局副局长郑克贤在大会交流发言中说，同时，制订高寒草地鼠害防控技术标准，打造一批草地鼠害防控综合实验室、环境友好型示范基地和网络技术培训中心，为国内外科研单位和企业提供草地鼠害防治咨询服务。

揭牌仪式后，在甘肃农业大学召开了第一届“高寒草地鼠害防控学术研讨会”。国家林业和草原局病虫害防治总站柴守权处长、中国农科院草原研究所副所长林克剑等32名与会专家学者，重点围绕“鼠害防疫”研究成果、新型调控防治方法等进行了探讨交流。来自兰州大学、中国农业大学、西北农林科技大学等有关高校及中国科学院和中国农科院系统、部分省区草原站等科研院所、推广单位的专家和有关企业负责人，以及师生代表300余人聆听了报告。

首个“青藏高原地气间水热交换立体综合观测研究平台”建成启动

2021年7月16日

“经过三十余年的艰苦努力，青藏高原地气作用与气候效应团队在青藏高原上新建11座大气边界层廓线塔站观测系统、9套微波辐射计和10套风吹雪组网观测系统。”7月15日，中科院青藏高原研究所马耀明研究员带来了好消息，首个“青藏高原地气间水热交换立体综合观测研究平台”组建成功。

青藏高原被称为“世界屋脊”“第三极”，是影响我国极端天气和气候事件的关键区，也是全球气候变化最为敏感的地带之一。青藏高原的大气中有多少水汽？青藏高原与其周边地区的水汽是如何交换的？解答这些问题对该地区、亚洲季风区乃至北半球的天气和气候均有重要意义。

如何正确认识青藏高原复杂地表区域上的水热交换规律？马耀明解释道，需要通过建立不同层面的观测台站、结合卫星遥感资料、数值模式系统，以及陆面资料同化系统。三十余年来，青藏高原地气作用与气候效应团队建立和完善了青藏高原水热交换综合立体观测研究网络体系，基本建成了第三极地区多圈层地气相互作用过程数据库。过去2年，在“二次青藏科考”项目的支持下，团队完善了第三极地区地气相互作用立体综合观测系统。

目前，第二次青藏科考“地气相互作用及其气候效应”专题已完成3次地气相互作用及其气候效应立体综合加强观测试验。马耀明说，加之高原上已有的大气边界层廓线塔站组网观测系统、涡动协方差通量组网观测系统以及土壤温、湿度组网监测系统，该平台可实现青藏高原近地层和对流层多要素、全天候的综合集成观测，为区域及其周边地区天气监测与预报、灾害性天气预警及气候环境预测等提供综合观测数据和决策依据。

政策追踪

（24 篇）

作者导言

抓创新就是抓发展，谋创新就是谋未来。近年来，甘肃省高度重视创新的高层设计，坚持一张蓝图绘制到底，出台《甘肃省进一步激发创新活力 强化科技引领的意见》，印发《甘肃省支持科技创新若干措施》，以后补助等形式激发创新主体活力，部门协同推进科技创新，不断强化高质量科技成果有效供给和引进，深入推进各类科技成果转化平台建设，强有力的措施让创新氛围浓烈。

本章追踪甘肃科技相关政策动态，展示如何以科技政策为引领、科技服务为支撑、助力创新发展谋篇布局、全链激活生动写照，“含金量”较高。也有部分被访者针对科技政策落实中的优点和难点，向相关部门提出建议，有助于为发挥科技创新政策的功能提供参考，为承接科技创新政策的配套措施提供框架依据。

企业是成果转化和市场需求的“使者”

——甘肃企业家、学者、官员谈《促进科技成果转化条例》修订

2015 年 10 月 1 日

市场约定优先、风险保护激励、不限工资总额、科技报告公开、财政项目前提、企业主体责任、协同成果转化……一系列话题成为讨论的热点。修订后的《中华人民共和国促进科技成果转化法》10 月 1 日正式施行。如何修订适用的区域《促进科技成果转化条例》? 9 月 29 日,在甘肃省科技厅召开的学习会上,企业家、学者、政府官员有话说。

“建立工程包转化机制,发展产业创新集群,充分挖掘利基市场,培育新型孵化组织,引进职业创新经理人。”参加中央党校培训的甘肃省科技厅厅长李文卿在电函中说,“用乘数的理念运作成果转化,做大落地型成果质量和创新型企业规模两个因子,做强时间上的转化和空间上的转移,将科技成果转化进行到底。”

成果多 转化少

谈到成果转化,总是绕不开这个话题:科研人员为了达到岗位考核和职称评定的要求,必须发表足够的学术论文、做够足数的实验室工作、拿到足额的科研经费。所以,科技成果被悬在“深院高阁”,转化转移任务要为课题、经费和文章妥协。

“这个现象很普遍。正确的途径,应该为从事科技成果转化的科研人员建立合理的成果转化考核、评价体系、激励机制,调整目前的失衡状态。”来自兰州理工大学的张书晔说,兰州理工收入总额的 80%来自市场,这个“二八法则”表明高校在成果转化领域大有可为,关键是态度和措施。

强企业 重市场

此次新修订的“转化法”亮点之一是强化了企业在科技成果转化中的主体作用。“在美国等发达国家,企业一直都在科研和创新中担任重要角色,而且很多知名企业的科研能力并不亚于高等学校和科研机构。”金川公司开发部总经理闫忠强对新法的修改深表认同。

在讨论中,来自企业的代表透着自信与期盼,企业在体制机制上比高校和研究机

构更有优势，可以为科技成果转化提供充实的资金保障。更重要的，企业是成果转化和市场需求的“使者”。就《甘肃省促进科技成果转化条例》的修订，甘肃省人大教科文卫委员会主任委员庞波强调，强企业就是强基础，打破科技成果转化的“藩篱”重在企业，对企业必须加大笔墨，这对欠发达地区尤为重要。

除旧观 破陈念

自古有身怀绝技者谦称自己的技术为“雕虫小技”，百姓通常把掌握某种技术的人称为“匠人”，认为很难登上大雅之堂。然而，核心技术和关键环节才是推动科技成果转化的源泉。重研究、轻市场的观念无疑是可怕的。

“年轻学者要评奖、晋职称，就必须一心扑在基础研究上，因为转化成果在评价时通常不能作数。”甘肃省机械科学研究院党委书记焦光联道出了看法，“作为转制院所，与市场融合、与民生对接、与研究人员的劳动紧密联系，才是升职称、扩影响的着力点。”

避风险 图精准

资金引导、创业投资、股权交易、质押贷款、风险投资、保险服务、转让许可……新版转化法对加速重大科技成果产业化构筑了多层“防护网”。这些建立重大科技成果产业化的风险保障机制，得到与会企业、高校、院所和政府部门的一致认同。

“在转化初期甚至中期，很难见到成效的。唯一的途径是市场验证，这一过程伴随不小的经济投入和市场风险，如果不能如期产生经济效益，那么风险保障机制的缺失无疑就是最大的阻碍。”甘肃省科技厅副厅长郑华平、甘肃省政府法制办副主任曾施霖一致认为，要精化流程、精确施策、精细对接、精准投放，引导有限的创新资源链接到转化节点上。

“一定要明确目标，明确路径，明晰载体，破解体制机制障碍和政策壁垒，深入研究产业链、创新链、资金链、政策链、服务链加速融合的切入点和对接点，实现创新要素的整体协同与产业要素的多元协同，推动发展升级、小康提速、转型跨越、富民兴陇。”对于陇原的科技事业，李文卿在电邮中提出了希望。

深化管理体制改革,创出“特色院所路”

2017 年 1 月 10 日

近年来,甘肃启动实施深化省属科研机构管理体制改革,实施了重点院所、创新团队、学科带头人等一系列计划,健全现代院所管理体系,强推平台和队伍建设,在不断开拓、大胆创新的改革实践中,走出了一条公益类院所服务能力有效提升、转制类院所创新活力加速释放、民营科研院所异军突起、企业院所应运而生的“特色院所路”。

[公益院所] 甘肃省科技情报研究所(省科技发展战略研究院)围绕区域创新体系建设等方面开展了一系列政策研究和科学评估,形成稳定的《科技决策参考》《科技发展蓝皮书》《科技进步统计监测报告》《战略性新兴产业企业技术路线图》等系列情报产品。建立全国首家科技评价监测重点实验室,进入国家科技评估标准化工作委员会阵营。打造超市化的“科聚网”电子商务平台,成立国家科技图书文献中心兰白试验区服务站,初步建立科技资源大数据中心。

甘肃省水产研究所以创新平台和科研基地为依托,重点突破鲑鳟鱼良种选育及规模化繁育、三倍体大型虹鳟产业核心技术研发、土著鱼类人工繁育及资源修复技术,建立了全国唯一国家级鲑鳟鱼良种场和渔业种业示范场,为甘肃特色渔业产业发展提供坚实技术支撑。

[转制院所] 甘肃省化工研究院紧盯技术创新和成果转化,立足化工和民爆技术研发优势,苯酚衍生物、光引发剂、聚合物单体、化工中间体等产品站稳市场,依靠精细化学品中试基地、精细化工重点实验室等平台,取得民用爆破行业、分析检测、工程咨询等领域多项资质,5 年内获科研立项 64 项,申请专利 45 件,专利授权 21 件,占建院以来总数的 77%,兰金公司年产值超过 3000 万元。

甘肃省轻工研究院坚持创新强院、人才强院、产业兴院、服务兴院,建立了西北特色农畜产品深加工国家地方联合工程研究中心等 5 个国家级科技服务平台,打造食品发酵、天然产物提取、轻工产品检验检测重点研究方向,主动向中小企业提供循环经济设计与技术咨询服务。投资 3980 万元的“甘肃省中小企业公共服务平台”及网络枢纽通过工信部的验收。

［民营院所］ 兰州分离科学研究所依托分析化学优势和自主专利，填补国家多项空白，成立甘肃国信润达分析测试中心、中科安泰股份有限公司、中科药源生物工程股份有限公司，产业化领域涉及食品药品、环境第三方检测、色谱柱生产、稀贵金属萃取与利用、海盐利用、石墨烯等，是全国首个国家食品企业质量安全检测技术示范中心、色谱柱生产基地、中国绿色催化专家智库。

［企业院所］ 奇正藏药有限公司牵头、联合甘肃中医药大学成立的“甘肃省中药现代制药工程研究院”，搭建起科研院所、研究院、企业、市场无缝对接的科研创新平台，开展新药开发、成果转化中试、中药材种质资源研究、中药质量标准研究、生产关键共性技术开发等领域攻关，中药名方“消肿定痛贴”“固本止血颗粒”实现商品化，引领道地中药材当归、枸杞、蕨麻、黄芪等开发向纵深发展。

科技新政，让科技成果落地更快一步

2017 年 1 月 10 日

2016 年 4 月，《甘肃省促进科技成果转化条例》发布，根据甘肃省情和区域特色，明确提高了科技人员职务科技成果转化收益比例。10 月，被称为“黄金三十条”的《甘肃省支持科技创新若干措施》出台，两项政策“看点”十足。

［去堵消淤］ 消除科技成果转化中的障碍。建立科技成果转化挂钩的科研院所评价体系，鼓励高校和科研机构建立基于科技成果转化的职称评定考核办法。

［解锁松绑］ 让高校拥有更大的决策权、经营权、支配权，更大的资源调动权。将岗位设置、职称评聘、选人用人、薪酬分配、仪器采购等权限放给高校和院所，以合作共建、独立建设等形式在省内设立的科研分支机构、联合实验室或技术转移机构给予 50 万元资金补助。

［聚才聚智］ 建立全省科技成果转化信息系统，构建全省的技术交易网络平台，做好成果转化。在目前 9 家国家级的技术转移示范机构的基础上推进省级技术转移机构的建设。

［以点带面］ 依托兰白试验区，培育省级科技成果转化的示范区，建立具有较强竞争力的科技服务业创新集群，提升完善天水、武都、金昌、酒嘉等产业集聚区的科技成果转化功能，形成具有地域和产业特色的科技成果转化创新示范区。

[协同推进] 建立政府投入、政策性担保投入、知识产权质押贷款及评估金融服务等多元化的成果转移转化投入渠道,建立健全省市县三级科技成果转化工作网络,推动企业成为科技转化的主体,推动基层科技成果转移转化。

[能者多得] 将科技成果转让净收入、许可净收入、股份或者出资比例中的收益比例提高到60%,转化成功投产后连续三至五年每年从营业利润中提取不低于10%的比例。由科技成果完成单位对转化该项科技成果做出重要贡献的人员给予奖励和报酬。

让专利不在“待字闺中”

2017 年 5 月 22 日

近日,中国农科院兰州畜牧与兽药研究所“秀”专利,为畜牧领域的 18 项系列专利技术觅婆家;同时,武威市顶乐生态牧业有限公司慧眼寻真经,斥资三十万将专利技术收入囊中。“双赢”的合作为今年我省“科技成果转化年”绘上了闪耀的一笔,那么,是什么原因促使此次专利转让成功,背后又有哪些值得推广的经验与做法呢?

实力使然——强强联手促转化

成立于 1978 年的中国农科院兰州畜牧与兽药研究所在业内可谓是“科研担当”,它涵盖畜牧、兽医、兽药、草业等 4 大学科,2011 年,在“十一五”全国农业科研机构科研综合能力评估中,排名全国第 44 位、中国农科院第 11 位、全国行业第 4 位,甘肃省榜首。

研究所主要从事草食动物育种繁殖、兽用药物、中兽医、草地草坪等应用基础研究和应用研究,设有畜牧、兽药、中兽医、草业饲料等 4 个研究部门。先后创建牦牛资源与育种、细毛羊资源与育种、兽药创新与安全评价等 8 个中国农业科学院科技创新团队。

此次合作的受让方——武威市顶乐生态牧业有限公司是一家集犊牛繁育、肉牛养殖、饲料加工生产、肉品屠宰分割、有机肥生产利用为一体的企业,企业配备养殖生产所需的智能喷雾消毒、机械饲喂等现代化设施设备。企业有年屠宰分割肉牛 2 万头的清真屠宰加工线 2 条,企业实行资源合作、股权合作、订单合作和“龙头企业 + 基地

+合作社+农户”的生产模式，形成生产、加工、销售为一体的产业链。“成立时间虽然不长，却已发展成为武威市农业产业化重点龙头企业，发展势头不容小觑。”对于给所里专利找的“婆家”，畜牧与兽药研究所所长杨志强很满意。

效益使然——专利不是装点门面的“绿叶”

甘肃作为我国六大牧区之一，牧业对新型饲料的需求旺盛。此次转让的专利中，以固态发酵蛋白饲料的制备方法为核心的系列专利就格外抢手，专门针对牧区非常规或非粮性饲料开发利用不标准和技术相对落后的现状，兽药所用 TRM 多元化技术，开发出的农牧交错区新型饲料，为专利转化运用找到合适的对象提供了先机。

与此同时，武威市顶乐公司各类糟渣类废料较多，弃之污染环境，再利用则可延长企业经济链和产业链。兰州畜牧与兽药研究所的专利技术实现了糟渣的饲料化利用，帮助企业找到了变废为宝的新途径。

“我们的合作可谓是恰逢其机，不谋而合。”武威市顶乐公司在此次的合作中，收获颇多。

成功背后——打开院企合作新思路

“科研成果之榫”与“企业效益之卯”如何结合的严丝合缝？此次合作的成功，让兽药所的专家们对专利技术价值有了深度认识，“不满足于拥有专利，转而致力于推进转化；结合核心技术，专利申请遵循市场需求，提前谋划布局，赢得先机”成为共识。“我们作为国家农业科研机构，人才集聚优势突出，研发力量强大，得到企业认可，也能体现社会价值。”对未来的发展方向，杨志强思维很清晰。近年来，院所将专利、新兽药证书等科技成果转让资金的 60%用于奖励课题组，35%用于研究所研发支出，5%用于奖励推动科技成果转化的相关管理人员，为研究所的知识产权成果走出“闺阁”，转化为生产力提供了良好的渠道。

科技成果评价，“裁判员”与“运动员”相对独立才合理

2018 年 3 月 30 日

“经评价，该项成果技术成熟度 13 级，潜在利润较好；技术创新度 5 级，技术先进度 4 级，潜在经济、社会效益显著……”3 月 30 日，拿着由甘肃省科学技术情报研究所出具的科技成果评价报告，中石油长庆油田分公司副总经理付金华吃下了一颗“定心丸”，这意味着《陇东地区低渗透油藏国家级示范区勘探开发关键技术研发与应用》成果有了转化的“通行证”。

作为科技成果转移转化的必要环节，科技成果评价，过去一直由科技主管部门的“yes or no”为认定界限，标准难以统一，更不具备市场导向。2016 年 6 月，伴随科技部正式取消科技成果鉴定，科技行政管理部门不再组织成果评价，各类第三方评价机构纷纷成立。

作为西北地区科技成果比较聚集的省份之一，2017 年 10 月，甘肃省科技厅确定省科技情报研究所等 2 家单位为首批科技成果第三方评价试点机构。“科技成果评价工作交给专业机构执行，相当于‘裁判员’和‘运动员’相对独立，对科技成果是否达到市场要求进行筛查，其重大意义是实现了市场对科技资源的配置。”评价业务负责人张龙表示。

甘肃省科技情报研究所依托省级科技评价监测重点实验室，以科技评估、科技查新、数据平台为工作基础，根据国家《科学技术研究项目评价通则》标准，制订了“评价咨询、用户委托、形式审查、合同签订、评价师评价、专家遴选、专家咨询、综合评价、结论公示、报告发布”的科技成果评价业务规范，形成了“技术成熟度、技术创新度、技术先进度、社会效益、经济效益、生态效益、研发团队、知识产权”评价指标体系。已完成第一批 18 项科技成果的评价工作，评价的成果行业涉及电力、煤炭、石油、现代农业等，委托机构涵盖企业、院所、高校等。

“科技成果转化是一种市场行为，同时也需要政府的引导与支持，这样才能促使市场主体真正行动起来，才能力推科技成果转移转化，才能健全科技管理体系。”张龙认为，统筹用好“有形之手”和“无形之手”，健康推进科技评价业务建设。

甘肃:创新券抵用比例调整为50%~80%

2018年5月8日

“作为一家小微企业,以往我们都是自己实验、检验检测,从去年开始尝试了创新券,没想到不仅节省了研发成本,理工大学的专家们还帮我们弥补了新产品的部分设计缺陷,创新券的每一分钱,都起到了雪中送炭的作用。”5月6日,在兰州理工大学召开的甘肃省科技创新券宣讲会上,一名小微企业的负责人感慨万分。

2016年9月,甘肃省科技厅委托兰州科技大市场和甘肃省科技情报研究所共同开展科技创新券的管理服务工作。小微企业通过“科聚网”等创新服务云平台,向兰州理工大学高新技术成果推广转化中心、甘肃省知识产权事务中心等服务机构申请检验检测、委托开发、专利申请、技术转移等服务,切实触碰到了创新的脉搏。2017年,全省有1027家中小微企业和创新创业团队申领创新券,申领额度为5260万,向971家企业和团队发放科技创新券4980万元。

“创新券的抵用比例调整为50%~80%,创新券这个大‘红包’将惠及更多的创业者,让他们真正享受科技资源的全要素服务。”兰州科技大市场常务副总经理于民表示。

科技强国建设　中国尚在路上

2018年10月27日

当前,新一轮科技革命和产业变革正在重构全球创新版图、重塑全球经济结构,中国正处于新一轮变革同转变发展方式的历史性交汇期,建设科技强国是这一时期的战略目标和艰巨使命。

2015年以来,美国及一些西方国家的学者提出了“中国式创新”的概念,认为中国创新是集成世界先进技术于同一产品。“这是中国产品国际竞争力强的标志。”国家科技部发展战略研究院副院长王宏广日前于甘肃省天水市举行的2018中国科技评估研讨会上直言。

“但是，我们必须认清，在当今世界科技‘领跑、并跑、奔跑、跟跑’四大格局中，我们大致的中国的预测17%领跑，3%并跑，53%是奔跑，总体上，我们还属于跟跑的。”当天，王宏广从经济、科技、教育、文化、医疗、国防等方面，运用了40项指标对中美差距进行了定量分析，其中，美国处于领先的指标有28个，即约70%的指标领先于我国。

其发布的数据显示，中国仅在人员、论文、经费、专利、高科技产品出口、世界500强企业等科技创新的数量指标上居于世界前列。中美科技竞争数量指标接近、质量指标差距明显，科技强国建设，中国仍然在路上。

“世界科技现在在哪儿，将来去哪儿？”王宏广认为信息技术与产业方兴未艾、新科技革命正在孕育之中、生物技术引发第四次浪潮、农业迎来第二次绿色革命、制造技术智能绿色多元化、新能源引发能源结构转型、新型超级材料将不断涌现、环境技术与产业迅速崛起、空间海洋将拓展生存空间、创新格局将逐步形成多中心，正在逐步成为世界科技发展趋势。

王宏广提出“认清形势、强化国策、紧急行动、长远部署、创新体制、产品导向、企业主体以及重构体系”八大建设科技强国的对策。他说，中国成为创新国家的根本任务，强化建设世界创新路线，抢回世界创新中心的地位，目标是成为世界未来三大创新中心之一，即美国中心、欧洲中心，再加上中国中心。

“创新是什么？科技、经济的融合才产生了创新，创新的过程就是科技经济融合的过程，科技创新的过程就是把科技变成钱的过程，想办法把科技变成钱，这才是一个完整的创新过程。”中国科技财富杂志执行总编王仕涛会上将科技创新明了化。他认为，创新涵盖科技型创新、全要素创新、全面向创新以及共同体创新。

提及科技评估，王仕涛风趣地说，“我理解的科技创新就是把钱变成科技，这是我们研发的任务；把科技变成钱，这是我们转化的任务。转化永远不要就科技论科技，不要就人才论人才，我们要做真正被资本欣赏的人才，被市场接纳的人才。而如何被资本和市场接纳，需要我们评估发挥自己的根本作用。”

甘肃开启科技成果转化“直通车”

2018 年 11 月 29 日

“开启科技成果转化直通车，就是要从海量‘藏在深闺人未知’的科研成果里好中选优，将‘有效供给’提供给企业，使科技成果转移转化为释放经济新活力、惠及社会大众的‘及时雨’”。11 月 29 日，甘肃省政府召开专题工作推进会，解读《关于建立科技成果转移转化直通机制的实施意见》(简称 “实施意见”)，甘肃省副省长张世珍发出“动员令”。

张世珍坦言，制约甘肃科技成果转移转化的主要问题之一是成果需求双方对接机制不畅通，多元耦合机制不够，导致企业作为科技成果的承接方，积极性不高，“不解决好科技成果转移转化的‘最后一公里’问题，成果转化针对性不强、协调性不够，就会出现转化率不高的问题。”

“实施意见”指出，今后将从优化全省技术转移体系基础架构、拓宽全省技术转移通道、完善政策环境和支撑保障三个方面优化科技成果转化工作：突出企业在科技项目研发投入、组织实施和技术转移中的主体作用；鼓励科研人员通过到企业挂职、兼职或者在职创办企业以及离岗创业等多种形式、支持高校、科研院所科技人员和企事业单位专业技术人员以科技特派员身份开展科技公益服务，推动科技成果向企业转移转化；将科技成果转化对经济社会发展的贡献作为科研人员职务晋升、职称评审、绩效考核的重要依据。

甘肃省科技厅启动应对新型冠状病毒感染肺炎疫情科研攻关特别专项

2020 年 2 月 1 日

启动应对新型冠状病毒感染的肺炎疫情科研攻关特别专项，开展疫情应急防治技术攻关，紧急拨付 300 万元科研经费。这是记者 2 月 1 日从甘肃省科技厅获知的消息。

疫情发生后，甘肃省科技厅按照省委省政府对防控工作的最新要求，迅速整合省内优势科研力量，组建由兰州大学第一医院、兰州大学第二医院、兰州大学、省人民医院、中科院兰州分院、省医学科学院、解放军联勤保障部队 940 医院、兰州理工大学、兰州市肺科医院等医药单位 27 位专家在内的科研攻关专家组，支撑疫情防控防治阻击战。

专项设置广泛征求有关方面和专家意见，面向社会征求科研攻关力量配置、科研方向、攻关思路等方面的建议和意见，组织科研攻关特别专项。专项围绕新型冠状病毒特征与趋势，重点针对流行病学研究、2019-nCOV 快速诊断技术、2019-nCOV 诊疗模式研究、中药协同治疗防控、防控体系构建和感控指南建立、消毒与废物处理 6 个方面展开，积极探索解决疫情防控应急技术、药品、疫苗研发和应用的科学问题。

本次特别专项设置了 22 个具体项目，项目组织突出了三个方面的特点，一是远近结合，既有符合甘肃情况的快速检测、生物学标记物筛选等当前面临的技术问题，也有高原环境下易感人群的遗传特征诊疗模式的建立、基于西部地区特点的烈性呼吸道传染病管理模式及应急响应机制探讨。二是区域特色，甘肃是中药材大省，专项设置了甘肃道地中药防治新冠病毒感染肺炎制剂研发及评价、具有抑制 2019-nCOV 潜在活性小分子发现、应急中医预防与诊疗技术与方法等特色项目。三是系统推进，围绕西部特征与高原适应性，从病毒传播环境、检测诊断、综合治疗策略、应急响应机制、防控体系构建和感控指南、应急物流管理系统及保障机制、新型高效纳米消毒剂等多个方面突破，以期为坚决科学有力地做好疫情防控提供科技支撑。

全力以赴，紧急驰援，共赴时艰。从 1 月 24 日除夕之夜起，甘肃省派出第一位医疗专家甘肃省人民医院的张浩军增援武汉，装载 60 吨土豆、90 吨洋葱等重点物资的

12708次、抢2次列车分别从定西、金昌货场陆续开出，紧急奔赴武汉地区。同时，由甘肃省人民医院、兰大一院、兰大二院、甘肃省中医院等各大医疗机构的137名医护人员，集结兰州组成甘肃省首批救援医疗队，驰援湖北省。

统一专家咨询费标准，甘肃激发创新活力有实招

2020年9月18日

“对高级专业技术职称人员的专家咨询费标准调整为1500元~2400元/人·天；其他专业人员、管理专家咨询费标准为900元~1500元/人·天；院士、全国知名专家咨询费标准为2400元~3600元/人·天”，甘肃17日发布的关于进一步激发创新活力，强化科技引领的意见中，统一专家咨询费标准等亮点措施引来颇多好评。

意见发布了甘肃到2022年和2025年的科技进步贡献率、R&D（研究与试验发展）经费投入强度、万人发明专利拥有量及技术合同成交额等目标任务。从“优化科技创新环境、创新科技体制机制、打造高端创新平台，增强保障措施”四大方面分33条，为甘肃科技创新工作的方方面面提供了下一步努力方向。

给予科研人员真金白银的奖励，引导高层次科技人才向省内基层聚集。意见围绕“进一步激发全省各类创新主体活力”的核心，提出每年从省级科技计划专项中安排科技特派员专项经费2000万元，鼓励科技人员聚焦脱贫攻坚和乡村振兴，并对获得‘甘肃省外国专家敦煌奖’的优秀外国专家每人一次性发放奖金2万元，对获奖外国专家和团队申报引才引智项目可优先给予科研立项支持。在经费使用和科技成果转化收入上也赋予科研单位更大的自主权，进一步提高了省级科研项目间接经费比例，允许科研单位自主使用横向项目经费和分配科技成果转化收入，促进科研资金使用越来越灵活。

给予认定的国家实验室、国家技术创新中心、国家高新技术产业化基地等高端创新平台，实际投入15%的比例进行资助；以建设经费、建设补助、项目奖励等方式支持创新平台和中小微企业、民营企业开展科技创新，甘肃为各创新主体量身定做的激励政策，打出了促进科技成果转化的实效组合拳。

完善科技创新激励机制的同时，甘肃在科技体制机制建设方面也向前大步迈进。

探索开展科研立项揭榜挂帅立项方式和省级联合科研专项试点，加强科技创新容错机制建设，同时，从服务体系、绩效考核、诚信体系和科研伦理建设多纬度发力，建立以高质量发展为导向的科研综合评价制度作为科技创新工作的保障措施，营造良好的科研生态，为创新型省份建设奠定良好的制度基础。

促进在重要产业领域和关键技术环节取得重大突破，科技体制改革取得实质性突破，科技资源配置更加优化，甘肃将在更多的实处细处发力，更加凸显科技对经济社会发展的支撑作用，以强化科技引领为主构建更大更新发展格局。

协同部省合力，吹响“技能甘肃”的集结号

2020 年 11 月 21 日

近日，教育部、甘肃省政府成立部省领导小组，整省推进职业教育发展，由教育部部长陈宝生和甘肃省省长唐仁健担任组长，吹响“技能甘肃”的集结号。

2019 年习近平总书记考察甘肃省山丹培黎学校时强调：“我国经济要靠实体经济作支撑，这就需要大量专业技术人才，需要大批大国工匠。”甘肃是继山东之后第二个部省共建国家职业教育创新发展高地的省份，此前发布的《教育部、甘肃省人民政府关于整省推进职业教育发展打造“技能甘肃”的意见》，紧盯技术难学、技工难招、技师难当等困扰职业教育的“窘境”，打出政策实招。

以完善职业教育体系、构建多元评价体系、全面推进“三教”改革、开创产教融合发展新局面、助力甘肃乡村振兴、打造高水平职教园区和国际产业人才供给高地 7 个主要任务为路径，甘肃将构建纵横融通的特色职业教育体系、学历与培训并重的职业教育培训体系、灵活开放的全民终身学习体系，致力成为契合西部产业薄弱地区职业教育发展的精品工程。

深耕教育扶贫之路，“斩断”贫困代际传递。近年来，甘肃聚焦教育扶智扶志成效显著，每年有近 6 万名贫困家庭学生接受免费中职教育、近 3 万名贫困家庭学生在省内高职院校接受免费教育，2019 年甘肃省职业教育改革发展成效受到国务院办公厅通报表彰。

“在提高教育品质方面，主要是建好技能甘肃平台、培养高素质技能人才”，甘肃省教育厅厅长王海燕表示，要在人人有技能的基础上，培养覆盖面更广、实操能力更强、

综合素质更高的技术技能型人才,用优质教育为西部发展和乡村振兴注入更多动能。

甘肃:一批重大项目“出题”求解

2020 年 12 月 23 日

今年 11 月 16 日,甘肃省科技厅发布《关于征集揭榜挂帅制科技项目需求的通知》,面向社会公开征集科技揭榜挂帅制项目需求,受到了社会各界的广泛关注和积极响应。很快受理需求申报 270 项,内容涉及信息技术、高端装备、绿色低碳、生物医药、新材料、现代种业和精准农业、现代工程技术等领域。

近日,经形式审查,首批 6 项重大“卡脖子”技术已“出题”完毕,只待“将才”来揭榜。项目分别是天水电气传动研究所集团有限公司的“工业互联网(IIoT)智能石油钻机装备的研制”项目、兰州金川科技园有限公司的“半导体芯片用高纯铂、钌、铪、铁、钨材料制备技术开发”项目、甘肃融万科技有限公司的“混维凹凸棒石转白和伴生矿物利用关键制备技术”项目、丝绸之路国际知识产权港有限责任公司的“知识产权港线上服务云平台建设”项目、兰州大学的“牦牛胶原蛋白及其皮肤修复敷料的产业化”项目、中国科学院兰州化学物理研究所的“环丙藁本抗脑卒中一类新药研发”项目。

了解企业所需、带动院所转化。据了解,此次“揭榜挂帅”类项目共分为技术攻关类和成果转化类项目两种。技术攻关类揭榜挂帅制项目主要由省内龙头、骨干企业提出技术难题或重大需求,经省科技厅组织论证张榜后,凡符合条件且有研发能力的省内外高校、科研机构、企业或各类创新平台及其他组织的联合体均可主动揭榜,经供需对接达成协议后,开展攻关任务,由发榜方和省科技厅提供相应的研发补助资金。技术攻关类揭榜方,主要为省内外具有研发能力的高校、科研机构、企业或各类创新平台及其他组织的联合体,须有较强的研发实力、科研条件和稳定的人员队伍等,有能力完成发榜方提出的任务;具有良好的科研道德和社会诚信,近三年内无不良信用记录;能对发榜项目需求提出攻克关键核心技术的可行方案,掌握自主知识产权;优先支持具有良好科研业绩的单位和团队,鼓励产学研合作揭榜攻关。

成果转化类项目主要由省内外拥有重大科技成果的高校、科研单位、企业或各类创新平台提出,经省科技厅张榜后,由有技术需求、应用场景且符合应用条件的省内企业进行揭榜实施,经供需对接达成协议后,开展成果推广转化应用,获得相应省财政资金支持。成果转化类揭榜方，主要为有技术需求、应用场景的甘肃省内具有独立法人资格的企业，须拥有较强的成果推广转化应用队伍，能够提出科学合理的成果转化应用方案；能够提供成果转化所需的资金、场地、市场等配套条件；鼓励开展示范应用，努力扩大社会应用效益，优先支持行业龙头和骨干企业。

最新数据显示，甘肃省目前有高新技术企业1200多家，很多是科技型企业，企业的技术难题苦于没有解决渠道，创新发展遭遇技术瓶颈，而揭榜挂帅制的出台恰逢其时，将为全省重点领域关键核心技术和产业发展急需的重大科技成果转化保驾护航。

甘肃：立纲张目，谋定“十四五”

2020年12月26日

“更加注重生态优先，更加注重培植动能，更加注重提质增效，更加注重固强补弱，更加注重系统治理，朝着经济发展、山川秀美、民族团结、社会和谐的目标奋勇前进。”12月26日，中共甘肃省委举行首场新闻发布会，专题解读日前省委十三届十三次全会暨省委经济工作会议上审议通过的《中共甘肃省委关于制定甘肃省国民经济和社会发展第十四个五年规划和二〇三五年远景目标的建议》。

“‘十三五’时期，甘肃紧紧扭住脱贫攻坚和生态环保两大底线性任务，各项工作交出了一份好于预期、群众满意的答卷。”甘肃省委常委、省委宣传部部长、新任省委新闻发言人王嘉毅介绍说，“十四五”时期，高举中国特色社会主义伟大旗帜，准确把握我省处于多重发展机遇的叠加期、深化改革开放的攻坚期、弥补基础短板的突破期、经济转型升级的关键期、缩小发展差距的窗口期这“五期”带来的重大机遇和挑战，在危机中育先机、于变局中开新局，不断把各项事业推向前进。

“‘十四五’时期，甘肃要朝着经济发展取得重要成效、改革开放迈出重大步伐、社会文明程度进一步提高、生态文明建设达到新水平、人民生活品质普遍改善、治理效能得到显著提升等目标不懈努力。”

开局“十四五”，谋定中长期，甘肃省2035年基本实现社会主义现代化的远景目标包括，经济综合实力和科技创新能力大幅跃升，建成甘肃特色现代化经济体系，文化强省、旅游强省目标基本实现，基本建成法治甘肃、法治政府、法治社会，公民素质和社会文明程度达到新高度，美丽甘肃建设目标基本实现，形成全方位对外开放新格局和人的全面发展、人民共同富裕取得更为明显的实质性进展八个方面。

发扬民主，开门问计。"'建议'起草前期组成多个调研组，赴各地各领域进行调研，形成40多份有价值、有分量的调研报告，以座谈会和网络问政等形式广泛征集各方意见，可以说是全省各级各界集体智慧的结晶。"甘肃省委政策研究室主任苟保平介绍说，阐述重点任务、工作要求和政策措施的分论板块，排在首要位置的是"强国科技创新核心位置，提升战略支撑能力。"

"下一个五年，实施创新平台支撑强基行动、核心关键技术攻坚行动、科技创新生态优化行动、科技成果转化加速行动、基础研究能力提升行动和科技创新人才引育行动。"甘肃省科技厅党组书记、厅长张世荣表示，将以重要创新平台为支撑，以重大科技项目为牵引，以重点改革举措为保障，提高创新供给质量，推动发展动能转换，加快创新型甘肃建设，努力打造西部创新驱动发展新高地。

秉纲而目自张，执本而末自从。规划"建议"以把握新发展阶段、贯彻新发展理念、融入新发展格局，定目标立足现实、谋布局强调充实、定举措力求务实的"三新三实"，为甘肃开局"十四五"、开启新征程定向领航，持续释放出坚持新发展理念、聚焦高质量发展、融入新发展格局的信号。"建议"号召："要更加紧密地团结在以习近平同志为核心的党中央周围，坚定信心、开拓创新，加快建设幸福美好新甘肃、不断开创富民兴陇新局面，在全面建设社会主义现代化国家征程中谱写甘肃壮丽篇章。"

甘肃："四五"协同，力促企业科技创新

2021年1月23日

"深入研判企业发展新趋势新任务，定期汇集企业亟须解决的重大技术问题，促进工作互联、情况互通、常态互动、数据共享，为企业提供高效便捷服务。"1月22日，甘肃省科学技术厅与省政府国有资产监督管理委员会签订合作协议，致力于共同提升省属企业技术创新能力，开创"十四五"甘肃高质量发展新局面。

以协同发展和长期合作为目标，厅委双方建立定期工作磋商机制，加强"十四五"规划和科技创新政策统筹协调。据了解，协议内容以加强重大项目高层设计、技术创新体系建设、科技成果转移转化为重点，联合组织关键技术攻关、支持企业组建创新联合体、建设高新技术产业化基地，激发创新主体活力，推动传统产业高端化、智能

化、绿色化改造。

“2020年，甘肃省属工业企业研发投入占主营业务收入的比重达到2.1%，拥有省部级以上产学研创新平台155个，85户企业认定为科技型企业。”签约仪式上，甘肃省政府国资委党委委员成平和介绍，“十三五”以来，在省科技厅和省政府国资委的共同资助和项目支持下，建立了金川集团和天水电气传动研究所国家级企业重点实验室，各类重点研发计划项目200多项。

总体来看，甘肃省属企业科研体系比较完整、力量强劲、经验丰富、团队众多，对推动全省经济增长方式转变发挥着引领示范和辐射带动作用。“2020年，集团展开科技项目339项，新产品开发和扩大试验量46万吨，获得省科技进步奖4项、专利奖3项。”酒钢集团技术中心主任郑跃强说，锌铝镁合金镀层板、铁素体抗菌不锈钢、特变电专用无磁钢、高端剃须刀马氏体不锈钢等产品技术水平居国内领先地位。

据悉，甘肃省科技厅自去年12月以来，抢抓“十四五”先机，强化科技创新策源能力，主动与多个省政府组成部门展开密切沟通，体现政府意志，实施重大项目“无缝”衔接，打造以国有骨干企业为核心、以产品和效益为导向的紧密型创新联合体。“推动企业在研发经费投入、重大技术攻关、创新平台建设、成果转移转化、人才引进培养等方面走向前列。”省科技厅厅长张世荣表示。

提交履职“作业” 甘肃进入两会时间

2021年1月25日

1月24日，政协甘肃省第十二届委员会第四次会议在兰州召开。经历了不平凡的一年，代表们肩负重托，带着履职“作业”再次相聚，未来几天，他们将围绕全省经济社会发展的热点和百姓关注的问题积极发声。据了解，为推进政协工作提质增效，去年，甘肃省开展了9项课题调研和研究，其中4项课题成果入选全国政协理论研究会年度征文。“2020年共收到提案968件，审查立案850件。”甘肃省政协副主席康国玺代表政协在提案工作情况报告中表示。

2020年，甘肃省政协及其常委会发挥专门协商机构作用，着力加强政治协商，民主监督，参政议政和凝聚共识的工作，为决战脱贫攻坚，决胜全面建成小康社会做出了应有的贡献。会议期间，政协代表将围绕“十四五”规划、推动经济高质量发展、民生改善、生态保护等方面进行协商,献计出力。

巧合的是,政协会开幕当天,兰州市迎来2021年第一场雪,早在22日,甘肃省气象局就已准确预报了这场降雪。正在出席政协会议的甘肃省气象局局长鲍文中表示,近年来,甘肃省对防灾减灾工作非常重视,不断强化气象公共服务供给能力建设,天气预报预警方面能力不断提升,“未来五年,甘肃将基本建成系统完备、开放融合、创新协同,适应全省经济社会高质量发展需要的气象现代化体系,公众气象服务满意度将保持在全国领先位置。”鲍文中表示。

“要站在推进国家治理体系和治理能力现代化的高度,准确把握专门协商机构的性质定位,充分认识政协协商向基层延伸的重要性。”政协委员王大睿表示,将政协协商向基层延伸,有利于广泛集中民智,营造良好气氛,让政协“协”出水平,“商”出成果。

“我今年带来了三个提案,其中一个就是关于甘肃省太阳能光热发电产业和装备制造业发展的。”政协委员刘刚告诉记者,国家已将甘肃确定为第一座千万千瓦级风电基地以及太阳能发电示范基地之一。目前,中国电力、国电电力、大唐电力等发电企业纷纷落户甘肃酒泉,参与风电场建设的“国”字号企业达18家,落户新能源装备制造基地的领军企业达29家。

“但是,甘肃弃风率和弃光率一直较高。”刘刚表示,为了加快甘肃太阳能光热发电产业和装备制造业发展,他建议从产业政策、用地价格和配套工程等方面给予支持和优惠,引导产业快速发展,替代传统火力发电,为酒泉至湖南±800千伏特高压直流输电工程提供调峰稳网的功能,真正实现河西新能源绿色发展。“建议省直相关部门支持建立省级太阳能光热发电装备技术研发工程中心,提高技术支撑,为国家绿色新能源产业提供技术保障。”

“开局决定全局,起手决定胜势。”短短4天里,委员们将带着满怀心血的履职“作业”,凝心聚力,建言献策,为加快建设幸福美好新甘肃、不断开创富民兴陇新局面贡献力量,确保“十四五”规划开好头、起好步。

甘肃两会,疫情下的发展考量

2021年1月26日

疫情当下,2021年甘肃省的两会显得非同寻常,会议召开前,千余名相关人员及两会代表做了核酸检测；报到时，大家的材料袋里多了口罩、湿巾等贴心物资；会议期间，委员们凭“绿码”和核酸检测证明才能出入；住地及会场，随处可见智能消毒机器人；有的与会者风度翩翩地行拱手礼或“碰拳礼”；委员们通过电邮、视频、书面等方式接受记者采访……一切都井然有序又有安全感。

“正是全省上下这种高度的责任感和凝聚力，我们才构筑起了疫情防控的坚固防线，让甘肃一度成为全国最安逸的一角。”甘肃省政协委员、兰州大学公共卫生学院院长刘兴荣感慨地说。

“和平年代没有硝烟，但没有硝烟的和平却有生死。”刘兴荣说，在突如其来的新冠疫情面前，作为政协委员思考良多，他呼吁加强各级领导干部、专业技术人员公共卫生培训，加强群众健康宣教工作，普及疫情防控知识，引导群众养成不聚集、戴口罩、勤洗手、多通风、用公筷等良好卫生习惯和文明健康生活方式，用文明的小改变筑牢疫情防控的大防线。“在重大危难关头，只要紧紧依靠人民，充分激发广大人民群众顽强不屈的意志和坚忍不拔的毅力，我们一定能够战胜疫情。”刘兴荣笃信。

“我省是全国唯一的国家中医药产业发展综合实验区。近年来，甘肃中医药产业发展取得了长足进步，但与相关省市相比，我们在新药创制、制药工艺、医药对接、医疗和制药产业人才方面还存在着很大差距，这与我省拥有的中医药资源远远不相符。”省政协委员、兰州大学第二医院副院长王志平道出中医药未来发展的忧虑。他认为，医疗事业和制药产业人才不足是最大的瓶颈制约。

如何破解瓶颈？王志平给出一系列建议，整合兰州大学、甘肃中医药大学、西北民族大学、甘肃医学院、河西学院及省属三甲医院等优势医药人才教育资源，建立医药教育联盟，实现资源共享和信息互通，人才标准和培养流程相统一，着力提高全省医药人才的培养质量。

“多渠道、多形式引进医药人才。”王志平呼吁从外省或海外引进一些高端人才，打造医疗医药产业领域领军人才队伍，并聘请国内外知名专家和行业技术带头人到甘肃医疗机构或企业兼职，针对医疗新技术和新药创制进行攻关，解决一些关键技术和“卡脖子”问题，提升自身竞争力的同时，帮助甘肃培养一批高端人才。王志平希望甘肃本土的高校、科研单位或重点三甲医院的专家和医务人员，能重视人才“蓄水池”的重大意义，到基层医疗单位或企业兼职，“目的在于盘活人才资源，发挥他们在医疗技术进步、医药产业发展和升级及科技创新方面的作用。”

划重点！全国两会精神宣讲走进陇原科技界

2021 年 4 月 7 日

近日，由甘肃省委宣传部、省科技厅、省委讲师团联合举办全国两会精神进科技系统宣讲报告会在这里举行，由第十三届全国政协委员、西北师范大学校长刘仲奎进行宣讲。刘仲奎校长围绕全国两会基本情况、两会七大看点和九个关键词、政府工作报告解读等，向与会人员“划重点”，传达了两会精神，传递了时代声音。

“这是党关于科技发展的新论述，也是‘十四五’期间应秉承、践行的国家科技发展新理念。”刘仲奎对“十四五”时期“坚持创新在我国现代化建设全局中的核心地位，把科技自立自强作为国家发展的战略支撑” 具体举措进行的深入解读， 他说，“十四五”时期，要坚持创新核心地位，推进国家现代化建设；要坚持科技自强自立，为国家发展提供战略支撑；要坚持“四个面向”，引领科技发展方向。

宣讲报告在全省科技系统引起反响，甘肃省农业工程技术研究院书记王士军说，作为今年两会的重点内容之一，全面实施乡村振兴战略，促进农业稳定发展和农民增收，作为农业科研机构，省农工院深感责任重大，“我们将继续加大农业基础研究，开展技术创新，大力推进成果转化，有效服务和助力乡村振兴战略全面实施。”王士军激动地说。

甘肃省科技厅发展规划处副处长许瑞泉积极建言献策， 结合本职工作， 他表态说，今后，将按照全省部署，以重大项目为牵引，重大平台为支撑，重大机制为保障，重点做好实施科研项目“揭榜挂帅”和组建企业创新联合体相关工作，通过技术研发和联合攻关，完善产业链与创新链。

“要认真贯彻落实全国两会精神，结合本职工作，切实把思想和行动统一到全国两会精神上来，为‘十三五’圆满收官和‘十四五’开好局起好步提供科技支撑，确保全国两会精神在实际工作中落地见效。”省科技厅副厅长朱晓力在总结讲话中呼吁，积极贡献科研院所和科技管理工作中的力量， 把甘肃省建设成为西部地区创新驱动发展新高地，以优异成绩迎接中国共产党 100 周年诞辰。

答出创新考卷　甘肃组建创新联合体

2021 年 4 月 7 日

聚焦关键环节，发挥企业主体作用，合力突破“卡脖子”技术。2021 年，甘肃省提出支持领军企业牵头组建创新联合体，在加快突破关键核心技术的同时，带动更多中小企业参与创新。

一石激起千层浪。近日，甘肃省首批创新联合体正式出炉，来自兰州大学、金川集团、酒泉钢铁集团、中核四〇四有限公司等陇原创新“大佬”们强强联手，带动科研院所及上下游企业抱团发展，让“创新链”更强赋能“产业链”。

第一批创新联合体包括由金川集团股份有限公司牵头，联合酒泉钢铁(集团)有限责任公司、有研科技集团有限公司、中国科学院兰州化学物理研究所等创新资源组建的甘肃省镍钴资源高效利用及新产品开发创新联合体，由酒泉钢铁(集团)有限责任公司牵头，联合中核四〇四有限公司、金川集团股份有限公司、兰州大学、哈尔滨工业大学、中国核工业二三建设有限公司等单位组建的甘肃省钢铁新材料研发及产业化应用创新联合体，由中农威特生物科技股份有限责任公司牵头，联合中国农业科学院兰州兽医研究所、中国农业科学院兰州畜牧与兽药研究所、甘肃农业大学、兰州兽研生物科技有限公司、申联生物医药(上海)有限公司等组建的甘肃省动物用生物制品创新联合体，由兰州兰石集团有限公司牵头，联合中科院热物理所、中科院兰州化物所、中国石油大学、海默科技(集团)股份有限公司等组建的甘肃省能源装备创新联合体，由甘肃省公路交通建设集团有限公司牵头，联合华为公司、兰州大学、爱驰汽车、丝绸之路信息港、兰州朗青交通科技有限公司、甘肃新网通科技信息有限公司等组建的甘肃省智慧交通创新联合体。

据甘肃省科技厅相关负责人介绍，首批创新联合体结合了甘肃镍钴资源高效利用、钢铁新材料研发、动物用生物制品、能源装备、智慧交通等领域“卡脖子”技术和产业发展共性关键技术需求，创新联合体将共同组织，凝练瓶颈制约问题、支持开展关键技术研发和联合攻关，加快推进重大技术突破、重大科技成果转化，促进技术需求与科技供给精准对接。

甘肃:科技成果转移转化持续“放大招”

2021 年 4 月 28 日

“‘十三五’时期,甘肃省累计登记技术合同 29498 项,成交金额 924.22 亿元,年均增长 10.92%。2020 年,全省登记技术合同 7403 项,成交金额 233.16 亿元,西部地区排名第 4。”近日,在甘肃省技术经纪人培训暨技术市场工作推进会上,甘肃省科技厅副厅长巨有谦公布了 2020 年全省技术市场交易成绩单。

据介绍,近年来,随着全省政策红利的强力“助攻”、兰州大学、中科院西北分院等科研机构的智力“加码”、兰州科技大市场管理有限责任公司等专业平台的“牵线搭桥”,甘肃省科技成果转化活力竞相释放,一批“锁在柜子里”的科研成果迅速转化为现实生产力。2020 年,科技部发布《中国科技成果转化年度报告》,中国农科院兰州兽医研究所和中科院近代物理研究所分列科研院所转让、许可、作价投资转化科技成果合同金额第 7 和 8 名;甘肃省位列科研机构、高校院所转让、许可、作价投资转化科技成果合同金额第 5 名和第 8 名,“好风凭借力,送我上青云。”甘肃迎来技术市场转型升级的“吐故纳新”。

据甘肃省科技厅相关人员介绍,甘肃省科技成果转移转化中持续“放大招”,2017 年至今累计认定 84 家省级技术转移示范机构,建成 8 家国家技术转移机构;与中科院兰州分院共同发布《建立成果转移转化协调机制方案》;创新科技成果资源对接形式和载体,通过举办兰州科技博览会,搭建科技创新合作交流平台,促进科技与产业深度融合;2018 年印发《关于培育建设省级科技成果转移转化示范区的通知》,先后批复支持兰州、张掖、白银、金昌、定西 5 市建设省级科技成果转移转化示范区。一系列措施打通科技成果转化的“任督二脉”,科研成果纷纷“走出”实验室,科技创新“磁吸效应”持续放大。

“到 2025 年,全省技术合同成交金额达到 388 亿元以上,全面建成结构合理、功能完善、高效运行的全省技术转移体系,技术市场充分发育,技术转移体制机制更加健全,科技成果扩散、流动、共享、应用更加顺畅。”巨有谦鼓励道。

武威:一视同仁　诚邀民企

2021 年 6 月 29 日

“截至目前,已成功对接洽谈生态产业项目 82 项,总投资 135.9 亿元,另有部分项目在洽谈中。”28 日,在甘肃省“民企武威行”活动新闻发布会上,甘肃省工商联副主席朵雪青对外介绍,7 月 5 日至 7 日,以“相约天马故乡 合作共赢发展”为主题的“民企陇上行”年度主题活动将在武威举办。“这也是第二十七届‘兰洽会’的一项重要活动。”朵雪青说。

“举办此次活动,有助于打造连接亚欧对外开放新高地、持续巩固拓展脱贫攻坚成果,全面推进乡村振兴。”武威市委常委、常务副市长王国斌表示,武威市作为丝绸之路上优势独特的农业大市,具有十分重要的战略地位和区域优势,围绕这场招商引资的“重头戏”,武威将以现代农业、生态工业、文化旅游等生态产业为重点,征集经济社会发展招商引资项目 118 项 580 亿元,精选重点招商引资项目 53 项 360 亿元。

据介绍,自 2021 年 3 月份开始,武威市组成 8 个招商小组,先后赴北京、上海、天津、福建、河南、山东、新疆等 16 个地区开展招商考察和推介洽谈活动,大力宣传展示武威的资源优势、产业条件、优惠政策和良好投资环境。“我们将秉持‘政府营造环境、企业创造财富’的理念,对招商引资企业和本土企业做到‘六个一视同仁’,即:在政策支持上一视同仁、审批服务上一视同仁、规范发展上一视同仁;不论税收多少一视同仁、规模大小一视同仁、效益好差一视同仁,积极营造重商、安商、爱商、富商的深厚氛围,全力支持项目落地建设、早见成效。”武威市委常委、统战部部长王玉真表示。

聚焦“谋”与“略”，为兰白自创区突破发展打造动力源

2021 年 7 月 4 日

聚焦总结经验、聚焦解放思想、聚焦争先进位，持续释放“政策红利”，推动自创区建设不断取得突破。在 7 月 2 日甘肃省兰州市举行的兰州白银国家自主创新示范区（以下简称“兰白自创区”）建设座谈会上，来自科技部、国务院发展研究中心创新发展研究部、北京长城战略咨询有限公司、甘肃省科技厅及兰白自创区的相关负责同志和企业代表建言献策，共谋高质量发展之道。

解放思想，敢于突破，是加快发展的前提

“今年甘肃省首批组建的 5 家创新联合体中，着重在自创区布局了 3 家；兰石集团‘能源装备国家专业化众创空间’成功入围国家专业化众创空间备案示范名单。”甘肃省科技厅副厅长朱晓力介绍了兰白自创区在强化建设高层设计、优化创新平台布局、深化科技金融融合、加大科技服务保障和加强区域创新协作方面的整体做法及经验。

推动科技创新工作，关键在于政策引导。“用好用活国家层面战略平台的各项优惠政策，量身打造甘肃支持自创区建设的匹配政策，进一步打牢了自创区发展的政策保障。”朱晓力说，从政策上把关，梳理历年科技项目相关经验数据，以产品为导向，在立项与研发过程中注重调整产业方向，推动产业整体发展，同时，注重品牌打造与扶持，以品牌战略推动产业化目标实现。

以兰州高新区为例，据兰州市科技局局长王柠介绍，兰州高新区“1+4+7”政策效应持续释放，累计兑现各类奖补扶持政策 300 多项 7662.2 万元。6 月 30 日，兰州高新区发布《兰州高新区建设国家自主创新示范区　促进高质量发展政策》，重点支持生物医药、智能制造、新材料、数字信息等高新技术产业和主导产业，是兰州高新区原有“1+4+7”政策的完善和持续，在实际工作中将更具有针对性、操作性、精准性，奖补力度更大。

上下联动，协同共建，是创新试验的保障

大力推动以“自主、创新、示范”为核心的大科技、大创新、大改革，自创区建设取得突破性进展。“获批国家生物医药新型工业化产业示范基地，在纳米功能材料、生物传感技术、记忆合金等方面形成了一批国内乃至国际领先的成果，2020 年，兰州高新区获批国家产城融合示范区、国家科技服务业试点等国家级牌子 13 个，已初步形成全省科技创新和产业升级的集中示范区。”王柠说。

“白银高新区累计建成兰州大学白银产业技术研究院等新型研发机构 10 个，建成国家和省级企业技术中心 23 个，白银科技企业孵化器连续 4 年获评 A 类国家孵化器。”白银高新区管委会主任陈启智介绍说，围绕“产业链”部署“创新链”，建设“人才链”，白银高新区柔性引进院士 27 名，建成院士专家工作站 5 个，协同创新基地 19 个。

“要充分发挥资源融合的优势，在竞争中寻求产业突破口。”兰州高新区管委会主任孙裕在交流中说。针对如何在科技企业发展过程中做好定位选择，北京长城战略咨询有限公司副总经理王志辉开出了精准“药方”：突出“新”字，发展新动能带动新经济；突出“精”字，做精特色优势产业；突出“高”字，科技型中小企业要做到高技术、高价值、高成长，以创新支撑产业发展。

东西合作，集聚资源，是转型升级的基础

把加强区域合作作为提高自创区建设层次的主要措施，兰白自创区与上海、浙江等地广泛开展的区域创新协作的先行先试经验，受到了与会代表的一致认可。“联合主办的‘兰白自创区企业张江行’‘张江兰白服务企业直通车线上推介会’等活动，积极促成两地多家企业开展联合科研攻关。”朱晓力介绍说，在不断深化与沪浙已有合作的基础上，积极牵线搭桥，推进自创区与陕西、青海等地开展跨区域科技合作。

“兰州高新区在人才贴补政策、重大项目立项等方面的服务与扶持，吸引了我们入驻，在企业合作和技术研发领域取得了明显成果。”甘肃万桥信息技术有限公司总经理丁守斌说，甘肃万桥从专注于智慧城市、智慧工厂、智慧建筑等领域扩展到智慧农业，正迈向核心技术研发之路。

争先进位需加力。科技部成果与区域司产业化处处长王光辉指出，要深入梳理总结兰白自创区在建设、产业发展、开放合作和区域辐射带动作用方面的做法成效和先行先试经验，直面发展过程中存在的问题，充分发挥甘肃科技资源优势，强化科技创新支撑，实现高质量发展。

“坚定信心，优势突出领域‘必保’、核心关键方向‘必争’、高端前沿布局‘必跟’。”甘肃省科技厅党组书记、厅长张世荣表示，要用好甘肃丰富的创新资源，深化“政产学

研用”融合，大力发展风光电核能等产业，创造条件更好承接东部产业转移，推动科研成果在甘肃落地转化，加快创新型甘肃建设，努力打造西部创新驱动发展新高地。

甘肃：疏“堵”解“痛”　给科研人员吃下“定心丸”

2020 年 7 月 13 日

“风劲春潮涌，创新正当时。”13 日，在甘肃省《关于深化科技体制机制改革创新推动高质量发展的若干措施》（以下称为“若干措施”）解读发布会上，甘肃省科技厅、教育厅、人社厅等部门围绕 39 条新政做了深度解读，针对科技成果转化难这一常年掣肘科研人员创新的“顽疾”，甘肃省“重拳”出击破难题，给科研人员吃下“定心丸”。

“关键是要打通创新链条上成果转化和技术变现这‘最后一公里’。”在中科院兰州化学物理研究所黄新异研究员看来，目前的科研院所和企业之间缺乏一个更加高效畅通的转化通道。“我们的科研成果推进过程中面临‘放不下’和‘接不住’的问题。”他希望政府能为科研院所搭建一个更高层面的转化平台。

“此次发布的“若干措施”，将通过联手搭建科技创新网络，鼓励技术转移服务和认定登记，推动科技成果跨区域转移转化，促进省外先进技术和科技成果在甘转移转化。”甘肃省科技厅副厅长朱晓力为以黄新异为代表的广大科技工作者公布了这一利好政策。“这些措施，将更好地调动科研人员成果转化的积极性，激励科研人员大胆转化、放心转化。”朱晓力说。

此外，“若干措施”围绕科技成果权属改革“放大招”。甘肃将落实国家赋予科研单位和科研人员自主权的最新要求，积极探索推进职务科技成果权属改革，明确赋予科研人员科技成果所有权或长期使用权，为科技成果转移转化打通壁垒。

“要坚持开门办科技，与国家层面的科研单位和平台加强合作。”甘肃省科技厅厅长张世荣鼓励科研单位扩大“朋友圈”，积极融入“国家队”。新政明确提出，发展“团队控股”模式的新型研发机构，推动人才（团队）由拥有“成果转化收益权”增加到拥有“成果所有权、处置权和转化收益权”，实现创新资产所有权和使用权分离，促进增值收益主动性积极性；明确高校院所科研人员职务科技成果转化现金奖励不受绩效工资总量限制；将“先转化、后奖励”改变为“先赋权、后转化”，将事后奖励改变为事前激励，解决职务发明人有转化动力、没有转化权力的问题。

“研究成果的数量多少问题、成果质量的好坏问题、转化效率的快慢问题，是新政的主要‘发力点’。”张世荣表示，未来，甘肃将进一步完善科技成果转移转化和成果奖励激励细则，让所有的创新改革措施形成共振效应，进一步提升全省科技创新水平，激励更多科研人员产出更多的高质量科技成果。

甘肃新政来袭，点亮科技创新“关键词”

2020 年 7 月 13 日

“立足企业所需、聚焦科技前沿、共谋创新发展。”作为第 27 届兰洽会的重头戏之一，张江·兰白服务企业直通车暨创新成果推介会在兰州开启，来自甘肃省科技厅、兰州新区、兰州高新区等部门的负责人纷纷“点亮”政策关键词，抛出优势政策这棵“橄榄枝”，谋求与上海张江更深入全面地合作。

紧盯市场前沿，攻克产业发展“卡脖子”技术，努力走出去，引进来，这场“云端”与线下结合的推介会是甘肃省近年来出台多项政策促进科技创新，加快成果转化的一个缩影。

近日，甘肃省政府发布《关于深化科技体制机制改革创新 推动高质量发展的若干措施》(以下简称“措施”)干货满满的 8 个方面 39 条措施，为科技成果转移转化直通车加油助力。

边破边立，平台成为创新驱动发展“主引擎”

4 月，甘肃省首批创新联合体正式出炉，涉及镍钴资源高效利用及新产品开发、钢铁新材料研发及产业化应用、动物用生物制品、能源装备及绿色智慧公路交通等领域。这与“措施”提出的依托中央在甘单位及省属高校院所、大型骨干企业，聚焦国家目标和战略需求，培育建设重大科学装置和试验设施、培育建设国家创新基地、重组优化创新平台、支持组建企业创新联合体、推进高新技术产业开发区高质量发展、搭建科技创新开放合作平台的理念相得益彰。首批受益的甘肃省能源装备创新联合体已在兰石集团正式启动，行业上下游创新资源有效聚集，成果转移转化通道正在被快速突破。

投入加大，科技创新“有效用钱”

“科技创新领域，尤其是重大科技基础设施数量少、规模小、集聚度不高等问题还比较突出，难以满足重大科学发现和先进技术要求。”推介会上，一位来自高校的老师告诉记者。针对高层次人才“差钱”的困惑，“措施”有的放矢地提出，到2022年，甘肃全省、市、县三级本级财政科技支出占一般公共预算支出比重分别达到2%、1.5%、0.5%以上，到2025年，分别达到2.5%、2%、1%以上。通过建立稳定增长的财政科技投入机制、激励创新主体加大研发投入和激励创新主体积极申报国家科研项目等方式，解决全省研发投入不足的问题。

不差钱，不等待。今年5月，甘肃省张榜通知了2021年第一批科技揭榜挂帅制项目，政策红利再次释放，根据“措施”相关内容，针对制约本省产业发展的“卡脖子”技术，将设立“陇原专项”科研计划，面向国内外实行科研项目“任务定榜、挂帅揭榜”“企业出榜、全球揭榜”的组织方式，开展核心关键技术攻坚行动，研发具有较强竞争力的重大新产品；实行省级科技计划项目申报指南“1+N”发布制度，建立“揭榜挂帅”项目库，每年择优立项支持。对企业与高校院所产学研合作到位经费达到300万元以上的单项横向科研项目，按照省级科技计划项目对待，立项手续即报即办。

提升优势，增加高质量发展“软实力”

“推动青年人才培育，探索在高校院所实施‘联合培养’人才机制，大力支持青年科研人员开展研究工作，45岁以下科研人员主持承担省级科技计划项目的比例原则上不低于50%。”“措施”中，关于加强科技人才培育激励的部分成为一大亮点。确保“能人用在关键处”，“措施” 同时保障了科技特派员在选派期间，其在派出单位的职务、职称、工资、福利待遇等保持不变；科技特派员从事技术服务和成果转化，可以取得技术服务报酬或从企业获得股权、期权和分红，为甘肃深入推行科技特派员制度注入了源源不断的动能。

为营造鼓励科技创新宽容失败氛围，为高校院所和企业技术交易及资助或风险投资创新创业项目减负，“措施”中提出建立创新尽职免责机制。同时，激励创新主体争取国家科研项目。例如，对高校院所上年度的横向经费(非政府资金)用于科研开发活动达到1000万元以上且增速在5%以上的，按增加额的20%给予奖励，每家奖励额度最高200万元。

2016年，甘肃出台被誉为“黄金三十条”的《支持科技创新若干措施》，近四年的运行，甘肃省各级各类企业科技创新活力倍增，科技创新红利持续释放，此番新政，推动更多规则开放、赋予更大自主权限，甘肃科技创新事业有望跑出更快速度。

甘肃率先明确三级财政科技支出目标任务

2021 年 7 月 15 日

“到 2022 年，省、市、县三级本级财政科技支出占一般公共预算支出比重达到 2%、1.5%、0.5%以上，到 2025 年，分别达到 2.5%、2%、1%以上。”前不久，甘肃省发布《关于深化科技体制机制改革创新　推动高质量发展的若干措施》(以下简称“措施”)，围绕创新驱动高质量发展“放大招”，率先明确省、市、县三级财政科技支出目标任务。

来自甘肃省财政厅的数据表明，“十三五”期间，甘肃财政科技投入累计达到 139.1 亿元，其中省本级 56.5 亿元，年均增长 9.6%。2020 年，仅有 12 个县市本级科技支出占一般公共预算支出比重超过 1%的。“县市科技投入乏力的情况非常突出，情况不容乐观。”甘肃省财政厅有关人员表示。

为建立持续稳定增长的财政科技投入机制，充分发挥财政引导激励作用，甘肃财政科技投入力度将达到历史最高增速，并对科技支出情况进行考核。“经综合评定后，对前三名的市州给予资金奖励，对未达到支出占比目标的予以约谈。”文件明确了封闭措施。

此外，占比高达 70%的激励奖补政策是此番新政最大的“彩蛋”。“措施”提出，加大高校院所研发投入，实施“合同科研”绩效考评制度，重点考核高校院所向企业提供技术能力的绩效，作为决定财政科研经费支持额度的依据，促进高校院所围绕市场导向开展技术研发。对高校院所上年度横向经费用于科研开发活动达到 1000 万元以上且增速在 5%以上的，按增加额的 20%给予奖励，每家奖励额度最高 200 万元。

同时，激励创新主体争取科研项目，对上一年度以第一承担单位获得国家科技计划立项在甘实施的项目(课题)，且资金额度在 300 万元以上的，按 10%给予项目承担单位奖励，奖励额度可达 300 万元。“激励与奖补，从先转后奖改变为先赋权再转化，这些措施直击甘肃科技软肋，特别在科技创新成果转移转化上有实质性突破。”甘肃省人大常委会教科文卫工作委员会主任范鹏表示，合理分置科技创新成果所有权、处置权、使用权，将大大提高高校院所科研人员和企业研发人员的积极性和主动性。

平台的高度决定创新的广度和厚度，“措施”“满舵”护航。鼓励全省培育建设国家制造业创新中心、国家重点实验室、国家工程实验室、国家技术创新中心、国家工程研究中心、国家临床医学研究中心等“国字号”创新平台，对验收通过的创新平台按其新增投入（含新增研发设备等）的15%给予一次性资助，这一措施无疑为甘肃科技工作更快融入“国家队”添了一把火。

从首批创新联合体正式出炉，到第一批科技揭榜挂帅项目张榜，从《甘肃省科学技术奖励办法》到“措施”的修订发布，甘肃聚焦科技创新的主要方向、重点和短板，于变局中开新局，让奖励范围“宽广”起来、让创新主体“主动”起来、科研人员“富裕”起来，夯实科技创新关键支撑。“当前，甘肃省发展处于重要的战略机遇期，推动经济社会高质量发展，迫切需要强化政策激励。未来几年，甘肃将在强化政策落实和提升政策执行力上狠下功夫，尽快制定出台配套实施细则，确保创新政策不折不扣落地落实。”甘肃省科技厅厅长张世荣表示。

创新故事

（30篇）

作者导言

矢志创新，成就陇原大地熠熠闪光的磅礴力量，甘肃，不断刷新着“低投入、高产出”的科技创新“成绩单”。“十三五”期间，甘肃以科技成果领航地方经济，科技对经济增长的贡献率达到55.1%。

我国隧道建设史上第一个穿越黄河地铁隧道记录的诞生，在这里、航天510所助力五星红旗在火星惊艳亮相、酒泉钢铁集团从“亏损王”重掌“话语权”……津津乐道的创新故事每天都在甘肃上演。本章以创新故事为主题，选取的文章均展示了近年来甘肃科技工作者的实践创造，有创新主体的升级蝶变，有技术的更新迭代之路，更有1+1>2的科技合作样板。

“越是欠发达的地区，越需要实施创新驱动发展战略。”甘肃无疑刻画了欠发达地区“发达”现象的生动样本。

在黄河兰州段地下 40 米深处穿越

——首条穿黄地铁攻关纪实

2016 年 5 月 16 日

5 月 9 日，在黄河兰州段地面以下 40 米深处，我国首条穿黄地铁——兰州地铁隧道 1 号线奥体中心至世纪大道盾构穿黄区间右线顺利贯通，标志着我国隧道建设史上第一个穿越黄河地铁隧道记录的诞生。

穿越黄河段 317 米　最大埋深 36.5 米

我国首条穿黄地铁区间长约 2119 米，穿越黄河段 317 米，最大埋深 36.5 米，最浅处距地面 19.5 米。该工程具有工期紧、施工地质条件复杂、风险高、任务重四大特点。据负责施工的中铁十四局项目负责人吴逼介绍，该工程主要位于黄河地下卵石地层，卵砾石含量高，粒径大，卵石强度高达 200 兆帕，再加上黄河卵石地层结构松散，透水性强，在掘进过程中，极易出现河床坍塌，甚至冒顶透水等重大风险。

兰州地铁黄河隧道位于七里河断陷盆地内，巨厚层状砂卵石，盾构连续长距离在大颗粒砂卵石地层中掘进，处在水头压力高、渗透性强、卵石含量大且硬度高的施工环境，面临着掘进排渣困难、泥浆击穿河床、水压击穿盾尾、河水倒灌、刀盘被卡等风险，业内无相关工程经验可借鉴。

2015 年 9 月 9 日，中国工程院院士钱七虎来到该项目部实地勘察了黄河邻岸超深基坑和盾构施工情况，称兰州地铁穿黄隧道的地质条件是中国、也是世界最复杂、最不利的卵石地层，相比于南水北调穿黄隧道、南京长江隧道、成都地铁、广州地铁的下穿水系隧道，兰州地铁"穿黄"的条件更恶劣、施工更困难。

数十次对盾构机配置、掘进参数等分析论证

担负该项目施工的十四局集团此前已成功穿越扬州瘦西湖、厦门西海域、四次穿越长江，有着丰富的超大直径和水下盾构隧道施工的经验。凭借丰富的施工经验，科学的管理，精心的组织，承担施工任务的"金城四号"盾构机自去年 9 月份始发以来，经过 227 个日夜的紧张施工，顺利实现了对黄河的穿越。

中国铁建第一勘察设计院、中铁十四局、设备制造商中国铁建重工集团在兰州市

轨道交通有限公司的带领下，先后组织了数十次专家会，结合黄河兰州段特有的地质状况，对盾构机的配置、掘进参数及环流系统进行分析论证。针对性地对掘进参数、土仓压力、泥浆比重及同步注浆进行调整和改进，优化盾构施工工艺，克服了卵石含量高、粒径大、强透水地层盾构施工的世界性难题。并与兰州大学、中南大学、兰州交通大学等合作，形成了一系列的科研创新成果，申报并立项了《强透水砂卵石地层盾构下穿黄河关键技术研究》《黄河岸滩深大竖井修建关键技术》《兰州轨道交通区间隧道下穿黄河施工技术及稳定性研究》等一系列科研项目。为今后的同类地层盾构施工积累了丰富的施工经验。

"弹性密封垫+遇水膨胀止水条"双道防水

兰州地铁穿黄段埋深大、水位高、透水性极强，黄河下防水是否有效，至关重要。设计院经研究，特别采用管片抗渗等级为P12，设置"弹性密封垫＋遇水膨胀止水条"的双道防水措施，采用相比一般陆域段宽度尺寸加大的弹性密封垫。管片外弧外侧设一道海绵橡胶垫隔砂阻泥，内弧侧在预留的嵌缝槽内嵌缝密封，形成完善的管片自防水体系。通过现场实践，盾构管片拼装所形成的隧道可谓"滴水不漏"，防水效果非常良好。

中铁十四局集团在完成地铁隧道首次穿越黄河的过程中，没出现一起安全事故，未出现一次河床塌陷、河底冒顶险情。成型隧道无一处渗漏水、管片拼装错台、地表沉降均在允许范围之内。项目部通过精心组织、优化方案、狠抓工序衔接，最高日进尺15.6m，平均日进尺4.6m，最高月进尺225m，圆满完成了穿越黄河的施工任务。

兰州穿黄地铁的成功贯通意义重大，兰州市轨道交通有限公司副总经理孙红斌告诉记者，此次穿黄盾构隧道的施工，属黄河上首座交通工程类穿河隧道，亦为黄河上首座地铁盾构穿河隧道，国内首创，具有很大的创新性。目前世界上还没有类似地层成熟的盾构设计理论和施工技术，该隧道的施工成功填补了这一空白。兰州作为"一带一路"中的重要节点城市，兰州地铁的修建拓展了省会兰州的发展空间，助推了兰州经济的发展，更是400多万兰州人民心之所向。将来，随着兰州轨道交通5条线的相继建成，兰州将跨入一个新的时代，兰州这颗明珠会更加璀璨。

戈壁小城的创新之路

2017 年 5 月 9 日

4 月的酒泉，春寒料峭，一场春雪过后的祁连山与冰雪相互映衬，犹如一幅美丽的雪山油画，格外壮观美丽。祁连山脉脚下，孕育着戈壁城市酒泉，曾经的农业城市，近年来，依靠科技创新，这座城市焕发出新的夺目光彩。

抓创新 科技活力有效释放

走进位于酒泉市职业技术学院的酒泉新能源研究院，首先被庞大的“智囊团”所吸引，作为一家科级事业单位，中国著名物理学家胡文瑞、甘肃省科学院自然能源研究所副所长李世民及来自兰州大学、兰州理工大学等诸多高校的新能源方面的专家都是其专家委员，创新服务平台上国际合作有序推进、各种实验室与设备更是一应俱全。

“这得益于理事会管理制后焕发的新动力。”研究院院长薛仰全是制度创新的亲历者。据他介绍，研究院实行理事会制度后，依托酒泉（国家级）经济技术开发区，酒泉职业技术学院、金风科技有限公司、国家风电设备检测中心酒泉实验室等 23 家理事单位的力量，区域新能源行业的教育、科研、企业、技术服务等资源被最大利用，发挥“抱团”效应，研究院先后承担建设了甘肃省太阳能发电系统工程重点实验室、甘肃省新能源科技创新服务平台、甘肃省太阳能光电应用行业技术中心等 3 个省级平台，建成智能微电网、电解水制氢及氢燃料电池发电、太阳能集热供暖等科技示范项目，以及薄膜材料在太阳能发电领域应用、太阳能光伏发电系统优化控制、智能微电网等研究室。

出实招：新思维新路子

一家曾经濒临破产的小厂，今日成为亚洲最大的种子加工装备制造基地，产品出口法国、荷兰、以色列等 30 多个国家，2016 年产值超过 2 亿元……这是酒泉奥凯种子机械股份有限公司创造的奇迹。

走进厂区，高大威武的“高地隙自走式玉米抽雄喷药一体机”正在为玉米抽雄，这个集抽雄、喷药为一体的大家伙被形象地称为“变形金刚”。它 1 小时完成的工作量，可以替代 100 个工人 1 周的工作量，相比国外动辄数百万的售价，不足 100 万的“变形金刚”一经问世便订单不断。“仅一季度签订销售合同订单 1.2 亿元，比上年同期增长 65%。”公司董事长贾生活对今年的业绩表示乐观。

国家高新技术企业、国家技术创新示范企业……如今奥凯种机的“头衔”也越来越多，这一切都源自企业对科技创新的不懈追求。“如今公司每年投资 2000 万元，即销售收入的 5%用于技术研发，先后取得 312 项专利。”贾生活深知科技研发的重要性。公司 120 余人的研发团队承担建设了国家种子加工装备工程技术研究中心、种子加工成套装备国家地方联合工程实验室、农业部种子加工技术装备重点实验室等 4 个国家级科技创新研发平台，成功跻身种业装备工程技术研发的“国家队”。“通过引进吸收技术专利转化生产，近几年平均每年都有 10 个左右的新产品上市。”贾生活说。

院企联袂：化身春风吹走两难

四年前，王新民还未从酒泉职业技术学院风电专业毕业，他就已经“名花有主”地签约了北京京城新能源有限公司，从事风力发电机组装配维修工作，他在酒泉的同事，几乎全部毕业于酒泉职业技术学院风电专业，凭借扎实的理论基础与韧劲，很多人当上了班组长，争当先进的氛围格外浓厚。“我们为学院提供实习基地，而他们为我们提供毕业生和一些基础研究工作，这种模式下是双赢的。”京城公司酒泉总装厂厂长盛虎说。

凭借新能源产业在酒泉的遍地开花，院企合作也是越来越“高端”，2015 年，酒泉市各方发力，共同组建了甘肃省新能源职教集团，吸纳 76 家企业、高校、科研机构参加，先后拓展敦煌种业、金风科技、山东蓝海酒店集团、复旦大学、重庆大学、兰州理工大学等就业、科研合作单位 120 余家，建成金风学院、蓝海学院、大禹学院、盐湖学院等一批虚拟学院，加强了与高等院校、行业企业、科研院所的交流与合作。“犹如春风，吹走两难。”盛虎形象地比喻道。

绿洲小城的创新故事

2017 年 5 月 18 日

“不望祁连山顶雪，错把张掖当江南。”2015 年 6 月，张掖被确定为全国 15 个小微企业创业创新基地示范城市，两年里，张掖先后出台了《关于深化科技体制改革　加快科技创新体系建设的实施意见》《张掖市小微企业“双创示范”科技创新奖励申报指南》等16项新政,各县区积极跟进。如今,全市上下形成了奖励创新成果、支持创新创业的良好风气,创业梦想生根发芽。

小村里的“创新担当”

“如何把土地变成工厂、把产品变成商品、把商品变成品牌。”这是15年前马志祥考虑的事,尽管只有50多岁,但他看起来比实际年龄大一些,15年前,他担任前进村村支书时便用工业化的思路来谋划农业。2008年,他领导村民成立甘肃前进牧业科技有限公司。作为公司董事长,他没有工资也没有奖金,有时自己家的企业还会被他用来帮助前进牧业的发展。村民们都笑他是前进牧业的“义务工”。

看到牛奶带来的财富,2009年,前进村村民百分之百入股前进牧业,如今,现代化的厂区干净整洁,数千头奶牛科学化养育、公司运营井然有序,丝毫不像是坐落在小村里的工厂。1300多户股民覆盖了张掖市甘州区、临泽县、高台县等地。前进村也被称为“甘肃第一村”。

蔚然成风,吹响双创集结号

周末,位于张掖市山丹县的沃谷创业孵化园里依然是一片繁忙景象,年轻的创客们在埋头追逐着自己的梦想,这里孵化成功的佼佼者不胜枚举,“伊百年”牛肉面品牌已经成为入驻诸多大城市的热门品牌,嘉浩电子商务在网上售卖土特产,让山丹的土菜土味变成互联网上的香饽饽;马可波罗电子商务发展同城快餐配送……孵化器圆了许多青年的电商创业梦。仅2016年,全县小微企业营业收入达21.2亿元,新增小微企业832户,从业人员超过6万人。“我们县上的年轻人见面不再是喝酒聊天,而是探讨如何创新创业。”沃谷孵化园总经理高国乾不禁被深深感染。

“创业者不能孤军奋战,最根本的要靠自己努力,而政府如若提供一些支持,对创业者而言就是雪中送炭。”在张掖市另一家省级孵化器“淘金创谷”,项目负责人刘健说出了许多创客的心声。在张掖市政府的牵线搭桥下,他们引进江苏淘金集团专业运营,提供创业指导、培训孵化等服务,成为甘州区的“梦工厂”。

聚沙成塔 大学生们的创新故事

在张掖市众智众创科技有限公司的厂区,一排排温室大棚有了高科技“保姆”,只需要一键操作,温室大棚能实时收集棚内温湿度、土壤温湿度、根据电脑程序的指令,自动卷帘、补光、卷膜、滴灌等操作,与总控制系统的联动甚至可以实现灾害天气预警、农业大数据管理。“真的是后生可畏,这一整套系统,都是四个大学生自行设计开发的。”张掖市科技局局长甄广波对这四个有勇有谋的年轻人赞不绝口。

作为土生土长的张掖人，2014 年，韩程鹏大学期间回家帮农的过程中，萌发了设计智能农业设备的念头，从设计研发到产品问世，他们用了 3 年的时间，“我们是农民的儿子，知道农民需要什么。”产品中有许多“接地气”的高科技，他们的产品可以让农民在半小时内学会操作；考虑到安全性，他们安装了感应系统，每当有孩子靠近时，系统会自动停止运行……

这些故事，只是张掖双创华章中的几个缩影。如今，这座西部戈壁城市，创业者势头正劲，高科技产业鳞次栉比，无论政府、企业还是年轻的创客，都被注入了创新的“洪荒之力”，假以时日，创新之火必将成燎原之势，给这座古城增添更多新色彩。

“亏损王”重掌“话语权”

——酒泉钢铁集团科技创新路径素描

2018 年 10 月 18 日

冷轧高强钢、热镀锌镁铝涂层钢板、马氏体不锈钢、2205 双相不锈钢……2016～2017 年，一批批极具竞争力的冶金新产品让酒泉钢铁集团公司在业界重新掌握了“话语权”。这个成绩背后，只有酒钢人知道付出了多少汗水，经历了多少辛酸。在 2015 年的时候，因环境条件恶劣、低端产能过剩的影响，这个企业一度亏损高达 90 亿元，位居全国钢铁企业之首，沦落为行业“亏损王”。

然而日历翻到 2017 年底，集团营业收入和工业总产值分别达到 874 亿元、529 亿元，同比增长 7.5%和 30.6%，完成利润 6.3 亿元。2018 年上半年这两个指标同比增长 9.2%、29.7%，企业经营态势稳健。“科技创新触发内生动力，酒钢未来发展前景可期。”酒钢研究院的一份内部参考，对目前发展作了谨慎评估。

平台，夯实科技创新基础

“从资质认证、研究开发、科技管理、技术改进、人才培育各个方面着手，回归到企业进步的本质，不遗余力地推动科技创新，把创新作为企业立足行业标杆的最大仰仗。”深秋的阳光洒进酒钢研究院楼内，集团科技管理处的潘伟向记者侃侃而谈，谈科技创新“桥头堡”、谈科创规划“路线图”、谈企业改革“加减法”、谈科研人员“获得感”

……对1992年进入酒钢、从事产品研发26年有余的潘伟来说，他见证了酒钢从传统的辉煌到市场的衰落再到科技创新重新崛起的清晰历程。

“进入酒钢的时候，因为市场压力小，只是普钢和建筑钢材的生产，没有高新技术可言，上至领导下至员工的创新意识都比较淡薄。”潘伟说，如今的酒钢，从技术先行，到创新破题，再到经营理念，把科技创新作为企业可持续发展的“金钥匙”。

在科研体制上，组建由集团公司、科研中试机构和科技人员共同持股的混合所有制科技公司；在技术储备上，建设难选铁矿石资源利用重点实验室、碳钢涂镀产品表面处理重点实验室；在研发管理上，开发涵盖科技创新活动的“科技管理数字化系统”……在潘伟眼里，只有创新技术研发模式，建设精准、精细的创新平台，才能夯实健康发展的基石，补齐产品结构短板。“企业更要丰富应用基础研究手段，提高检验检测能力和研发水平。”

记者获知，这两年，酒钢重组了集团研究院，下设不锈钢、碳钢板带等8个研究所，并与日本、韩国以及北京科技大学等国内外知名机构合作共建了13个外部科研检验平台和实验室。

创新，重归行业发展正轨

产品结构调整是企业永恒的话题，那么，结构调整的原动力是什么？

“是永远的科技创新！”酒钢集团宏兴股份有限公司不锈钢分公司总工程师潘吉祥用一个个鲜活的实例，回答了记者的问题。

“我们升级改造的镀锌生产线，填补了国内热镀锌镁铝钢板产品的空白。”潘吉祥说，目前已经拥有的具有世界竞争力的涂镀产品，整体耐腐蚀性能可以达到热浸镀锌钢板的20倍以上，累计产量破万吨。

“国际某品牌手机所用的不锈钢就出自酒钢。”谈到企业在不锈钢领域取得的成就，潘吉祥又丢出一个“包袱”。他解释道，“企业自主研发的2205双向不锈钢系列产品，具有韧性高、脆性转变温度低、耐晶间腐蚀、焊接性能优以及强度水平高等特点，国内市场占有率20%以上。”

尊重市场与问题，实施双向双效，在打好碳钢、不锈钢等主营产品“阵地突围”的同时，围绕冶炼冶金的多元产业“重心前移”，酒钢正在走“多品种、特色化、高端化”的产品研发之路。

去年5月，中国首部“国字号”铝电解槽标准在酒钢诞生，这一地道的“酒钢造”国标，结束了中国铝业60年无电解槽技术规范的历史，首创行业管控一体化标准生产经营模式，“为供给侧结构性改革的产业结构模式奠定了技术基础。”潘吉祥说。

今年以来，酒钢子公司东兴铝业相继实现了数据管理可视化、生产管理精细化、经营管理科学化……在距离主厂区 20 千米的戈壁滩上，又一条崭新的 500 kA 系列电解铝生产线正式投产。

2016~2017 年，酒钢集团先后投入科研经费达 36.1 亿元，组织实施科技创新项目 500 余项，取得专利授权 300 余项，评选出技术创新成果 50 项，技术标兵和技术工作先进个人 126 人，发放奖励 823 万元。

“创新创业创造是永远在荆棘遍布的路上。”东兴铝业研究所所长李振中对科技的领悟独到。

人才，释放强力“磁场”效应

一条千米长的冷轧线摆在标准厂房里，寥寥几位工人在车间里忙碌着。

“这是钢铁生产的冷轧环节，钢板输送容易断裂，几年以前要加筋板的，目前这一工序改为焊接。”冷轧技术负责人王军伟告诉记者。

谈到研发，这个 30 岁的小伙子变得健谈开来。“不仅节约了成本，更是提高了效率，集团还奖励团队 20 万元。”

如今的酒钢，科技推动企业转型发展的热潮正在传递。科技创新，已经成为全员的自觉行动。

甘肃省劳动模范、五一劳动奖章、技术能手、技术标兵……在王小康劳模创新工作室里，这个 10 人的小团队有诸多的荣誉。在技术技能传承的创新文化氛围里，1 项国际发明博览会金奖、2 件国内发明专利、挖潜创效 1100 万元出自年轻的他们。

团队成员杨珅介绍，集团开发了人才管理库，除了工程师，一线的普通技工也能“入库储备”，传授经验，改进方法，注入血液，从制度层面调动全员的积极性和创造性。“人才如同磁力线，释放巨大的能量。”杨珅说。

两年前，酒钢集团入选省属企业员工持股改革试点企业，公司出台了《科技人员奖励办法》，把收入水平与创新业绩挂钩，建立适调机制和胜任力评价标准，完善以劳动合同为核心、以岗位为基础的市场化用工制度。

2018 年，低品位难选矿全粒级磁化焙烧、粉矿悬浮磁化焙烧、高炉经济配料试验等一批技术攻关顺利完成，生铁成本同比下降 20%以上，集团新产品首次达到 30%以上。同时，粉矿悬浮磁化焙烧项目、新型金属复合板项目、铝制汽车板研发项目相继启动。“通过质量提升、挖潜降耗、科技支撑等动作，早日生产出极具市场前景、高附加值的产品，进而成功挤进高端制造业领域。”公司技术负责人说。

管理体制僵化、经营机制不活、产品结构不合理、国有资本运营效率低……这些国有企业的“沉疴”，在科技创新、技术进步“同心圆”吸引下，凭借“科技创新 + 制度创新”成功脱离困境，重新按下发展“回车键”。

农作物也喝上了中药

2018 年 2 月 2 日

数九寒天的黄土高原，万物萧瑟，而在甘肃省永靖县三塬镇下塬村张海军家的日光温室里，娇艳欲滴的红草莓、绿油油的蔬菜却是一片生机盎然，长势喜人。

“我们现在给果蔬‘喂’的都是中药，不会引起病虫害，更没有农药残留，娃娃们都是随口就吃。”张海军顺手将一枚熟透了的草莓摘下，放入口中。

让张海军吃得放心的“定心丸”，是兰州交通大学天然药物开发研究所教授沈彤和他的团队历时多年研发的一种纯中药制剂——植物源生物农药系列产品，这些“中药农药”以传统药食两用中药材为原料，不仅有防病、杀虫作用，还能为农作物“补充营养”。

张海军就是广大“中药农药”受益者之一，“就拿樱桃小番茄来说，一个生育周期只需要‘喂’4 次‘中药农药’，没有农残，产量还高。如果用化学农药，一周就得打一次，农残高，成本也高，这样算下来一年能省不少钱。”他算了一笔经济账。

截至目前，“中药农药”系列产品已在甘肃、陕西、四川和新疆等省区 100 万亩 10 多种农作物种植上进行了试验示范及推广应用，张海军所在的三塬镇，近 1000 亩农作物也都“喝”上了保健“中药”。

对于研发者沈彤来说，推广应用生物农药，不仅仅是减少农药残留，维护了人们“舌尖上的安全”，更长远的是改善生态环境，减少对水土的污染。“我们在甘肃定西、平凉和陇南等地的马铃薯种植上进行过推广和应用，发现其对马铃薯的‘癌症’——晚疫病的防治效果达到 75%、产量增加 16%以上。”此外，“中药农药”对多种蔬菜瓜果的常见病都有较好地预防和治疗效果。

“世界上很多国家都投入资金研究和开发生物农药。中国目前累计有近 100 家研究机构从事生物农药研发，生物农药类别也很丰富。”甘肃省植物源生物农药工程技术研究中心推广部部长李国利坦言，随着今后生物农药科技研发水平的不断提高及广泛推广应用，化学农药的生存空间或将不断被挤压，而生物农药将迎来蓬勃发展的“春天”。

川甘渝串起脱贫到致富的“金腰带”

2018年2月6日

“路通了,家也不再难回了。”在成都工作的王彦青如今只要6小时就能回到老家陇南。

2月1日,兰渝铁路迎来首个春运,疾驶的列车满载沿线人民美好梦想一路疾驰。

比起这条铁路开通前的22小时,王彦青如今回家不再需要早早谋划了。他身边的同事们也纷纷到甘肃旅游,欣赏独特的西北风貌,铁路沿线的定西、渭源、漳县、岷县、陇南等地区,共有5A级旅游景区8处、4A级旅游景区103处。

仅在2017年的“十一黄金周”,甘肃省共接待游客1540.2万人,其中四川、重庆客流涨幅约10%左右,甘肃、四川、重庆三地的客源互送涨幅达20%。

2017年9月29日,兰渝铁路全线开通运营,这条蜿蜒在秦巴山区的“钢铁大动脉”横空出世,短短一百多天,这条连接秦巴山区特困地区、13个国家级扶贫重点县、4个省级扶贫重点县的巨龙,共发送旅客逾百万人次、发送煤炭、钢铁、化工等货物近400万吨,开行中新南向通道国际货运班列4列,成为名副其实的“金腰带”。

从田间采摘橄榄果,到压榨为橄榄油,再到罐装成品,最后通过列车送到全国各地的市民餐桌上,“总共时长在100小时内就可以全部完成,而在以前,产品只能通过公路运输,成本高时间长,现在的运输成本节省了50%以上。”陇南祥宇油橄榄开发有限责任公司总经理助理李桥花算了一笔经济账。

疾驰的列车开进风景秀丽的陇南,沿线群众也搭上了“致富快车”,如今,油橄榄这种“洋植物”已经在陇南白龙江两岸的河谷里广泛种植,2016年,陇南市油橄榄种植面积达到50万亩,成为我国最大的油橄榄种植基地,橄榄油产量占到全国的93%,20万贫困群众从中受益,借着兰渝铁路的春风,每吨橄榄油运到北京的运费由原来的1500元降为400元,利润上去了,百姓富起来了。

兰渝铁路的开通运营,开辟了一条由西北到西南距离最短、最便捷的运输通道,向北出新疆可直达欧洲,向南直接通到广西出海口,与新加坡、越南、菲律宾、印度尼西亚等国家建立起贸易大通道,实现“丝绸之路经济带”和“21世纪海上丝绸之路”的有机衔接和联通。

2017 年 9 月 29 日，甘肃成功开行两趟中新南向通道货运班列之后，11 月 20 日又首次开行国际冷链测试班列。

截至目前，已发运公铁海多式联运货运班列 4 列，载货量 4200 吨，总货值 4100 万元，甘肃的苹果、花椒、中药材、土豆等特色农产品源源不断地出口到泰国、缅甸、越南等东南亚国家。

兰白国家自主创新示范区：欠发达地区改革创新样本“复盘”

2018 年 2 月 27 日

“我们的空气热泵以二氧化碳为冷媒，-30℃仍能稳定制热，而且不排放污染物，可以直接替换燃煤锅炉。”2 月 25 日下午，甘肃白银南部高新区的一德新能源设备有限公司低温实验室内，董事长何铭边说边演示。“2018 年订单已经超过 5 亿元。”落地白银高新区后，何铭笑称自己“有如神助”。

与此同时，位于兰州高新区科技新城的甘肃伯骊江 3D 打印科技有限公司，董事长孙国琴正忙着接待银川一家医院的考察团。此前，公司与甘肃省中医院达成合作意向，将公司生产的医疗打印骨骼替代传统设备成功植入患者身体中。

他们只是缩影。2014 年底，科技部批复兰白科技创新改革试验区建设试点，并确定上海张江国家自主创新示范区对口支持建设。部委助力、对口支援、政府主导，一场陇原历史上未有的“三连星”由此开局，一批高新企业、一批创新平台、一批科技成果、一批创新团队在这里落地生根。

起手定式：打造欠发达地区创新样本

作为甘肃创新资源最集中的区域，兰州、白银两地生产总值占全省的近 40%，R&D 经费投入占甘肃省一半以上。承载了全省 90%的科研机构、42%的大中型工业企业、75%的高校以及 77%的科技人才，研发人员占全省的 60%。区域内石化装备、新能源装备、军工装备、生物制品、重离子辐射应用具有产业竞争力，生物医药部分领域关键核心技术国际领跑，被誉为欠发达地区的“发达现象”。

“产业转型升级步伐不快，动能转化内生动力不强，科技资源优势发挥不充分。”

甘肃省科技厅厅长李文卿一语中的，他认为，“应积极探索更多对本区域适用性强的特色个性政策进行先行先试，精准施策，形成更多有针对性、有实效的区域性创新政策。”

R&D 经费占 GDP 比重 2.38%，财政科技支出占财政总支出的 2.90%，发展亿元产值以上的产业创新集群 98 个，创新服务平台 547 个，万人口研发人员达到 96 人，万人发明专利拥有量 28 件……3 年时间，科技部为甘肃省量身打造的兰白科技创新改革试验区收获圆满的答卷。

今年 2 月 1 日，国务院正式同意兰州白银 2 个高新技术产业开发区建设国家自主创新示范区。

科技体制改革试验区、产业品质跃升支撑区、人才资源集聚区、东西合作发展先行区、生态文明建设引领区，自创区如何建？建什么？甘肃正试图提供一份欠发达地区改革创新的样本。

中盘谋势:“东企西移”焕发巨大生机

2014 年，在国家科技战略布局下，甘肃牵手张江，引入“基金加基地”的建设模式，逐渐迈开脚步，搭上科技创新快车。

2015 年，甘肃、上海组建了 12 支总规模 56 亿元的风险投资子基金，通过设立科技贷款风险补偿资金，为 405 家科技型企业提供贷款 24.04 亿元。很快，裕隆气体、陇萃堂等 20 家公司挂牌“新三板”，陇神戎发、白银有色等 5 家公司成功上市。“3200 万元基金如雪中送炭，盘活了企业和产品。”何铭感同身受。

“通过产业基金和产业孵化器，提供持续的资金需求，培育适宜产业链中存活的发展环境，企业才有持续发展能力。”甘肃省科技投资发展有限责任公司董事长冯治库说。

有了资金注入，上海的优质企业也被激活了。2017 年 8 月，上海炫踪网络有限公司在兰州高新区组建了甘肃分公司。“除了好政策，悠久的丝路文明和人文历史为手游开发提供了源源不断的灵感。”公司副总裁胡昕道出落地甘肃的初衷。

优秀的技术遇到适合的模式，常会成为认识颠覆和社会演进的基础。张江的优蓝网、康之元、锐祺、北京的米树……来自创新之都的企业纷纷落户陇原，不仅先进的理念、模式深刻影响着甘肃，新知识、新技术、新产业更在这里快速聚合，焕发出巨大的生机。

步步为营:构筑绿色持续发展新高地

“未来中国能否实现能源独立，关键在于我国能源装备能否实现创新跨越式的发展，关键在于绿色能源的结构比重，关键在于能源装备的自主创新。”兰石集团董事长张金明经常用“三个关键”勉励企业员工。

近年来，作为“装备中国功勋企业”及“中国石化机械脊梁”的兰石集团致力于研发制造各类智能化的绿色能源装备。技术研发领先、节能环保一流的现代化高端能源装备制造基地为兰石集团抢滩新能源装备战略高地提供了基础支撑。

兰州真空设备有限公司作为行业资深企业，与510所“联姻”后，贯通了真空装备研发、生产和销售的产业链。2016年，在某型号潜艇液氧罐、核燃料提取真空装备研制取得重大突破，2017年，取得高端真空环境模拟设备订单，单笔合同金额达1.2亿元。

5年前，兰州高新区东区还是一片田园风光。如今，兰白科技创新改革试验区科技型企业达到4674家，高新技术企业达359家，占全省58.7%，战略性新兴产业骨干企业达到43家，占全省55.8%，还拥有了国家自主创新示范区的强大“引擎”。

成为西部“科研要素集聚、创新创业活跃、生态环境优美、文化氛围浓厚”的科创基地，国家战略的“棋局”正在这里步步成真。

甘肃前进村："挤"出来的前进路

2019年1月23日

一场突来的大雪，午后的甘肃省张掖市前进村在阳光直射下泛着熠熠的光晕。位居村东10千米的石岗墩奶牛养殖场，72头荷斯坦奶牛好似训练有素，依次经过8道工序后，乳香浓烈的鲜奶通过管道输入奶罐，配送后的奶罐车从奶场驶向奶品集散地，也把前进村的希望带到四面八方。

“像石岗墩这样的大型养殖场，前进牧业有13个，日产奶量达400余吨，产量仍然赶不上销量。”前进村党支部书记马志祥一脸的骄傲。

将农民变成职工

短短的10年间，前进村“挤”出了一条致富路。而致富的秘诀，源于提升技术普及能力、培养现代职业农民的理念。

前进牧业始建于2008年。那时，前进村还是个寂静的绿洲村庄，公司前身也仅是个30余户的合作社。为了解决落后粗放的生产方式，前进村想尽办法筹措资金，2010

年从瑞典进口了以两组72位转盘式挤奶机组,走上了现代化养殖的第一步。“洋机器刚安装好的时候,大家都不会捣鼓,亏了科技局请来专家。”石岗墩养殖场场长雒琪记忆犹新。

光“鱼”不够,还需要“渔”。机器运转开以后,前进牧业制定了一整套从养殖到运输的生产规程,合作研发适用农村的新装备,鼓励村民熟练掌握操作技能。如今,前进牧业在犊牛保活率、青年牛生长速度及日增重、成年母牛产奶效率等方面都走在了全国前列,母牛的性控技术更是以90%的高质量在行业内遥遥领先。“炕头上的农民变成了熟练的职工。”雒琪俏皮话很多。

引进人才不抠门

“每人每月5万元,是专家在村里工作的基本费用,配车子、奖票子、给面子。”马志祥的人才经念得很溜。

回首来路,前进村的人才引进上“组合拳”,雷厉风行。先后聘请北京动物繁殖专家叶日松教授、甘肃农业大学常永义教授等8名专家教授担任公司技术顾问,聘请了20多名经理和总监。“人才与科研经费不设限。”是马志祥常挂在嘴边的话。

依托“引才”成功“突围”。2014年村委会筹资220多万元建成农科教培训中心,每年投入30万元经费,培养“土专家”“田秀才”154名。利用奶牛养殖形成了完备的沼气循环产业链,村里先后成立了长绿蔬菜、红提葡萄、乡村旅游、苗木花卉等6个专业合作社,招聘20多名大学生到专业合作社共同创业。合作经济占到全村收入的80%以上。

奶香淌出的幸福

十年间,奶牛产出的效益让村民颠覆了“养牛为耕地”认知。目前,前进牧业以销售额6亿元的成绩在全国奶牛养殖企业中排名第16位,“2020年固定资产将达到60亿元。”马志祥说。

“我家有8头牛入股到前进公司,每年光分红就有几万元。”周明是村里小区物业委员会的职工,老伴是养殖场职工,每年8万多元的各类收入让他过上了无忧的生活,“比出去打工强多哩。”

像周明一样,前进村的村民都过上了让城里人羡慕的小康日子。人均年收入达到4万元,小别墅里水暖电气俱全,孩子们幼托费全免,合作医疗有村级财政补贴,60岁以上的老人每年还能拿到几千元的村级“养老金”……前进,这里的生活有滋有味。

兰州科技大市场与兰州大学高校企业“联袂”促转化

2019年7月3日

近日，兰州科技大市场为兰州大学“量身打造”了一场科技成果专场推介会，面向省内多家科研院所和企业，来自兰州大学生物医药、环保等领域的十余项科技成果在推介会上觅了“好婆家”。

推介会上，来自兰州大学生命科学学院、化学化工学院、药学院等学院科研团队的“高原牦牛活性胶原肽生产技术”“一种高盐废水的处理方法”“甘肃优质道地药材产业技术研究与产业开发”等热门技术吸引了众多参会企业的眼球。兰州大学收获满满，分别与省内相关企业达成凹凸棒石产学研、高原牦牛活性胶原肽等项目的产学研合作协议。

通过这次合作，科技大市场与兰州大学双方签署《推动科技成果转移转化合作协议》，就共同开展科技创新合作、技术转移、成果转化和人才培养等达成协议，今后，双方将实现信息、平台和人才资源的共享，加强科技成果转移转化信息沟通，围绕甘肃十大绿色生态产业，及时按领域分类对接有效科技成果和技术需求。

同时，依托现有平台，双方将积极推动兰白两市与国内外高校、院所、企业间开展互动交流，重点加强科技成果转移转化、科技平台建设等方面的合作。双方将利用各自人才资源联合开展技术转移、科技成果转化等工作，通过共建人才培养和交流平台，为甘肃省培养科技管理人才和科研高端人才。

“过去高校普遍存在研发成果与市场需求脱节的‘两张皮’现象，现在通过这种‘面对面’的推介交流，真正把成果和需求对接起来。”兰州大学科学发展研究院副院长黄新业介绍，他表示，今后将促进高校科研人员根据市场需要及时调整研发方向，升级换代产品。“今后，我们将依托兰州科技大市场形成学校科技成果推介常态化。”黄新业说。

作为落实甘肃省科技成果转移转化直通机制的一项重要举措。目前，兰州科技大市场正在组建科研院所、高校、省属企业、投资机构、平台机构共同运营的技术转移中心，兰州科技大市场逐步成为全省科技成果转化的重要平台。

培土植根　让科研成果更接地气

2019 年 12 月 7 日

打通最后一公里，推动科技成果在农业产业上生根结果。在甘肃省科技成果转移转化会的观摩现场，定西的几家企业生动展示了科技如何转化为生产力，服务于经济社会发展和广大人民群众。

在结构调整中不断奋进的“奔马”，西北铝业有限责任公司，是我国最早的三大综合性大型铝加工企业之一，西北地区最大的铝加工企业，同时也是定西市境内最大的工业企业和利税大户，2018 年上缴税金 1682 万元，2019 年前三季度产值 2.3 亿元。目前，西北铝的明星产品中小管棒型材在国内同行业处于技术领先优势和市场主导地位，生产经营范围已扩展到高强度合金管材、民用型材、汽车配件、高端军工等高科技领域，特别是通用航空飞行器的制作技术已经十分成熟，为我国国防和国民经济建设做出了应有的贡献。

西北铝业公司特材供区主管助理于绪向记者介绍说，“这几年，我们十分注重创新发展和技术改造，先后投资 1.6 亿元建成了 36MN 双动反向挤压特材生产线，投资 10.39 亿元建成了规模 3.5 万吨的世界最先进 2100 毫米宽幅铝箔生产线，年生产能力达到了 13.5 万吨”。通过研发和引进世界先进水平的设备、完善科学的铝箔品质管理工程，西北铝业将科技力转化为了生产力的提高，同时也节约了人力资源成本，为企业提供了品质体系保证和创新的基础。

作为甘肃省中药配方颗粒生产先行先试企业，陇西一方制药有限公司是目前全省唯一一家实现中药配方颗粒批量生产的医药企业，今年 12 月，被认定为农业产业化国家重点龙头企业。经过十多年的发展，销售收入已经从 2008 年的 2800 万元发展到 2017 年的 11.71 亿元，2018 年的纳税额突破亿元大关。总占地面积 237.18 亩的陇西一方制药，利用“西部药都”“天下药仓”的产业优势和自然条件，打造了中药配方颗粒生产线、自动化提取生产线 13 条，年可加工转化各类中药材 2 万吨、生产提取物 4000 多吨。

将现代科技成果转化与传统中医药有机结合，一方制药作为“中药配方颗粒领导者”，解决了传统中药饮片汤剂使用的不方便性、质量的不稳定性和疗效的不确定性

2019年底,张家湾村贫困面下降到1.45%,实现整村脱贫。

突出“有机、绿色、道地”品牌,陇西种植的中药材有96种,面积达35万亩,被国家确定为“国家级中医药原料生产供应保障基地”和“国家区域性中药材良种繁育基地”。

存得住、卖得出,擦亮陇药品牌

集交易、交收、仓储、物流、检测、融资、质量追溯服务于一体,陇西首阳镇的甘肃中药材交易中心和地产药材交易市场,有效解决了客户信息不对称、商品质量不稳定、交易成本过高等问题。首阳地产药材交易市场可满足3000多个固定商户和2000多个摊位同时交易,年交易原药材和饮切片50万吨,交易额近百亿元。

“厂家不出门,药材销八方”,在甘肃中药材交易中心的现代仓储物流智能云仓,每年静态仓储能力近7万吨、动态仓储能力30万吨,集成计算机控制、智能收发作业等先进技术,实现了中药材仓储立体化、智能化,真正让这座“陇上旱码头”摇身变为了“天下药仓”。

不仅要药材种得出、存得住,还要陇西品牌能卖得出、立得住。作为甘肃省唯一在中药材领域获得CMA和CNAS双认证的公共第三方技术服务平台,甘肃数字本草检验中心具备道地药材的有效成分、重金属、农药残留等90余项成分的检测能力。该中心负责人告诉记者,自成立以来,检测批次累计达到20 000批次,2020年已收检4000批次,为陇原中医药产业的健康发展持续保驾护航。

全产业链增价值,药乡焕发活力

在扩大药材产量和市场规模的同时,陇西引进了全国各地的医药企业增加中药材的附加值,一方、中康、中天等30多家药企先后落地,全县年加工转化各类中药材30万吨,实现了由初级切片向饮片炮制、有效成分提取、成药制造等精深加工全产业链的拓展延伸。

成立于2017年的冯了性药材饮片有限公司,在两年里实现产值2.6亿元,获批可生产经营的品种达到405种。“这个饮片车间主要进行原药材的净制、切制及炮制,今年,截至8月底,已经加工各类中药材4622吨,预计年产值可达3亿元。”车间主管陈振华说,“仅这个车间吸纳贫困户就业19人。”今年,冯了性公司还接到了首批海外订单,包括茯苓在内的9种中药材切片将打包发往大洋彼岸的新西兰。

全产业链打造、全过程监测、全生命周期服务,科技力量滋润着这片因中药材而被人熟知的土地。2019年,陇西县中医药总产值达到235亿元,中医药增加值占到了全县工业增加值的“半壁江山”,一株株中药材真正成长为了支撑县域经济发展的首位产业。

长庆油田，奏响创新典范之歌

2020 年 11 月 18 日

远眺冬日的黄土塬，长庆油田建成的国内最大页岩油开发示范基地——甘肃庆阳陇东页岩油开发项目部 H60 平台上，十几部水平井钻机、压裂机组忙个不停。开采出的黑色页岩上油印斑驳，清晰地镌刻着长庆人拼搏进取的“磨刀石”精神。

地处鄂尔多斯盆地的长庆油田，是著名的低渗、低压、低丰度“三低”油气藏，由于储层坚硬致密，又称“磨刀石”。从 1970 年数万名石油大军“跑步上陇东”，安塞油田、苏里格气田等先后实现有效开发，到 2019 年，长庆油田发现了储量 10 亿吨级的庆城大油田，油气年产量约占全国总产量的 1/8 和 1/4。50 年来长庆油田为国家贡献油气超过 7 亿吨，已成为中国的能源航母，引领我国页岩油、致密气等非常规油气勘探开发。

“页岩油就藏在比头发丝还细 30 倍的缝隙里，可以说是‘磨刀石’中的‘磨刀石’，按照传统方式开发，必然是高成本的。”副总地质师吴志宇拿着一块黑色页岩指给记者看。黑色页岩是盆地中生界最主要的生油岩层，开采时要用先进的水平井和分段压裂技术，“这几年，为了打破国外技术垄断，我们前前后后开展现场攻关试验 850 多次，集成创新形成了‘水平井 + 体积压裂’为核心的五大系列 18 项配套技术。”

“磨刀石”上建起“西部大庆”，科技创新的力量功不可没。长庆人专注于地质演化规律、油气生成、储藏机理基础研究，攻克了低渗透油气田勘探开发世界级难题，形成特低渗、超低渗油田开发主体技术。在页岩油开发中，长庆油田创造了探明储量最高、页岩油水平井钻井水平段最长、页岩油水平井钻井周期最短、最大水平井钻井平台、日压裂段数最多 5 项国内页岩油开发纪录。

“我们正在开展超小井场、超大井丛钻井技术攻关和平行最大主应力方向水平井布井试验，今年将在一个平台上突破 22 口井。”吴志宇信心十足地说。

将“勘探增储、稳产上产和智能油田建设”作为新一轮科技创新的主攻方向，长庆油田以功图计量、不加热集输、一级半布站的油田地面建设模式、气田管网运行全自动化监控模式，打造云计算数据中心和油气井职能控制平台，油气田数字化覆盖率达到 93.4%。“自主创新的 DMS 可溶球座、推广使用的数字化增压橇等一体化集成装置等，大大降低了人工和设备成本。”长庆公司总经理付锁堂介绍，目前建成的油气田无人值守站有 1205 座,页岩油百万吨用工控制在 300 人以内。

建一座井站,增添一片绿色,在湛蓝的天空下,红红的井架与周围的生态林映成了一幅生动的画卷。在这里,长庆人手捧“创新”这一法宝,已连续 8 年实现油气当量 5000 万吨以上运行,将朝着 2025 年实现油气当量 6500 万吨的“二次加快发展”目标向前进。

甘肃张掖:农民变专家,富了乡亲红了自己

2020 年 11 月 23 日

“大枝亮堂堂,小枝闹嚷嚷。修剪成的树形要的是大枝少、小枝多的丰产树相。”在甘肃张掖市高台县东联村的梨园里,农户们正跟着科技特派员学习果树整形修剪的诀窍。

“三变”铺路,产业发展到庄户宅院

“从 2017 年开始探索‘三变’改革,村上先后成立了瑞泽养殖、金土地、东联苗木、东联农机 4 个专业合作社,入社农户占到全村 90%以上。”谈起致富经,东联村党总支第一书记胡宗仁很是自豪,2019 年仅靠养殖合作社的分红,户均就有 1.8 万元的收入。

4 年前的高台县东联村,人均耕地不足 10 亩,地块零碎难以管理,农户的大量时间困在地里,收益不高。如今土地资源活起来了,产业也发展起来了。

在果树的生产期和管理期,每天最多的时候有五六十人在梨园里干活,村民都住在距离合作社 10 分钟电动车程的楼房里。“以前种着 10 亩多地,农闲的时候就没什么收入,现在土地流转有了分红,家里人出来打工又是一份收入”,刚刚翻完地的村民闫秀玲告诉记者,在这一天一百元钱,还能顾得上家务事,比以前轻松了,日子也好多了。

科学增收,技术课堂开到田间地头

工具随身带,剪刀不离手,这是记者初见邵军辉的第一印象。刚刚在林间辅导果树整形修剪课的他,是高台县林业技术推广站的高级工程师,也是张掖市特派员。“这个合作社从选种、栽培就定期来技术指导,每次带几个技术员。不在县里的时候,现场视频也能解决问题。”邵军辉一边剪枝一边说。

“现在农民对果实的大小、品质都有了辨别能力，所以对技术的要求、发展的渴望也就更多了，每年省里市里有相关的培训，县林业局都会把几个名额让给农户接受免费培训。”为了方便农民解决技术问题，高台县通过“师傅带徒弟”的模式，培养了许多“走不掉的农民专家”，再由农民专家推广到农户。

“从2013年以来，我每年都能参加两三次培训，去过县里市里，也到省上学习过，合作社的蔬菜种植和梨树栽培技术由我负责”，农民专家贺会琴自信地说，“看天气预报有霜冻的话，白天提前浇水施肥，夜间熏烟升温，减少对林果的影响”。现在，贺会琴已经是远近小有名气的“网红”。

一边学习新技术，一边装满钱袋子。今年是东联村合作社梨园的首次挂果，果子上市销售后，预计能发放折股量化分红137万元，每户村民又能有5000元的收入。庄户们致富账越算越乐呵，日子越发红火了。

甘肃苹果搭上西北最大数字农业仓配“首班车”

2020年11月23日

“得益于今年天猫双11期间进驻了西安产地仓，甘肃礼县一家苹果农业合作社销量同比翻了近4倍，苹果从出仓到消费者餐桌的时间大大缩短，售价也提升不少。”近日，已试运营一个多月的阿里巴巴西安产地仓正式投入使用，礼县苹果搭上数字农业首班车，实现购销两旺。

甘肃礼县是苹果的传统产区，形成了60千米的苹果林带，覆盖14个乡镇24.7万人，但农业基础设施薄弱制约了当地农产品外销。应此诉求，菜鸟跟西北各地政府合作开展仓储和物流为主的数字农业新基建，带动农产品电商销售额逐年大增。阿里的数据显示，2018年1月至今年9月，西北五省区在阿里平台的农产品销售额达147.9亿元，今年前三季度，甘肃在阿里平台的农产品销售额同比增长25.1%。

设立产地仓解决农产品上行“最初一公里”难题，建成物流中心畅通农产品进社区和城市餐桌的“最后一公里”。近年来，阿里巴巴已通过自营模式，建成了云南昆明、广西南宁、四川成都、山东淄博、陕西西安等五大产地仓，辐射覆盖中国18个省份所有核心农产区。菜鸟的乡村物流共配项目依托遍布全国的智能仓与物流园区，也在全国超过1200个区县实现了配送当日达或次日达。

此次阿里巴巴西北产地仓的启用，意味着西北地区最大的农产品数字化仓配体系全面运转，辐射陕西、甘肃、青海、宁夏、新疆五地。据了解，在五大产地仓中，西安产地仓的科技含量最高，包含标准化冷库区域、恒温低温生产车间、常温分选包装车间与品控室，以及16条水果智能分选打包线，日处理订单量可达15万。阿里巴巴西北仓负责人介绍，到11月底，会有1890万千克农产品集结入仓，在90秒内完成分选并进入准派送状态，这个效率比传统仓提高了10倍。

阿里直接进村收农货、快速分选，日吞吐量超行业平均水平3倍，助力农产品销售实现了优量优质优价，礼县苹果合作社背后的每家农户同比增收3000元。可以说，阿里巴巴的产地仓模式，修通了农产品从田间地头到城市餐桌的“高速公路”。

集聚新合力，开拓科技宣传新阵地

2020年12月11日

“科技宣传是科技管理的重要手段，要深刻认识全媒体时代推进这项工作的重要性紧迫性，落实新要求，体现新变化，做好新阵地建设，与科技创新事业融通发展。”12月9日，科技部党组成员、科技日报社社长李平在甘肃省科技创新及科技宣传工作座谈会上说，把党的十九届五中全会的精神落实好，要进一步集聚全社会的宣传合力，让“坚持创新在我国现代化建设全局中的核心地位，把科技自立自强作为国家发展的战略支撑”形成全社会的共识。

认识新要求，落实到位

“科技创新工作面向人民生命健康，更广义的来理解，是要使今后的科技成果惠及广大人民群众，不仅高大上，还要接地气。”李平说，《关于加快推进媒体深度融合发展的意见》中，指出要走好全媒体时代群众路线，这就对科技宣传工作提出了新要求。

适应新要求，首先要有观念上的转变。“我们要将报纸作为一张名片，拿着它找到读者群，更多的内容由移动端来承载。”李平指出，科技宣传工作要将科技管理工作者、科技特派员、科研人员等作为主阵地，把科技创新最新政策、科技成果转化最新成果及时传递给他们。

“全省科技管理部门，以及高校、科研院所、企业、园区要共同发力，关心和支持科技宣传，特别是要积极投身融媒体建设。"深刻认识，深化落实，甘肃省科技厅党组书记、厅长张世荣表示，希望每个企业都要将自己定位成"记者"，都是信息的窗口，不断地汇聚新力量、展示新成果，为加快建设创新型国家做出应有的贡献。

把握新变化，服务到位

"将报纸发行和全媒体平台服务作为宣传阵地建设的关键抓手，就有了黏住用户的平台。"李平强调说，"新型主流媒体建设下一步必须找准群众的刚需，探索建立'新闻 + 政务服务商务'的互动运营模式。"

"在新时期要坚持公益化、市场化并举的科技宣传工作引擎机制，与读者进行平等双向的交流。"中科院兰州分院院长肖国青表示非常认同。他建议，将科技宣传当成一个产业来做，大力促进科技传播的衍生品的生产，一方面要精准选题，宣传与经济社会发展相适应的科技内容；另一方面，要更加坚持真实性原则。

李平社长的话也引起了参会企业代表的共鸣。"希望科技日报融媒体的开放性、共享性平台资源，能与甘肃企业的需求进行深入的嫁接。"甘肃科技投资集团科技发展部副总经理李贵子说，"建议与企业建立联络机制或通讯员制度，挖掘报道先进企业典型和企业中科技工作者创新创业、报效祖国的精彩故事，增加企业的活力动力。"

建设新阵地，宣传到位

近年来，科技日报社以"一库两翼三平台"建设为核心，建立了一整套移动化，智能化、一体化全媒体采编系统。甘肃省科技宣传工作以科技日报等中央驻甘和省内各主流媒体为依托载体，坚持"主流立场、新闻属性、群众基础、科技特色"，借助图文、视频、图解、海报等形式，立体展示了科技支撑经济社会高质量发展的生动实践。

"今后要构建从国家层面到省、市、县的科技资讯服务和科技资讯资源融合网络，更好地服务于国家创新驱动发展战略。"李平说，以新技术应用为黏合剂，以内容渠道为桥梁，形成集约高效的内容生产体系和传播链条，进一步提高宣传阵地的引导力和影响力。

"以座谈会为契机，借助科技日报正在大力推动的共建共享平台优势，加强双方在全媒体宣传、发展规划咨询、工作评估部署、产业发展'把脉'等领域的合作。"张世荣表示，希望把甘肃科技创新和科技宣传工作推向一个新的水平，提升到一个新的高度，达到一个新的层级。

春运线上的“钢轨神探”

2021 年 1 月 25 日

“出发！”1 月 22 日深夜，伴随一声令下，中国铁路兰州局集团公司兰州工务机械段的“钢轨神探”——GTC-80 型钢轨探伤车从世界高铁海拔最高的军马场车站缓缓启动，穿梭在军马场至张掖西区间高铁线路上。

2021 年春运即将拉开战幕，钢轨探伤车“昼伏夜出”，深夜鏖战，为线路“把诊号脉”。钢轨探伤车间主任张志军介绍说，GTC-80 型钢轨探伤车是我国最新一代探伤车，配备了钢轨超声检测系统、轨道状态巡检系统，不但能对钢轨内部伤损进行准确检测，还能对钢轨轮廓、外观磨耗等参数进行准确测量，其精度达到横向 2 毫米、纵向 3 毫米。

“业内将探伤作业形象地称之为给铁路‘做 B 超’。”张志军告诉记者，钢轨探伤车的作业原理是由探头利用多组不同角度的超声波入射钢轨后，反射回波来检测钢轨内部是否存在伤损。对于这项繁重又精密的“细工活”来说，数据采集是最重要的环节，而数据的准确识别更是关键，作业人员需要熟知“钢轨伤损模式库”中的各类“案例”和运用限度数据，以便将检测数据与模式库中的情况准确匹配，从而获得最精准的探伤结果。

“发现钢轨病害具有很大的随机性，可能一周也不能发现一处病害，也可能一天当中就能发现好几处病害，所以更不允许出现任何差错。”负责探伤检测的王沛沛介绍说，在钢轨探伤车里，有负责探伤检测、调试、轨道巡检的人员，他们各司其职、相互配合。“探伤作业人员在工作期间精神要高度集中，如果探伤误诊或者漏诊，后果不堪设想。每次作业一般持续三到四个小时，需要一直盯着电子显示屏做记录。”王沛沛和同事们深感责任重大。

“铁轨神探”在冻透的铁轨上一个半小时后慢慢停了下来，负责更换探伤轮轴的张惟杰快速打开驾驶室门，一股寒气瞬间“一拥而进”，他倒吸一口寒气，穿上厚重的大衣，敏捷迅速地来到车下，只见他躺在冰冷的地面上，迅速松动螺栓，更换时间虽然只有短短 4 分钟，但张惟杰的手已经冻得通红，哈气凝结在双眉。“钢轨探伤车的探轮外面被一层材质为环氧树脂的塑料包裹着，长时间运行后，探轮与钢轨亲密接触使探轮外层磨损，探伤数据就无法采集，需要立即更换探轮。”张惟杰此时才顾得上解释自己的行为。

凌晨1时30分，钢轨探伤车历时三小时，完成了120千米的探伤任务，准点到达张掖西车站。探伤车停轮，作业人员才拖着疲惫的身体返回驻地休息。

“高铁旅客列车安全是铁路保障运输安全的政治红线和职业底线，冬季高铁探伤作业尤为关键，气温低，钢轨较为‘脆弱’，探伤就是通过技术手段检测隐患问题，提高高铁线路的安全性。”张志军悬着的心也放了下来。

据了解，仅在1月份，这台钢轨探伤车就完成了宝兰客专、兰新线等线路3352千米的探伤任务，春节前，还将完成1435千米的探伤作业。

兰州大学：做大科学研究“蛋糕”

2021年1月28日

1月下旬，虽已是交九寒冬的假期，但兰州大学核科学与技术学院仍是一片繁忙景象，大家在忙着筹备“硼中子俘获治癌装置”研制重大项目攻坚推进会的相关工作。

据院长吴王锁教授介绍，2020年底，学院成功中标“硼中子俘获治癌装置离子源组件研制”项目，“这是我们落实四个面向的具体体现。”吴王锁告诉记者，学院研制的“高产额紧凑型D–D中子发生器”打破国外技术封锁和产品垄断，获批国家重点研发计划项目，“科研经费累计超1亿元。”

小中子的大文章

早在20世纪60年代，兰州大学就开始了中子源应用技术的研究。1988年研制成功的3×10^{12}/s中子发生器，是我国第一台中子产额达到千量级的发生器。

然而，由于美国等国家明确对中国限购，国内中子管又因产额低、寿命短等因素制约，许多中子应用系统中仍在使用安全性能差的同位素中子源，“多年来严重地制约了我国中子技术的应用。”吴王锁说。

国家需要，虽难必克。基于几十年中子源研发优势，经过6年的攻关，学院成功研制了安全性高、可移动的高产额紧凑型D–D中子发生器，这个长度不到1米、直径小于0.25米的小家伙的问世，击破了国外的技术封锁和产品垄断，进入了国际同类中子发生器先进行列。

除了紧凑型中子源发生器的成功研制外，学院还聚焦超小中子研发。6.0×10^{12}/s 强流中子发生器及快中子测量系统、成功引出2.5兆电子伏特质子束的DB-DTL直线加速管高功率实验平台……吴王锁如数家珍。

促转化的大链条

“学校有对口科研平台了”，2020年5月，兰州大学成立稀有同位素前沿科学中心，这让青年教授刘作业倍感振奋。2015年毕业后留校工作的他，主要的研究方向就是基于激光技术开展微观粒子超快动力学与稀有同位素核结构研究。

有了平台做支撑，刘作业及团队在开展前沿基础研究的同时，尝试把相关技术和成果进行转化，解决核探测中的实际问题。“我们首次提取了量子系统的相位，解决了长期以来的微观粒子动力学的完全重建问题，并延展到大分子相位萃取与重建、粒子集体响应和场强过渡区域动力学解析等三方面。”刘作业说，传统的核检测手段主要依靠放射性射线的测量，往往比较慢，如今将超快激光与核技术相结合，实现了对特定场所气体中关键痕量核素的快速检测分析、对退役核材料多种痕量放射性核素的快速甄别与活度浓度的测量。

年轻人的大担当

2020年12月17日，嫦娥五号返回器携带着月球样品着陆地球，标志着我国首次地外天体采样返回任务圆满完成。兰州大学陈熙萌、邵剑雄团队在以往嫦娥系列基础上，又承担了嫦娥五号的相关科研任务。“精确月球伽马测高曲线，以确保嫦娥五号软着陆的成功。”邵剑雄介绍了他的主要任务。

李培荣3年前加入核科学与技术学院，成为兰州大学特聘的首位青年研究员。看起来略显稚嫩的他参与北京正负电子对撞机重大改造工程谱仪实验项目已有10年。

“初生牛犊不怕虎。”李培荣积极融入兰大团队，精心设计，探索物质最深层次结构和最基本的相互作用规律。2021年，他参与了国家重点研发计划项目“BESIII上粲强子、QCD及新物理研究”。“能参与到新一代大科学装置的谋划设计，在高能物理这个专业领域发出兰大的声音，倍感自豪。”李培荣踌躇满志。

邵剑雄、李培荣只是兰州大学年轻人的缩影。近年来，无论是国家重大研发计划和课题，还是高水平成果，都不乏年轻人的身影，“40岁以下的青年教授、副教授占全院42.8%，学院朝气蓬勃。”核科学与技术学院党委书记杨毅欣慰地说。

集聚高端学术人才、夯实人才后备力量、科研实现“倍增+”……在兰大核科学与技术学院“十四五”事业发展规划中，一系列目标明确而清晰，“学院要进一步深化有组织的科研，做大科研‘蛋糕’，全面推进科技创新高质量发展。”吴王锁说。

甘肃:交出西部科技创新亮眼成绩单

2021 年 5 月 31 日

作为国家向西开放的重要门户和次区域合作战略基地。甘肃,这片传承千年文明与辉煌、厚植科技底蕴与创新基因的土地,凭借座中六联的区位优势,不断谱写创新故事。步入新世纪,甘肃积极融入“一带一路”,持续打造西部地区创新高地。科技创新,正成为驱动当地高质量发展的强劲引擎。

壮大创新平台“强磁场”

重离子事业奠基人杨澄中院士、现代兽医学奠基人盛彤笙院士、“现代冰川之父”施雅风院士、沙漠学先行者朱震达院士、徒步横穿南极第一人秦大河院士、“敦煌女儿”樊锦诗先生……1949 年后,一批批科学家和团队扎根甘肃,在国家最需要的领域精耕细作,建立了核物理、冰川冻土、防沙治沙、土遗址保护等一大批优势学科群。

作为胡焕庸线以西科技资源最为集中的地区,固体润滑、功能有机分子化学、草地农业生态系统等学科类国家重点实验室,以及中国科学院兰州分院、兰州大学等科技“富矿”源源不断地为甘肃输送人才。生物技术、有色冶金、石油化工、装备制造等特色产业星罗棋布,不断刷新陇原“低投入、高产出”的创新“成绩单”。“十三五”期间,全省共登记各类技术交易合同 29498 项, 争取国家科技项目 3719 项,26 项重大科技成果获国家科学技术奖,2019 年,甘肃科技对经济增长的贡献率达到 55.1%。

2014 年 11 月,全国首个以“改革试验”为主题的试验区——兰白科技创新改革试验区获批建设;2018 年 2 月, 甘肃依托兰州和白银两个国家级高新区建设自创区,科技创新的号角响彻陇原大地。以试验区和自创区“两区”为龙头,甘肃高新技术产业开发区、农业科技园区、实验室、研究中心等创新平台串珠布局,1 个规划,N 个办法,涵盖人才引进、项目评价、政策激励等方面的 1+N 政策体系,为“两区”发展注入强心剂,辐射带动全省各地。金昌新材料、酒泉新能源、天水装备制造、定西中医药等产业集群初成规模,有力提振全省科技创新综合实力。

如今,全省共有高新技术企业 1229 家,“国”字招牌也越来越多,其中国家自主创新示范区 1 个,国家农业科技园区 10 个;国家重点实验室 10 个,国家工程技术研究中心 5 个，国家野外科学观测研究站 9 个，国家国际科技合作基地 18 家，国家引才引智示范基地 4 家；国家科技企业孵化器 12 个，国家备案众创空间 33 个。

铺就成果转移“快车道”

“十三五”以来，甘肃集中科技创新优势力量，出台《甘肃省进一步激发创新活力强化科技引领的意见》，编制《甘肃省十大生态产业技术引进指南》，梳理重大攻关技术清单。省科技厅与省交通运输厅、省政府国资委等部门签署科技合作协议，联动配置科技资源。《甘肃省支持科技创新若干措施》以后补助等形式激发创新主体活力，兑现奖补资金 5.3 亿元，强有力的措施让全省创新氛围空前浓厚。

国网甘肃省电力公司建成风光资源与运行实时监测平台，首次实现了千万千瓦级风光电集群资源可发电量的精准评估；首套国产碳离子治癌设备进入临床应用，被誉为大科学装置回报社会的典范；兰州空间技术物理研究所离子电推进系统实现了电推进产品正式装备应用的“中国第一”；敦煌古壁画保护技术以创新造福人类，土遗址修复技术闪亮国际；应用古 DNA 分析技术提取古人类遗传信息，“青藏高原发现丹尼索瓦人”被科技部评为“2019 年度中国科学十大进展”。随着一批批科创成果从实验室走向“应用场”，甘肃科技创新支撑实体经济的“骨骼”更强壮，“肌肉”更结实！

科技创新“无问西东”，甘肃主动融入国家科技计划竞争体系，加入区域创新发展联合基金，扩大原始创新“朋友圈”，实现了更多“从 0 到 1”的突破；牵手张江开启创新大视野，人工智能、AR 技术缔造甘肃创新新路径，5G、物联网技术为甘肃打造“一带一路”信息制高点。

2020 年，甘肃省科技厅公开征集科技揭榜挂帅制项目需求，一批涉及信息技术、高端装备、绿色低碳、生物医药、现代种业等领域的重大项目抛出“橄榄枝”，最终首批 6 项重大攻关技术获“将才”揭榜。

从无到有，从有到优，企业一直是科技创新的主角。2021 年，来自金川集团、酒泉钢铁集团、兰石集团、甘肃省公路交通建设集团、中农威特生物科技股份有限公司等的陇原“大佬”们强强联手，组建镍钴高效利用、钢铁新材料研发、智慧交通等全省首批创新联合体，带动科研院所及企业抱团发展，创新链强力赋能产业链，创新成果加速涌现。

打造人才辈出“聚宝盆”

创新之道，唯在得人。搭乘“一带一路”的浩荡东风，甘肃省加强人才服务与培养，创新人才项目工程荣誉体系建设，广发“英雄帖”，国内外优秀人才纷至沓来，科学家、企业家强强联手，创新“接力棒”迅速传递。

当前，全省共有 R&D 活动机构 732 个，R&D 人员 4.6 万人，全省专业技术人员达 59.1 万人，在甘两院院士 13 人，国家杰出青年基金获得者 55 人，10 名科技工作者获何梁何利基金科技奖，5 年累计获得国家自然科学基金项目 3227 项，获资助经费 16.7 亿元。

科技下乡、服务“三农”。甘肃在全国首次设立东西部扶贫协作专项，撬动东部发达地区人才和资本向甘肃流动，万名科技特派员下沉一线，不断书写奇迹，“百合之乡”“中药材之县”“马铃薯之都”等农村特色名片迅速涌现。2020 年 11 月，甘肃 75 个贫困县全部摘帽退出，彻底撕下“苦甲”标签。

以“津企陇上行”“鲁企甘肃行”等活动为载体，甘肃与各地牵手开展创新平台共建、联合技术攻关、科技人才柔性引进等合作，不断吸引国家层面科研团队和省外优势科技资源，石油化工、有色冶金、装备制造等传统产业不断转型升级。

面向世界汇聚一流人才，甘肃以深化中俄、推进中欧、深耕周边为重点合作方向，持续拓展国际科技合作新模式，与美国、德国、新加坡等国合作共建引才引智平台，吸引了大批专家学者汇聚陇原大地，在新能源、食品分析检测加工工艺、节水高效农业生产技术及装备、动物疫病防控等领域，与中亚、南亚、意大利、德国等国建立了稳定的合作关系。先后有 33 人荣获中国政府“友谊奖”，184 名外国专家荣获“敦煌奖”。

逐梦“十四五”，看甘肃如何精彩开局

站在加快建设幸福美好新甘肃、不断开创富民兴陇新局面的时代起点上，甘肃已擘画新坐标，优势突出领域“必保”、核心关键方向“必争”、高端前沿布局“必跟”，以重大科技项目为牵引，以重大创新平台为支撑，以重大机制创新为保障，深化改革与机制创新，优化科技创新生态环境，统筹创新资源布局，提升科技发展基础能力，积极构筑以产业链为基础、以产品为导向的区域科技创新体系，进一步发挥创新优势，整合创新资源，布局创新平台，在科技创新这张成绩单上，写下甘肃腾飞的注脚。

甘肃:航天510所助力"快递小哥"天舟二号奔向空间站

2021年5月31日

2021年5月29日20时55分,我国为空间站项目研制的货运飞船天舟二号搭载长征七号遥三运载火箭在海南文昌航天发射场成功发射。中国航天科技集团有限公司五院510所披露,在天舟二号任务中,该所研制的综合显示单元作为天舟二号舱内唯一的显示仪表,承担着飞船在轨运行中的综合状态监控与显示任务,是天舟二号中的核心关键单机,将在天舟二号与空间站核心舱交会对接全过程中发挥重要作用。

天舟二号是中国第二个货运飞船,是为空间站担负"运货"任务的"快递小哥"。它的任务是与4月29日发射成功的天和核心舱实施对接,确保空间站有足够的物资储备服务后续航天员的长期在轨驻留任务。据悉,在天舟二号任务中,航天510所承担了仪表照明、结构机构以及热控分系统中综合显示单元、语音单元、舱门快速检漏仪、交会对接舱外照明设备、舱内照明设备、前舱门平衡阀、通风温度传感器等共30台/套单机研制任务。

"在我所配套的天舟二号单机产品中,综合显示单元是技术难度最大的,集中体现在复杂单机的更新换代上。"航天510所所长助理、机电产品事业部总经理王雪松介绍说,该设备在神舟飞船阶段使用了8031数据处理平台,但货运飞船各系统的复杂度、需监控的参数类型和数量都成倍增长,对仪表显示系统的功能要求也更高。

研制组在原载人飞船数据处理平台基础上进行改进升级,将平台的数据处理速度成倍提升,并且采用了视频叠加技术,视频处理能力大幅提高,液晶屏由原6.5英寸液晶显示模组改进为12.1英寸红外触摸显示模组,显示内容更加丰富、显示界面更加友好。

"针对货运飞船任务对设备运算数据量大、操作任务复杂等特点,综合显示单元采用新型高性能处理器平台,该平台也属我国载人航天任务中的首次应用。"王雪松说,为了确保在复杂宇宙射线和高能粒子条件下高速硬件系统正常工作的能力,研制组开展了上百次仿真和实物验证试验,解决了高速电子线路抗辐照加固的难题。

航天员着舱内航天服时,无法操作常见的电容式和电阻式触摸屏,设计适应于太空环境的“显卡”系统并实现大屏幕的显控技术，是研制组面临的第二个难题。为此，研制组设计了具有自主知识产权的GUI系统，开发了适应空间环境的红外触摸屏，GUI系统代码量仅为操作系统的1%，采用了特殊的内存管理技术，使之不会出现死机、蓝屏等现象，使航天员可以在空间中有效地进行触摸操作，减轻了在轨操作负担。

按照任务计划，天宫空间站在轨建造分为“关键技术验证阶段”与“在轨建造阶段”，两大阶段各安排6次发射，关键技术验证阶段首发任务长征5B遥一已于去年成功实施，近日成功入轨的天和核心舱是该阶段的第二次发射，天舟二号货运飞船则是关键技术验证阶段的第三次发射任务。天舟二号发射成功之后，空间站任务全面铺开，航天510所载人航天队伍将继续发扬“敢啃硬骨头”的作风，“打造航天最有价值研究所。”王雪松说。

甘肃：“提素”不打烊
为石油团员青年“充电蓄能”

2021年6月9日

让青年员工理解理论知识并直观学习各项业务能力，及时为他们“充电蓄能”，采取“技术人员教技能”“安全人员教安全”等方式，讲思路、讲方法，将问题解决在一线。近年来，长庆油田采油十厂充分挖掘和调动全厂团员青年的积极性，从综合素质、人才储备、业务学习上狠下功夫，着力打造一支“素质一流、作风过硬、团结奋进”的员工队伍。

结合“党建带团建”“青年学习组”实践和“技术比武、青年岗位练兵”“安全知识竞赛”等活动，采油十厂引导青年员工实现知识技术共享互学互长，成为本职工作的“行家里手”。近日，采油十厂地质研究所青年员工李志豪在2021年长庆油田公司技能竞赛中获得金牌。据悉，自2015年以来，在油田公司技能竞赛中，采油十厂参赛选手从未挂过“空挡”，次次拿奖，共获得13金、18银、15铜，五次团体第一、两次团体第二、一次团体第四的好成绩。

“每次技术比武的前期都是非常辛苦的，但是只要我们下了功夫，付出更多的努力，就会有不一样的收获。”在2020年第二届全国油气开发专业集输工职业技能竞赛暨中石油集团公司智慧油田技能挑战赛中荣获金牌的黄博说，在今后的工作岗位中发光发热，全面提升个人综合素质，为油田高质量加快发展建功。

许多青年员工的创新想法，也萌发于采油十厂“杨义兴工作室”为青年员工搭建的创新平台。工作室鼓励青年员工积极投入到开展“五小”创新创效活动中去，在日常生产过程中对生产设备、仪器仪表、工艺流程等进行技术或工艺改造、更新，并通过“金点子”活动对青年员工的智慧结晶进行展示、推广。乔河作业区青年员工辛胜杰的创新成果“抽油机盘根快速装卸器”经现场试验，不但避免了盘根折断，提高了更换速度，而且解决了盘根盒压帽的固定问题，防止机械伤害的发生，一年内更换抽油机盘根所产生的经济效益在 13.8 万元。在全国第二十三届发明展上，该项成果斩获银奖。

航天 510 所助力五星红旗在火星惊艳亮相

2021 年 6 月 16 日

6 月 11 日，国家航天局公布了由祝融号火星车拍摄的着陆点全景、火星地形地貌、“中国印迹”和“着巡合影”等影像图，标志着我国首次火星探测任务取得圆满成功。科学影像图中，着陆平台熠熠生辉，贴装在火星车表面的器表国旗鲜红方正，安装于着陆平台上的国旗装置已经顺利展开，展现出满满的科技感。

这两面跟随“天问一号”一起登陆火星的五星红旗，均由中国航天科技集团公司五院 510 所(以下简称“航天 510 所”)研制。据介绍，祝融号火星车表面的国旗相对较小，长 96 毫米、宽 64 毫米，和嫦娥三号、四号上使用的国旗是“孪生兄弟”，安装于着陆平台上的国旗装置长 360 毫米、宽 240 毫米。

“由于受到安装位置和空间的限制，着陆平台上的国旗装置设计了类似中国传统文化中书画 / 画轴的展开方式，利用形状记忆复合材料实现国旗的锁定和释放。”航天 510 所国旗装置主管设计师赵印中说，在着陆火星国旗展开前的地面总装与测试、发射、地火转移、环火飞行以及着陆阶段，国旗始终处于卷绕收纳状态；在探测器着陆火星后，国旗装置通过加热形状记忆复合材料释放并展开国旗。

为了让探测器“轻装上阵”，国旗装置驱动机构采用形状记忆复合材料，使整个国旗装置的总重量小于 200g；为了减少国旗装置展开过程中对其他部组件的影响小，解锁设计采用加热缓慢展开，形状记忆复合材料展开几乎没有振动与冲击，同时，航天 510 所结合中国传统文化，创新地设计了卷绕锁定 – 展开的国旗展示模式，适用于较大尺寸的国旗，且动态展开过程栩栩如生，展示效果极佳。

“要实现重量轻、展开方式新、可靠性高三大创新，必须保证国旗在漫长的奔火过程中成功锁定、破解国旗在长期卷绕状态下产生的弯曲效应、顺利实现国旗装置的加热展开。”赵印中透露。

国旗装置的锁定功能主要由形状记忆复合片层通过弯曲后压紧来实现，而材料弯曲压紧后，在经历长期存贮、高低温环境变化时，存在锁紧力松弛，导致锁不紧的风险。因此，研制人员通过防侧滑设计、加强材料锁紧力、试验验证等措施解决了该技术难点。

国旗长期卷绕怎么破解弯曲效应？研制人员对卷绕存贮后的弯曲状态进行分析、验证，确定配重大小、存贮时长、存贮环境等因素对国旗释放后展开效果的影响，选择适宜的配重质量等措施解决了该技术难点。

在火星表面实现国旗装置的加热展开是一个复杂而精确的过程，因此整个展开策略的制定尤为关键。“一方面国旗展开过程受到火星表面大温差、低气压、低重力等极端且多变的自然环境制约，存在较大的难度。”赵印中解释说，“另一方面，受到探测器总体设计的制约，重量和功耗等关键指标都受到严格限制，设计和制造难度极大。”

为此，研制团队不仅设计了各影响因素的试验方案，而且开展了同一参数的多次验证。通过上百次的加热展开试验验证工作，最终获得了仅受电压影响的加热控制时间参数，闯过了国旗装置研制过程中的最后一道难关。

神舟再出发，航天510所添智慧

2021年6月17日

6月17日9时22分，我国为空间站项目研制的神舟十二号飞船搭载3名航天员在酒泉卫星发射中心成功起航，向着太空进发，将我国航天员送入中国人在太空中的“新家”。

据介绍，在神舟十二号飞船上，中国航天科技集团有限公司五院510所（以下简称“航天510所”）承担研制了结构与机构、热控、测控、仪表与照明、环控生保等5个重要分系统中共计43台/套产品。这些设备凝聚着科研人员汗水和智慧的结晶，将为飞船在轨正常工作及航天员的生命安全保驾护航。

多设备加持，保障出舱、返舱安全

在空间站任务中，航天员要从神舟十二号飞船进入到空间站核心舱，其间，要经历多次穿舱活动，维持航天员在舱内生存的气体绝对不能泄露，舱门是否密封良好具有决定性作用。舱门检漏仪的作用就是检测神舟飞船的舱门是否达到了密封状态，并向航天员提供“舱门已关好，可以脱航天服”的指令。

“早期的神舟飞船是整舱加压，通过检测整舱舱压变化来判断舱门的密封性，这种方法虽准确、可靠，但缺点是耗时长。”航天510所所长助理、机电产品事业部总经理王雪松介绍说，航天510所研发的舱门快速检漏仪实现了对神舟飞船舱门和对接面的快速、准确检漏，填补了国内在该领域的空白。

神舟飞船在执行与空间站交会对接任务后，返回舱将带着航天员和下行货物“回家”。航天510所研制的国际救援示位标和微波重力水平开关等产品，被用来快速准确地找到返回舱，直接决定着整个任务的成败和航天员的生命安全。

国际救援示位标集定位信息获取、数据处理、编码调制发射于一体，具有高定位准确性，可实现紧急状态下救援的可靠性和实效性。返回舱落地后，国际救援示位标会发射符合国际通用标准、能够被岸站遍布世界各地的全球海事卫星搜救系统所识别的无线电信标信号，从而确保搜救人员能够快速找到返回舱，犹如大海中明亮的灯塔指引着方向。

“从神舟七号飞船开始，航天510所自主研制的微波重力水平开关就成功应用到神舟系列飞船和嫦娥探月等各类型号任务中。”王雪松说，微波重力水平开关采用更为先进可靠的电控技术，实现了自动切换通信天线方向，技术指标和安全性、可靠性均优于进口的汞开关。

舱内外照明，点亮神舟之路

由于空间站在轨飞行会周期性经过地球阴影区，经历很长时间的黑暗，在交会对接中照明问题至关重要。航天510所承担了载人飞船舱内照明设备和交会对接照明设备研制任务，不仅为航天员提供了舱内工作、生活照明，也为载人飞船与空间站在阴影区的交会对接提供了摄像辅助照明。

为了满足空间复杂恶劣环境要求，神舟十二号飞船舱内照明设备（近距离泛光照明）和交会对接照明设备（远距离透光照明）采用了先进的固态照明光源。固态照明光源具备耐冲击、抗振动、功耗低、稳定性高的优点，但受限于发光材料的性能，固态照明对高温环境和低温环境都比较敏感。

为降低紫外辐照、总剂量辐照、原子氧等空间特殊环境对产品寿命及可靠性的影响，航天研制团队先后突破了空间二次光学系统设计、在轨抗特殊空间环境设计、敏感器件抗力学环境设计等技术难题，最终解决了温度问题。载人飞船进入地球阴影区时，航天员在舱内仍可以正确判读仪表数据、手动开关指令，为交会对接的成功更添一份保障。

仪表设备+操纵棒，担任航天员的左膀右臂

作为我国载人航天器仪表设备主要承制单位，航天510所为神舟十二号载人飞船提供了种类丰富的仪表设备，包括综合显示单元、时间单元、发声单元、手控左/右面板单元、编码指令设备、手控右舱壁单元和开关指令板等。

作为飞船仪表设备的承重部件，仪表板整体成框架式构型，不仅为仪表显示设备和主要手控设备这些“兄弟姐妹”提供独立的“私密空间”，而且为它们提供了准确可靠的安装接口。仪表板通过四个金属橡胶减振器实现与飞船舱壁的可靠连接，就像四个“忠诚的软甲卫士”，结构上既有金属的固有特性，又有橡胶的弹性。“在飞船发射、飞行和返回过程中遇到巨大的振动、冲击等情况时，能够为飞船上的仪器设备提供必要的力学工作环境。”王雪松说，例如在发射、返回过程中保证设备生存，在飞行过程中改善仪表板上设备的力学工作环境。

另外，在飞船发射和返回过程中，航天员的身体被牢牢束缚在座椅上，身体不能前倾以完成对仪表板上各设备的操作，为解决这一难题，航天510所研制的操纵棒应运而生。“操纵棒杆体设计为可无极伸缩式，航天员可以根据现场条件在一定范围内任意调整操纵棒的长度。”王雪松介绍道，杆体采用高强度碳纤维材料，环比强度高，相当于航天员手臂的延长器。

守护春运安全：设备稳了，心里暖了

2021年1月28日

“今天的检修作业，主要是对电空转辙机、轨道电路机械特性和电气特性进行检查整治，大家要按标作业，提高设备运用质量，确保信号设备以优质状态迎战春运。”1月28日清晨，春运第一天，中国铁路兰州局集团有限公司兰州电务段驼峰信号车间26名职工，迎着室外-8℃的气温，早早来到兰州北站下行驼峰场，准备开展设备检修

工作,作业负责人李长青正在进行作业前安排部署。

俯瞰整个兰州北车站,一排排钢轨整齐如织,三级七场、贯通东西的编组场,像一把巨大的弦琴横卧在黄河北岸。自去年11月份以来,兰州北车站出入车办理量日益增长,单日出入车办理连续三次刷新建站以来最高纪录。

兰州电务段驼峰信号车间的主要任务是维修养护兰州北站上、下行驼峰场信号设备,为提高车辆解编效率提供安全优质设备保障,他们得抓紧时间对设备进行全面"体检"。

随着作业命令下达,职工们携带工具材料,有序进入作业场地。他们要在90分钟作业时间内,完成对驼峰空压机、储风罐、车辆减速器控制箱、气动阀门等设备的检查,测试调整电空转辙机、轨道电路、调速设备机械特性,对部分加装的电热设备进行通电试验。

"老张,我这里绑扎带不够了,你工具箱里有的话给我拿一些。"驼峰下行自动工区工长程里宁负责排污管路防寒电热毯绑扎工作,面对厚厚的一卷卷电热毯,在安装前他要逐个通电确认良好,然后包裹在各部位管路上,捆扎牢固后再次进行通电试验。

麻利地干完自己的活后,程里宁又帮助其他人将空压机润滑油更换为冬季专用油,现场指导青工进行空气滤清器清洁保养,同事们都说再冷的天气也冻不灭程工长这股热心劲儿。

今天,李长青主要负责对车辆减速器控制箱内部电加热装置进行全面排摸检查,就设备松虚短破问题进行整治克服,确保设备长时间暴露在寒冷天气下,也能正常工作。由于兰州北站依山傍河,正处在风口位置,在接近零下十度的环境中,穿得再厚也禁不住风吹,检查箱盒内部线缆必须摘下厚重的手套徒手进行,李长青和两名年轻职工的手被冻得又红又僵,比起平时的作业进度慢了很多。

天气寒冷、衣着笨重、作业量增大,都给设备检查整治增加了强度和难度,在有限的作业时间内,职工们迎着低温和阵阵寒风紧张地忙碌着,不断下蹲、起身、弯腰、勾头,不放过任何细节和设备隐患。

当大家都干得热火朝天时,一个略显瘦弱的女性来回穿梭在各作业点,不停地在笔记本上记录着设备测试数据。"陈师傅,刚才那组测试数据,麻烦您再给我念一下。"兰州驼峰信号车间副主任张雅兰,负责这次检修作业盯控工作,别看她今年只有30岁,业务上可是"行家里手"。今天设备防寒过冬检查整治,她要核对盯控作业票检修内容,详细记录设备检测数据和设备缺点整治情况,建立完整的测试记录和问题清单,以便今后更好地开展设备维修养护工作。天气越来越冷,张雅兰不自觉地跺起了脚,每次低头记录数据,呼出的哈气都会染白眼镜,看着她一边紧盯现场作业,一边不停地擦拭眼镜，年纪大一点的师父们都很心疼她，她却笑着说，“只要咱们检修到位，春运期间设备稳了，我心里也就暖了！”

平凉：绿色转型为高质量发展鼓起朝气

2021 年 6 月 29 日

“全省首个集群式、全产业链招商的平凉智能终端光电产业园高点起步，甘肃制造首批联想国产电脑在平凉下线，新动能加速成长。”6 月 28 日，在“风华百年路 奋进新陇原”——甘肃省庆祝建党 100 周年系列新闻发布会平凉专场，平凉市委副书记、市长王旭介绍了平凉在经济社会发展各方面取得的成就。

“历史性摆脱绝对贫困、综合经济实力明显提升、整体面貌发生巨变、发展环境持续向好、群众幸福指数不断提升、党的建设得到全面加强。”王旭介绍道，聚焦产业转型升级这一关键支撑，平凉市加快延链补链强链，现代产业体系加快构建。“双千亿”煤电化冶产业基地加快建设，煤炭产能、火电规模分别占到全省的一半和五分之一，平凉市已成为陇东能源基地核心区和全省最大的煤电产业基地。2020 年，全市实现地区生产总值 476 亿元，人均地区生产总值 23964 元，均是“十二五”末的 1.4 倍，比改革开放之初分别增长了 265 倍和 219.5 倍。

创新发展模式，开启产业振兴“新动能”。“平凉红牛”取得全国第一个活牛类证明商标，“静宁苹果”取得国家地理标志产品保护、中国驰名商标等 7 张国家级名片，品牌价值达到 158.9 亿元，优等果地头收购价连年领跑全国，牛、果两大产业鼓足了农民群众“钱袋子”。“全面优化调整产业结构，形成以‘牛薯劳’三大农业特色产业为主导、‘药草蜂’等多元富民产业全面发展的良好态势，年内订单种植马铃薯 3600 亩、万寿菊 1800 亩、优质饲草 4000 亩，建成千亩中药材种植基地 1 处，带动群众种植中药材 2200 余亩。”平凉市庄浪县韩店镇党委书记姚思俊向记者介绍了党建工作引领乡村走上振兴路的“庄浪模式”。

“只进一扇门、最多跑一次”成为常态的平凉，持续深化“放管服”改革，建成了市区合办政务服务中心，全市市场主体突破 12 万户，是“十二五”末的 1.5 倍。龙芯中科、海尔、山东能源、国维淀粉等一批行业领军企业相继落户平凉，5 个县（市、区）纳入关中平原城市群。“陇东古镇”正在以全域开放的姿态，加快融入国家区域发展大格局。

绿色转型焕发朝气，为高质量发展积蓄了强劲势能。“坚持以科技创新推动产业转型升级，全力以赴强龙头、补链条、聚集群，促进煤电化冶、智能光电、红牛、苹果、文旅等主导产业延链补链、做大做强。”王旭表示，要在发展质量上实现新提升、在乡村振兴上展现新作为、在绿色转型上迈出新步伐、在项目支撑上取得新突破、在改善民生上推出新举措，以实干担当推动高质量发展。

牢记初心使命　坚定理想信念
朝着中华民族伟大复兴目标奋勇前进

——甘肃省科技界热议庆祝中国共产党成立100周年大会

2021年7月1日

7月1日上午8时，庆祝中国共产党成立100周年大会在北京天安门广场隆重举行。中共中央总书记、中华人民共和国主席、中央军委主席习近平在大会上发表重要讲话。

为中国共产党的百年华诞送上祝福，为祖国的繁荣富强倍感骄傲，陇原广大科技工作者自发地通过不同形式收看收听了大会实况。大家为自己中国人的身份而自豪，纷纷表示要更加紧密地团结在以习近平同志为核心的党中央周围，牢记初心使命，坚定理想信念，拧成一股绳、汇成一股劲，朝着中华民族伟大复兴目标奋勇前进。

“胸怀千秋伟业，恰是百年风华。”兰州大学党委书记马小洁表示，习近平总书记的重要讲话洞察历史又昭示未来，让我们对党的光辉伟业深感自豪，更加坚定了对中国特色社会主义的自信，更加坚定了听党话、跟党走的思想行动自觉。“我们将弘扬‘坚持真理、坚守理想，践行初心、担当使命，不怕牺牲、英勇斗争，对党忠诚、不负人民’的伟大建党精神，坚定‘我国教育是能够培养出大师来的’自信，围绕‘建设中国特色、世界一流的兰州大学’共同目标，以文育人、以文化人，加速中国特色世界一流大学建设，为党的第二个百年目标实现贡献兰大智慧、兰大力量！”马小洁向全体师生发出呼吁。

甘肃农业大学校长赵兴绪告诉记者，中国共产党带领全国各族人民不断战胜各种困难挑战，经受各种风险考验，走过了极不平凡的光辉历程，作为民生之本、强国之基的教育事业也取得了突飞猛进地发展。“我们要从习近平总书记的重要讲话中汲取奋进新征程的智慧与力量，坚持社会主义办学方向，聚焦立德树人根本任务，扛牢为党育人、为国育才的政治责任。”他表态说，甘肃农业大学将以“功成不必在我、功成必定有我”的姿态，奋力跑好新一代甘农人的“接力赛”，以优异办学业绩阔步第二个百年新征程。

全国抗击新冠肺炎疫情先进个人、兰州大学第一医院副院长刘健有幸在天安门广场现场观礼，心情十分激动。他说：“今天整个大会，我们都能感受到无比的自豪，作为一名地处西部的一线医务工作者，我将牢记习近平总书记的嘱托，坚守奋斗、甘于奉献，走好新的‘赶考路’，不负时代，不负韶华，不负党和人民的殷切期望！”

“见证党的百年历程，聆听了习近平总书记今天的讲话，我备受鼓舞。”甘肃省科学技术厅高新技术处处长牛振明激动地表态，要矢志科技自立自强，聚焦突破核心关键技术，聚焦提振经济发展质量，聚焦构筑现代产业体系，聚焦增进民生福祉，提升科技创新对高质量发展的支撑引领能力，为建设幸福美好新甘肃、开创富民兴陇新局面贡献科技力量。

“我们是党百年华诞的见证者，是国百年目标的亲历者，生逢如此时代，肩负如此使命，作为一名共产党员，我非常骄傲。”甘肃省科学技术情报研究所副所长刘勇听了习近平总书记重要讲话，感触很深，他表示，将牢记全心全意为人民服务的根本宗旨，立足科技情报本职工作，以数字化智能化思维为导向，整合科技信息资源，身体力行地投入到实现中华民族伟大复兴的中国梦的实践中，无愧于“共产党员”这一至高无上的荣誉。

在地球之巅
探求高原地气作用过程“最优解”

2021 年 7 月 22 日

日前，在“青藏高原地气间水热交换立体综合观测研究平台”启动仪式上，中国科学院青藏高原研究所马耀明研究员讲述了数十年艰难科研探索之路，也为我们描绘了一幅地球最高处地气作用过程的“最优解”图景。

“第三极”，改变全球天气

被称为“世界屋脊”“第三极”的青藏高原，平均高度可达对流层中层的高度，独特而复杂的地形特征使得其上强大的动力和热力作用影响着东亚气候格局、亚洲季风进程和北半球大气环流，是影响我国天气和气候事件的关键区，也是全球气候变化最为敏感的地带之一。

为什么要研究高原地气间相互作用过程？“大气在经过青藏高原隆起的巨大地形时，会产生动力和热力作用，地表与大气间的水热交换将水加热蒸发，使大气对流形势发生变化，就会形成云，发生降水。”马耀明解释道，而高原对周边气候的影响是从冷高原的表面到近地面层，再到大气边界层，逐步到自由大气层，所以研究高原表面与近地面层、大气边界层的水热交换过程和交换规律是非常重要的。

如何正确认识青藏高原复杂地表区域上的水热交换规律？马耀明解释道，研究需要综合借助四种方法。一是在各种不同下垫面上建立地气相互作用综合观测台站，通过观测试验取得资料进行分析，得到不同下垫面上、不同地形条件下的水热交换规律，然后再通过类似瓷砖拼贴的方法，就可以得到整个高原区域上的水热交换规律；二是结合试验资料与卫星遥感资料，通过参数化方案或模型得到整个高原区域水热交换规律；三是结合试验资料与数值模式系统，模拟得到整个高原区域水热交换规律；四是将以上所取得的资料通过陆面资料同化系统进行分析，得到整个高原区域水热交换规律。

建台站，布网探测世界高地

“科学观测试验是关键。”马耀明反复强调。

针对青藏高原综合观测研究站点缺乏这一短板，1989 年起，中国科学院青藏高原研究所地气作用与气候效应团队建立了覆盖高寒草甸、高寒荒漠戈壁、高寒荒漠草原等高原典型下垫面天气气候关键敏感区的观测站，并对青藏高原不同下垫面大气边界层、土壤水热变化以及地—气间能量水分交换规律等进行长期观测研究。

在此基础上，马耀明等研究人员发布了全球首套由长期气象梯度观测、四分量辐射观测、土壤水热特征观测以及大气湍流特征观测构成的高时间分辨率青藏高原地—气相互作用综合观测数据集。

经过三十余年的艰苦努力，团队在青藏高原上建立和完善了青藏高原水热交换综合立体观测研究网络体系，基本建成了第三极地区多圈层地气相互作用过程数据库。“在第二次青藏科考项目的大力支持下，在青藏高原主体共新建了 11 座大气边界层廓线塔站观测系统、9 套微波辐射计组网观测系统和 10 套风吹雪组网观测系统。”

马耀明说，加之高原上已有的大气边界层廓线塔站组网观测系统、涡动协方差通量组网观测系统以及土壤温、湿度组网监测系统，成功组建了青藏高原地－气间水热交换立体综合观测研究平台。

立体化，实现综合集成观测

通过地平面上的测风雷达、微波辐射仪等设备，地上 500 米处的低空无人机、地上 1000 米处的系留艇、地上到高空 10000 米处的无线电探空仪等设备，地上 10000 米处的遥感飞机，以及地上 300 千米处的专业卫星……据介绍，最新组建的青藏高原地－气间水热交换立体综合观测平台涵盖了青藏高原的各种地形地貌，可实现青藏高原近地层和对流层多要素、全天候的综合集成观测，为区域及其周边地区天气监测与预报、灾害性天气预警及气候环境预测等提供综合观测数据和决策依据。

7 月 15 日，第二次青藏科考“地气相互作用及其气候效应”专题分队从兰州集合出发，青藏高原地－气间水热交换立体综合观测平台也正式启动。以青藏高原各种地形和地貌状况下的水热交换规律为考察核心，专题分队目前已在国内外 8 个台站上完成了 3 次地－气相互作用及其气候效应立体综合加强观测试验。

“此次科考将是首次利用地气间水热交换立体综合观测平台、无人机多光谱影像、机载涡动湍流通量观测平台、卫星遥感相结合方式的综合、立体观测。”马耀明说，生成的实景三维模型，可帮助研究人员准确掌握各种复杂地貌特征下的综合信息资料。

引导产业集群化创新
“高新”力量驱动甘肃高质量发展

2021 年 9 月 16 日

秋初，在陇原狭长的版图上，特色各异的省级高新技术产业开发区（以下简称“高新区”）点亮了区域经济发展明灯。自 2018 年甘肃省政府批复建设省级高新区至今，历经 2 年多的培育建设，全省 9 家省级高新区聚焦动力转换，有效引导高新技术产业集聚发展，成为推动经济高质量发展的强力引擎。

祁连山下，现代农业挑大梁

这里是河西走廊上的戈壁水乡，张掖市，全市有耕地400万亩，盛产小麦、玉米、水稻、油菜、胡麻等农作物，是全国重点建设的12个商品粮基地之一。

初入秋的张掖市民乐县风景如画，一块块正在收割的麦田绘出几何图案的乡村画卷。依托民乐生态工业园区设立的民乐高新区内，却是另一番现代企业集聚的产业集群图景。

持续培育壮大特色农副产品加工、化工新材料、装备制造、生物制药、现代物流等主导产业，该高新区内实施了无机氟化盐、维尔沃新材料、泰睿特医药中间体、科森电气、天祁生物孕马血清等10项生态工业项目，以工业化带产业化促城镇化。

由园区率先引进的业内现代化设施农业领域龙头企业海升集团坐落在园区一隅。海升千亩果品园、绿色有机果蔬分包车间和果汁生产加工厂、海升果蔬包装箱生产等项目的陆续建成，推动这里的农业从增产导向向提质导向转变。据园区负责人介绍，在海升集团等各类企业的带动下，已有1.8万多名群众在园区稳定就业，劳务收入8亿元。

“农业＋加工业”“农业＋旅游业”“农业＋现代服务业”的一二三产齐头并进发展模式，吸引社会资本参与园区建设和产业发展，民乐县以食用菌、中药材产业为基础，培育县域特色型、新兴产业型、生态循环型、休闲观光型、园区集聚型家庭农场6家、农民专业合作社27家，让这里特有的荒漠绿洲景象尽显欣欣向荣之貌。民乐生态工业园区曾被列入国家工信部绿色制造名单，更是全国首个“一带一路”创业创新产业基地示范园区。

渭水源头，中医药为发展开良方

这里是享有千年药乡美誉的甘肃咽喉——定西市，是国家中医药产业发展综合试验区核心区。因地处青藏高原下延区与黄土高原抬高延伸区交汇地带，特殊的地理位置和地质地貌特征决定了定西中药材品种的多元和富集。

目前，全市中药材种植面积稳定在160万亩左右，位居全国地级市前列，常用的130多个中药材品种定西有97个，占75%。定西三大主栽品种当归、党参、黄芪种植面积分别占全国的60%、20%和40%，具备发展中医中药产业的政策叠加机遇和资源条件。

走进“中国黄芪之乡”定西市陇西县，依托陇西经济开发区设立的陇西高新区内坐落着中医药循环经济产业园。这个集中医药技术研发、科研检测、精深加工、电子交易、展览展示和配套服务于一体的陇药产业高新技术示范基地，彰显出科技创新带来的勃勃生机。占地 4.9 千米^2 的园区内已入驻工业企业 34 家，以中医药循环产业为主，包括甘肃中药材交易中心、陇西一方制药有限公司、甘肃省药品检验研究院陇西分院、陇西合伙人众创空间等。

以地产中药材交易为主的地产药材交易园，已入驻工业企业 10 家，年中药材交易量 20 万吨，是以中药材溯源和初级加工为辅的现代化中药材交易和价格形成中心。药市的欣欣向荣也带动了物流等配套服务业的共同发展。甘肃中药材交易中心现代仓储物流智能云仓等一批中药材现代仓储物流项目先后落户定西，为“南药北贮”注入科技智慧。

陇山以西，铝业担当经济“王牌军”

以中国铝业股份有限公司西北铝加工分公司（以下简称“西北铝”）为核心组建的铝加工产业联盟，更是展示出铝冶炼及加工产业作为陇西工业产业发展“王牌”和“名片”的活力。近年来，陇西县发挥园区载体作用，积极探索，初步形成了以东兴铝业 35 万吨电解铝、西北铝 2 万吨铝加工、顺泰铝业和中盛铝业 25 万吨铝型材、陇西西北铝铝箔有限公司 2 万吨铝箔为主的铝产业链。2020 年实现产值 82 亿元，占据了甘肃铝冶炼及加工行业的一席之地。

据了解，截至 2020 年底，陇西高新区累计入驻工业企业 89 家，实现地区生产总值 10.75 亿元，完成工业增加值 6.29 亿元，技术合同成交额 2512.15 万元，高新技术企业从业人员 2411 人，企业工程（技术）研究中心 25 个，发明专利累计授权 358 个，投资机构和金融机构 18 家。

可圈可点的成绩，道明了这组数据背后强大的推动力。在陇西县半年考核中，陇西经济开发区以主要指标总量对市县的贡献率最大，园区工业增加值占区域 GDP 比重提升最大，工业“六个高于”指标全市得分最高，为集聚要素、承载产业奠定了更加坚实的基础。2021 年上半年，陇西铝加工业产值和增加值分别同比增长 65.9%、30.5%，呈现出量价齐升的良好发展态势。

这些是甘肃省级高新区发展的缩影。产业集群化赋能，在河西走廊，新材料、新能源、智能制造等产业链持续发力；一条长达 80 千米的“驿马—莲池—农耕文化产业园—新区—西川”工业长廊特色鲜明；“双千亿”煤电化冶产业基地在平凉加快建设，新动能快速成长……聚焦“发展高科技、实现产业化”方向，甘肃省高新区逐步成了全省改革开放的排头兵、创新驱动的试验田、加快发展的主阵地。

科研前哨的传承、创新与守望

——探访野外科学观测研究站

2021 年 9 月 29 日

广阔的天地赋予了科研无限惊喜和动能。作为地球科学研究的前沿阵地，野外科学观测研究站（以下简称“台站”）遵循着观测、试验、研究和示范服务的科学定位。一代代科研人员从这里出发，登上冻土荒原、冰川之巅，探索高原无人区，走进戈壁沙漠，记录着地球的心跳脉动。“传承、创新与守望”，成为最终注解。

建站，用所学服务国家需求

从青藏铁路到冰川科研，从防风治沙到生态修复，在环境最恶劣的科研“无人区”、在祖国最需要的地方，总有野外科研人员的身影。

以建设难度超乎想象的青藏铁路为例。

在青藏高原可可西里多年冻土区腹地，以 1961 年成立的风火山冻土观测场和 2001 年成立的冻土工程国家重点实验室青藏高原研究基地为前身，青藏高原北麓河冻土工程与环境综合观测研究站（以下简称“北麓河站”）依托中国科学院寒区旱区环境与工程研究所于 2008 年正式成立。随着科研条件的改善，从甘肃向青藏高原不停移动的车辆和帐篷，终于变成了固定的办公室、实验室。

“台站共有 200 多个场 / 剖面，台站园区的科研用地近 130 万米^2，取样观测工作均在海拔 4300 米以上的地方，空气含氧量仅为陆地的 61%。”中国科学院西北生态环境资源研究院（以下简称“中科院西北研究院”）研究员、北麓河站站长陈继说。依托观测和试验场地，该站形成了 25 个工程和环境方面的典型数据集，拥有青藏高原腹地多年冻土区时间序列最长、连续性最好的气象和地温数据，有力支撑了青藏铁路等重大冻土工程的建设和运维。

北麓河站冻土工程与环境研究团队以此为基础，创造性地提出了主动冷却、降低多年冻土温度的工程建设新思路和设计新原则，攻克青藏铁路建设中三大难题之一的“冻土路基”问题，有力支撑了青藏铁路、青藏公路和青藏直流输电线路的建设和运营，也为解决冻土相关的共性问题提供了数据和技术支撑。2020 年，北麓河站被列入科技部国家野外科学观测研究站择优建设名单。

“观测是第一位的。如果没有台站，就很难实现长期、连续地定点观测。”陈继说，目前的人工观测主要针对路基的冻胀、沉降、开裂等结构变形问题。“北麓河站每次观测需要花费一周时间，每个月需要观测 2 遍，仅格尔木市到安多观测段每年的观测路程就长达 4 万千米。”

“在全球气候、生态环境快速变化的背景下，冻土、气候、生态和工程的耦合作用更加复杂，对冻土工程稳定性的影响更加难以准确预测，愈发需要通过开展长期定位观测、试验、研究、示范来给予解决。”陈继说。

示范，用成果支撑区域发展

云上雪峰指向蓝天，玉龙雪山脚下伫立着我国第一个以海洋性冰川为观测、研究对象的国家级野外站，2006 年中科院寒旱所建立了玉龙雪山冰冻圈与可持续发展国家野外科学观测研究站（以下简称“玉龙雪山站”）。

中国海洋性冰川区巨大的冰冻圈旅游服务效应和潜在冰冻圈变化风险，迫切需要对其进行定位监测，以揭示其冰冻圈动态变化过程机理及其综合影响，以服务区域可持续发展。而玉龙雪山作为欧亚大陆距赤道最近、规模最大的冰冻圈分布区，1982 年中科院西北研究院老一辈科学家相继在玉龙雪山以半定位方式开展冰川与环境的观测研究工作，直到 2006 年建站，才使其定位观测成为现实。

“2008 年，我作为博士有幸参与到了玉龙雪山站的冰川观测研究之中，2013 年，台站进入中国科学院高寒区地表过程与环境观测研究网络，2020 年，进入科技部国家野外科学观测研究站择优建设名单。”中国科学院西北生态环境资源研究院研究员、玉龙雪山站站长王世金说，目前，台站已经形成包括冰冻圈气象、水文、物理化学特征、生态、环境、冰冻圈与可持续发展在内的多项观测网络体系，旨在为玉龙雪山冰雪旅游保护性开发提供科技支撑，为区域冰冻圈防灾减灾提供理论基础。

物质平衡测量花杆插了又倒，倒了又插，游客换了一批又一批，王世金却一直坚守在这里。他亲历见证了玉龙雪山站的成立、发展和壮大，带着团队成员将研究区域扩展至滇西北和四川。王世金介绍，“十四五”时期，玉龙雪山站将致力建成并完善玉龙雪山冰冻圈与可持续发展野外观测“一站四区”空间网络体系（一站：玉龙雪山站；四区：岗日嘎布、梅里雪山、贡嘎雪山、达古雪山），建成冰冻圈科学研究领域具有代表性的国家野外观测研究站，以提升野外站的科学观测和试验研究水平，更好地服务玉龙雪山及其区域可持续发展。

观测,用塔群守护生态屏障

在敦煌设立的甘肃省戈壁荒漠生态与环境野外科学观测研究站、在武威设立的甘肃民勤荒漠草地生态系统国家野外科学观测研究站、甘肃省沙尘暴野外科学观测研究站、在玉门瓜州设立的甘肃省荒漠生态系统野外科学观测研究站等分布在河西走廊上,守护着我国西北地区防沙治沙的绿色屏障。

在巴丹吉林沙漠边缘,甘肃省民勤县东北约100千米处干涸的青土湖湖床上,坐落着兰州大学建立的甘肃省沙尘暴科学观测研究站。目前台站已形成占地169亩的网状观测塔群,可以在流向、展向及垂向开展沙尘暴多物理量的三维空间观测,是实现了对高雷诺数风速及在湍流风场作用下沙尘颗粒运动等参数进行实时同步观测的、国际上“独一无二”的沙尘暴三维空间观测台站。

“走进沙尘暴,观测它的发生发展规律;观测近地表风沙运动规律,开展治沙防沙带示范工程建设和交通干线风沙防治应用。”兰州大学土木工程与力学学院院长、西部灾害与环境力学教育部重点实验室教育部重点实验室主任、台站站长黄宁介绍说,日常观测内容还涉及大气湍流 - 沙尘颗粒相互作用,这也是全世界最前沿的125个科学问题之一。

从2012年建成至今,观测台站开展了对三维风速、粉尘浓度、温湿度、能见度和风沙电场等物理量的长达5年共计超过15个月的野外实时同步观测,获得了净风及沙尘暴期间大气表面层湍流流动、沙尘浓度、电场强度时空演化等超过7500小时同步数据,观测到的湍流流动中的雷诺数 Re_τ 接近10的7次幂量级,是目前国际上大气表面层中获得的风速的最高值。初步建立的大气表面层高雷诺数流动及沙尘暴两相流动观测数据库,依托兰州大学2016年在全国高校率先成立的科学观测台站管理中心,实现了与相关研究团队进行共享,有力推动了高雷诺数壁湍流及风沙两相流的相关研究。

育人,以研究带动学科成长

在甘肃这片囊括了冰川冻土、高原寒漠、高山草原、河流湿地等特殊地质地貌的科研沃土上,自20世纪50年代起,中科院西北研究院、兰州大学等高校和科研院所以西部典型国土资源研究为主体,陆续建成27个台站。

台站不但为科学研究提供了大量、直接、综合和长期的第一手数据和资料,大大提高了科学研究的原始创新能力,更是成为培养造就优秀高科技人才的开放摇篮。几十年来,科研人员的足迹遍布祖国边疆的冰原雪域,从各个团队走出了中国科学院程国栋、赖远明、郑晓静等院士,用他们的坚守情怀和艰苦奋斗,让我国冻土、冰川、沙漠研究走在了世界前列。

以北麓河站的研究为基础，我国基本形成了系统的冻土科学研究体系，包括普通冻土学、冻土力学、冻土物理学和冻土工程学。玉龙雪山站已建成统筹冰冻圈与可持续发展于一体的冰冻圈科学研究基地，基础研究与社会应用服务相结合的科研示范基地，以及人才培养、科普与环境教育、教学实践实习于一体的高度开放的学术交流与合作平台。在甘肃，有很多专家学者一生与沙漠为伴，让科学治沙的甘肃名片走向世界。

“因为共同热爱的事业，从五湖四海走到一起。”开放包容的平台吸引了不同专业的人，在这里来来往往交流研究，有的是通过项目、课题合作，有的是因为工作单位合作，有的是出于个人学术追求……

面对冰裂隙等车辆无法通过的路段，科研人员只能扛着设备一步步走到观测点；不畏高原反应、紫外线致盲等危险，他们的视野始终紧贴国家重大需求和国际学科前沿。这份热爱在每一个台站传递。

几次采访期间，我们目睹了中国科学院西北生态环境资源研究院和兰州大学主要野外观测研究站的基础设施、实验示范区等，亲自参与了他们的野外观测，体验了野外科研人员的艰苦生活和钻研精神。

“一个野外台站，就是一个微缩版的小社会，人不多，需要每个人能胜任几种工作，特点就是身兼多职。”说起台站里的生活，陈继打了个比方。野外科考，不仅要懂得观测、安装和维护监测设备，还要盖房子、修房子；不仅要管理好台站内部人员，还要对上级部门负责、妥善应对台站所在地区各个相关部门的管理要求；不仅要考虑运行经费来源，也要考虑高原观测、值守员工的安全。台站工作的开展总是受到多方限制，他们，逐渐锻炼成了多面手。

人才队伍不稳定、基本运行保障不足、工作环境艰苦是当前困扰各个台站发展的共同难题。为营造良好野外科研环境，促进高水平科研成果产出，还需对台站运行维护和观测研究给予更多支持，吸引和培育高层次野外科研人才把论文写在祖国大地上，让祖国版图上的“科学宝石”更加熠熠生辉。

科技扶贫

（21 篇）

作者导言

党的十八大以来，国家从人民利益和幸福出发，提出了精准扶贫的战略思想，消除贫困，改善民生，实现共同富裕的思想成为习近平新时代中国特色社会主义思想的重要组成部分。甘肃省科技界迅速行动起来，拉开了轰轰烈烈的精准扶贫行动大幕。几年来，陇原大地发生了翻天覆地的变化，农民搬进了新房子，有了安身立命的支柱产业，钱袋子也鼓了起来，精神面貌焕然一新。本章节梳理了近四年甘肃省各地利用科技这个制胜法宝，带领群众脱贫致富，大力实施乡村振兴的生动故事，其间不乏科技扶贫的优秀样本和典型事迹。

无论发展特色产业、东西部扶贫协作，还是高科技手段赋能农村发展，无不反映出科技工作者为了摘掉甘肃积贫积弱“穷帽子”的决心和恒心。总览全省打赢脱贫攻坚战的过程，本章从实践层面分析了甘肃科技扶贫工作的基本状况、取得的成效和存在的问题，并对脱贫攻坚取得全面胜利后，如何与乡村振兴战略有效衔接提供了一些基本理念和具体建议。

"搬"走穷根子,"迁"出好日子

——甘肃省武威市"下山入川"移民工程掠影

2018年5月24日

位于甘肃省武威市的天祝藏族自治县,藏语称华锐,意为英雄部落。5月21日早上,不期而遇的一场大雪来袭,气温骤降,松山镇德吉新村村民惠玉珠和老伴在家里悠然地看着电视,去年,他们一家人从祁连山脚下的南阳山区搬迁到了这里,分到了96米^{2}的二层小楼,加上院落,整个房屋面积近200米^2,因为有政府补贴,惠老汉花了1万多元就搬进了新居,尽管外面风雪交加,小楼上下暖意浓浓,离家不远处的地里,惠老汉家的藜麦长势喜人。"德吉"在藏语中是幸福、平安的意思,惠玉珠老两口盼了一辈子,好日子终于来了。

"左看是山,右看是山,靠的是二牛抬杠,盼的是老天下雨,一年到头难解温饱。"这曾是甘肃省武威市的天祝、古浪等深度贫困县山区居民生活的真实写照,何以"拔"穷根? 近年来,武威市通过"下山入川"移民工程,新建移民社区,发展藜麦、香菇等设施农牧业,人参果、蔬菜等特色林果业,让数十万像惠玉珠这样的村民过上了好日子。像藜麦产业,由于海拔高,温差大,藜麦这种原产于南美洲安第斯山区的洋品种,在天祝的平均亩产可以达到150千克,5000亩藜麦总产值就可达600万元,奢侈庄稼藜麦成了村民致富的香饽饽。

距离天祝县40千米的古浪县黄花滩镇新西村,村民胡全科正在忙着给刚出生的羊儿拌草料,黄花滩历来都是靠养羊为生,从15岁开始放羊的他如今靠着这门手艺摘了穷帽子,搬迁到新西村后,他依旧干起了老本行,"我管理在移民区兴盛种羊繁育基地上打工的农户,负责羊舍的整体管理,一个月赚5000元,比以前自己辛苦放羊好多哩。"

同村的乡亲郭忠月、朱梅花夫妇慕名前来,一人打理一个羊舍,每人每月工资2700元,对于供养两个大学生的他们来说,在家门口的这份收入远比出门打工要好得多。

为了进一步调动农户积极性,积极培育产业,如今,村民自家的羊还可以作为股份,入股兴盛种羊繁育基地,"我家去年入股了四只羊,今年下的小羊羔,公的可以出售,母羊羔继续入股,今年我家的入股羊羔就成了6只。"村民窦殿登算了一笔经济账，今年他家的收入基本稳定在10万元以上。

“讲文明、树新风、家园意识在心中”，一幅村规民约宣传牌立在古浪县西靖镇为民新村社区广场旁，宽阔的水泥路铺设至每一家的门口，新修建的房屋窗明几净，整齐划一；座座排列整齐的蔬菜大棚在阳光的照耀下透出勃勃生机……作为武威市实施“下山入川”工程以来新建的移民社区之一，自2012年，古浪县14个高深山区乡镇的部分移民陆续搬迁入住该社区，彻底告别了过去“交通难、就医难、上学难”的状况。

今年2月，李宗永一家刚刚从古浪县横梁乡的山里搬迁到为民新村，他的孙子再也不用为上学远而发愁，小孙子从家里到幼儿园只需要3分钟。送完小孙子上学，李老汉顾不得“晒墙根”，而是和村里的党支部书记张开农合计搞梭梭草嫁接肉苁蓉的种植，“村里现在推广梭梭草嫁接肉苁蓉哩，干好了一年也有几万元的收入。”已经53岁的李宗永越来越有奔头。

新房子、新产业、新希望，从山区里走出的百姓尝到了生活的甜头，也有了致富的奔头，截至目前，甘肃武威市已对生活在祁连山高海拔贫困山区和生态恶化沙区、干旱区的4.86万人实施了易地扶贫搬迁，截至2017年底，已建成住宅11899套，搬迁安置移民5839户共计23393人；2018年，计划新开工建设3123户10965人易地扶贫搬迁工程，全市贫困人口由2011年的56.07万人下降到2016年末的8.32万人，贫困面由2011年的35.44%下降到2016年末的5.65%。

更为深远的是，群众搬迁后，通过对迁出地实施退耕还林还草，减少了人畜对林草植被的破坏，减轻了生态压力，使生态环境得以恢复和保护，生态环境恶化的趋势得到了有效遏制。

甘肃省科技扶贫　帮扶村迎来了专家团

2019年7月3日

近日，甘肃省陇南市康县三河坝镇，来自甘肃省农业工程技术研究院的魏玉杰为贫困群众送来天麻种植技术和种籽，农民们围在魏玉杰身边，听他讲解天麻病害防治。“要把天麻变成高附加值的商品，品种和加工至关重要。”魏玉杰手把手的传授满足了农民渴求的技术需求，他说：“陇地无闲草，遍地皆良药。将中药材资源变成群众的致富资源，在家门口就能鼓起钱袋子。”

不仅于此，甘肃省科技厅还在康县挂牌成立了“三区”科技人才工作站，捐助了计算机和农产品测试设备。聘任甘肃省中医药大学、甘肃省农业工程技术研究院18位专家为17个帮扶村产业发展技术顾问。通过他们把脉康县脱贫产业发展难题，推进农村科技创业行动，为脱贫提供科技支撑。

记者在长坝镇大山村委会看到，产业技术顾问服务牌已经挂到科技厅驻村工作室中。“从20世纪80年代开始，围绕山区开发计划，省科技厅先后安排核桃、花椒、油橄榄、中药材、猕猴桃、香料植物等项目在陇南实施种植，目前这些项目已经发展成为优势产业。”陇南市科技局局长何红梅对山区经济的发展如数家珍。

自2014年以来，科技部累计为甘肃省60个贫困县选派“三区”人才7087人（次），这些“土专家”接着地气，说着方言，活跃在贫困地区，为当地产业发展提供了智力支持。“发挥自身技术优势，解决产业发展难题，扎实开展技术服务工作，为技术顾问这种模式在全省推广奠定基础。”甘肃省科技厅副厅长王彬说。

“不忘扶贫初心，牢记脱贫使命。”作为产业技术顾问的甘肃省中医药大学副教授郭清毅说，当好贫困群众娘家人，把责任扛在肩上，有信心、有决心、有能力实施好专项计划和精准服务。

记者获知，此次“三区人才”助推脱贫活动属于甘肃省科技扶贫工作的试点之一，选派的技术顾问采取一人对一村精准服务，每年到村不少于4次，并与贫困村建立日常沟通机制，共同帮助解决产业问题，取得成功经验。

甘肃：走出东西部扶贫协作新路径

2019年12月11日

仲冬时节，位于甘肃中部的临夏州已是天寒地坼，忽来的一场冷空气让这里的气温骤降至-11℃。临夏州和政县南阳山隧道的两侧，十几名农户攀上树枝，为一颗颗披着白霜的啤特果树修剪整形。

“这几年，厦门来的专家手把手教我们啤特果树修剪技术，给果树喷施苦参碱、石硫合剂，病虫害少了，果子卖得好得很哩。”和政县辉林啤特果合作社的理事长曹辉是地地道道的农民，2010年，在临夏州农科院的衔接下，临夏州与厦门市开展东西部扶贫协作，曹辉做了第一个“吃螃蟹”的人，厦门市科技局的专家实地指导、进行新品种培育、传授储存新技术……短短几年，曹辉成为当地啤特果种植大户和致富带头人。

作为东西部扶贫协作的受益者，曹辉只是一个缩影，近年来，甘肃省搭载东西部科技扶贫协作的东风，强化与厦门、天津、福州、青岛等四市的合作，助力科技扶贫，点燃了全省脱贫攻坚的“引擎”。围绕高原夏菜、牦牛改良、食用菌、啤特果、食用百合等特色农业资源和实际发展需求务实合作，打出了一套漂亮的科技扶贫“组合拳”。

黄土高原上的“滨海印记”

甘肃省榆中县，干旱少雨的气候条件成为蔬菜病虫害的天然屏障，为其发展地域性特色农业提供了独特的资源优势。2018 年以前，这里的高原夏菜受制于保鲜和仓储技术，初加工后只能送到 1600 千米范围以内的城市，价格也只能“屈居人后”。2018 年，甘肃省科技厅“做媒”，甘肃康源现代农业有限公司牵手天津市农科院，引进果蔬保鲜和尾菜蚯蚓养殖资源利用处理技术，引进天津市农科院研发的专利产品“气调箱”，克服了高原夏菜长途运输中的保鲜问题，同时，通过订单化生产果蔬礼盒，每年为公司带来 260 万元的纯收入，建成了集种植、加工、冷链配送、生态观光等为一体的全产业链循环农业。

三年来，天津市宁河区累计为公司注入帮扶资金 1147 万元，榆中的高原夏菜从供应国内市场发展到走向世界，从分散经营到建立榆中县兰州高原夏菜产业化联盟，为周边 2400 多农户解决了就业问题，带动全县 1000 多户建档立卡贫困户实现脱贫。以科技扶贫为使命的科技人员，把汗水播洒在田间，津陇共建的果蔬田园千里飘香，促进兰州高原夏菜产业发展不断再上新台阶。

产业扶贫从“输血”到“造血”

引进东部技术，开发西部产业。曾经“苦甲天下”的定西不再只围着“洋芋蛋蛋”做文章了。

在定西－福州食用菌联合实验室里，外面的天寒地冻与实验室里脆嫩欲滴的培育种苗形成鲜明对比。福州市蔬菜科学研究所的专家在定西市农科院开辟出一片香菇反季节栽培和草莓种植的新天地。“以往我们只围绕马铃薯繁育做工作，没想到食用菌技术也能做出大文章。”定西市农业科学研究院设施农业研究室主任谢淑琴表示。

如今，定西市农科院推广选育的新品种，精准化栽培，将重点放在食用菌标准研制等关键技术研发上，在全县示范推广种植菌草 2000 多亩，取得了良好的经济、生态效益。

鱼渔兼授祛“穷根”

“造血式”扶贫体现在东西部协作的每一个落地区域。2018 年，天津滨海新区与甘肃省甘南州共建“天津对口支援甘南特色产业园”。覆盖碌曲、夏河、临潭、卓尼、迭部、舟曲、玛曲等贫困地区。

2018 年，青岛市科技局为陇南的中药材产业、文化旅游、电商深度融合方面献言献策，先后建立了青岛利和萃取陇南生物科技产业园等 4 个科技园区，引进了中华红豆杉、优良辣椒、林下栽培食用菌等品种与培育技术，推动科技扶贫向纵深发展。

创新科技服务模式，打造致富大农业。甘肃省携手东部四市，一批批来自发达地区的科技智囊团用耐心解决问题，用坚守践行承诺，把科技扶贫真正扶到根上，使东西部协作发挥了四两拨千斤的作用。

甘肃靖远：产业脱贫走出黄河之畔富美路

2020 年 1 月 22 日

农历小年的一大早，绿源康农业合作社的张德刚就来到承包的大棚里，引导游客采摘、称重、包装……忙得不亦乐乎。“我去年种了辣椒，今年种上了示范园推广的奶油草莓和甜西瓜，还能套种辣椒。”他的脸上洋溢着丰收的喜悦，“上午光草莓就卖了 900 多元钱，可以休息啦，咱们围着火炉吃个西瓜吧。”张德刚招呼着游客。在甘肃省白银市靖远县东湾镇，像张德刚一样受益的农户还有许多。

技术示范带富路

棚外雪气微寒，棚内绿意盎然。一走进白银东湾高效农业示范园的南国风情区，柚子花香扑面而来，中央水池内的睡莲也含苞欲放。“这个温室面向大众提供植物科普知识，里面有 20 多种北方少见的水果，隔壁还有 60 个品种的花卉展销和 32 个品种的蔬菜温室核心区。”东湾镇党委副书记张清虎介绍道，“我们引进了江苏绿港的物联网智能调控、自动化浇灌和施肥技术，两万多平方米的温室只需要 6 人管理。”

“东湾镇农户 70%的收入来源于传统的蔬菜种植，1993 年引进大棚技术开始大面积推广，但是冬天的产量一直不好，需要人工铺垫草帘或棉被保温。”谈到建立示范园的初衷，园区副总经理李晓光说，“2014 年用上了卷帘机等自动化系统，一个人就能照料五六个大棚。”有了靖远县科技局、蔬菜局、农技中心等单位的技术指导和种苗提供，示范园区通过立体水培、无土栽培、培育驯化、温室改造等方式创新蔬菜种植方式，改变了当地沿袭已久的生产经营理念，发挥着辐射带动周边农户的“试金石”作用。

从十几年前亩产 2000~3000 千克，到现在亩产 5000 千克，东湾镇年产蔬菜 2.4 万吨，销售半径扩大到北京、新疆、西藏等地，还担当着周边城市蔬菜集散地的作用。站在高处放眼望去，4000 亩的大比例椭钢蔬菜大棚鳞次栉比，大雪掩映下的“蔬菜小镇”拱门格外耀眼。

安居乐业齐步走

从靖远县城向北走 10 千米左右，便到了易地扶贫搬迁的碾湾坪安置区，来自若笠乡的贫困户已全部入住。同属一县的若笠乡属于国家六盘山集中连片特困地区，是全县贫困程度最深、脱贫难度最大的乡镇，从 2013 年底 55.03%的贫困发生率，到 2019 年 0.93%的贫困发生率，若笠乡成为白银市唯一通过整乡搬迁实现脱贫的乡镇。

2019 年 6 月贫困户搬入安置区之前，县委县政府引导若笠乡 11 个村的干部，领办碾湾坪惠若塬种植养殖农民专业合作社联合社，承接政府配股资金和天津援助资金，集中人力和技术发展安置区产业，建设了 800 亩的枸杞园和两个香菇产业园。同时帮助部分搬迁群众联系附近的白银高新区刘川工业集中园，实现就近务工。

搬得出、稳得住、可发展、能致富。碾湾坪安置小区的马路对面就是国家东西部协作天津和平区帮扶产业园，74 座标准化香菇种植大棚已建成投产，菌棒生产规模达到 90 万棒。“我们选择了冬季产量好，而且在生产各阶段都可以提供就业岗位的香菇品种。”若笠乡副乡长张生东说，“短短 6 个月，已出产香菇约 20 万千克，全都卖到了兰州、浙江等地，完全不愁销路。”

产业升级帮扶路

“飞地模式”建成的 5.07 兆瓦村级发电站、天津帮扶产业资金让农户领到了首批分红、“扶贫车间”和果蔬保鲜库、乡村旅游和文化广场、田园综合体与乡坊小院……昔日的贫困山乡处处洋溢着人勤冬忙的景象。

“风雨扶贫归，飞雪技术到。”为实现传统旱地种植模式尽快迈入现代农业农村经济，靖远县聘请专业技术人员定点为农户开展技术培训和产业指导，一批批来自全省的技术人员和科技特派员散布在全县的村村社社，做产业、教技术、衔资金、疏市场……如今，辛苦已经结出了果实。“从徒弟变成了师傅”，在农科院研究员的帮扶下，原来任村委会文书的苏其利现在也当上了技术员，“联合社还给我们购买了意外保险，工资能拿到 3000 元，家里的分红领到 1200 元。”他笑呵呵地算起了丰收账。与苏其利一样，易地搬迁后进入香菇产业园工作的工人日工资都在 100 元以上，用他们自己的话说，“与城里人一样了”。

“龙头企业 + 联合社 + 合作社 + 农户”的现代化农业模式，“小城镇 + 务工 + 商贸 + 特色种养 + 社会兜底保障”的综合性扶贫模式，让靖远在 2019 年底实现全县脱贫。山乡的农户们一边生产一边务工一边参股分红，黄河畔的富美日子红红火火。

盐碱鱼送到父老乡亲的餐桌上

——白墩子探渔人的新春梦想

2020 年 2 月 8 日

“水在低处流，人在川上愁。风沙不断头，十种九不收。”甘宁蒙三省交界处的甘肃景泰，一直面临着耕地难、土质瘠的困扰。20 世纪 60 年代的景电二期工程后，由于缺乏配套的排水系统，盐水伴随地下水上涨。将盐碱窝变成“聚宝盆”成为当地百姓的期盼，更是脱贫的出路。

从景泰县城向北 30 千米左右，公路右边不远处就是甘肃景泰县白墩子盐沼国家湿地公园。夏天水汪汪，冬天白茫茫，干裂的土壤表面，盐晶凝结形成了一层淡淡的白色，迎着冷冽的北风，只有碱蓬草凌寒飘曳。

盐碱不根除，庄稼长不出。“我的鱼池就在父母原来住过的老白墩子村边上，近二十年，庄子上的人都陆续搬走了，那附近没法住人，前些年还种枸杞，后来这地连枸杞都种不出了。”白墩子村的张世渊无奈地说。

17 年始，张世渊搭上了景泰县盐碱地鱼塘建设项目的顺风车，申请建立了一座养殖渔场，想要提高家里的收入，也带动周边失去耕地的乡亲们。自己联系机器挖塘，去渔业市场寻找合适的品种，边学边试着调整水质和含氧量。现在，张世渊的鱼塘现在已经发展到了 120 亩。

新年假期的上午，和张世渊一起从白墩子国家湿地公园去往盐碱地渔场的路上，记者偶然碰见了另一位探渔人杨顺楷，两个人的鱼塘中间隔着一条 1 米多宽的排碱沟。“有人打电话说要买几条鲤鱼。”他骑着三轮车带着儿子急忙忙赶过去。

深冬的鱼塘已经结上了厚厚的冰，冰面布满了密密麻麻的盐粒，人可以在冰上自由行走不会滑到。养鱼人在靠近路边的地方凿了一个冰洞，方便为前来买鱼的人打捞活鱼。

杨顺楷的家就在离鱼池十几分钟的白墩子村上，由于鱼池附近的土地不适合盖住房，他每天要骑着三轮车来来去去许多趟。“今年产的鱼能有两三斤这么大，冬天来买鱼的人不少，夏天垂钓的人也多，只要有人打电话我就过来。”杨顺楷说，作为从2012年就开始自主试验盐碱水养鱼的白墩村第一人，他的鱼池也发展到了一百多亩，仅眼前这个鱼池的产量就能达到每亩400~500千克。

挖塘抬田，以渔治碱。在县科技局、畜牧局和渔业站的技术辅导下，一年又一年的试验摸索，春去秋来的照料守护，两位探渔人说起这些年反反复复撒鱼苗、调控水质的场景仍然历历在目。在盐碱地里养鱼的技术终于成熟了，总算到了回本盈利的时刻。现在鱼塘里成活的有草鱼、鲤鱼、鲫鱼，利用国家湿地公园的发展契机，村民们开始计划着大水面、多品种养殖。

“明年打算再扩建新鱼塘，引进一些新品种，像虹鳟、金鳟、鲟鱼。现在技术总算成熟了，年后就准备大量生产，将盐碱地里养出来的鱼送到乡亲的餐桌上。”

白墩子的地面和水面无一不白，却在寒冬透露着倔强生机。用双手和对家乡的眷恋来奋斗致富，白墩子探渔人在这片盐碱地上唱出声声勤奋打渔歌。

东西协作共战疫，天津捐赠物资驰援甘南

2020年2月8日

疫情难阻津陇真情。2月6日晚，一辆辆满载天津市情谊的大货车连夜从天津启运，车上装的是天津市金三农农业科技开发有限公司捐赠的30吨消毒液，将跨越1500千米驰援甘肃省甘南藏族自治州。

新冠肺炎疫情防控正处在关键时期，甘南州作为甘肃省深度贫困地区之一，面临着防控物资紧缺的困难，向社会发出了寻求援助的倡议书。据记者了解，天津市金三农农业科技开发有限公司获知甘南州防疫物资紧缺情况后，及时与甘肃省科技厅沟通衔接，紧急筹措30吨消毒液，助力甘南州打赢疫情防控阻击战。

自东西部扶贫协作开展以来，来自天津的先进发展理念、丰富帮扶资源不断输入陇原贫困地区，不断改善着贫困地区的面貌。天津市金三农农业科技开发有限公司作

为天津市东西部扶贫协作对口帮扶甘肃的一家农业科技型龙头企业。自2019年以来,紧紧围绕技术引进、产业合作、人才交流等方面开展东西部协作交流,先后在景泰县建立现代循环农业科技产业示范区,在甘南州临潭县、天水市麦积区等地开展菊芋、早熟桃等示范种植,在东西部对口帮扶各项工作中取得实效。

齐心协力同抗疫,东西协作显真情。新冠肺炎疫情发生后,天津在做好自身防护的同时,每天关注着帮扶地区的疫情动态。金三农有限公司的善举无异于雪中送炭,不仅保障了甘肃协作地区防控物资供应,还带来了东部人民的深情厚谊,更增添了东西同心、共战疫情、夺取防疫战胜利的信心和勇气。

疫情阻隔了人与人的相聚,却阻隔不了天津与甘肃一衣带水的亲情。正如金三农有限公司董事长孙少起说:"在抗击疫情的关键时期,作为东西部对口帮扶的企业,希望以自己的实际行动,为抗击疫情尽一份绵薄之力,相信在以习近平同志为核心的党中央坚强领导下,在东西两地的共同努力下,一定会打赢这场防疫战。"

甘肃景泰:藏粮于技,万亩甘草庆丰年

2020年10月9日

正值中秋、国庆双节时期,在甘肃省景泰县的菁茂农业甘草种植园里,万亩良田泛青吐翠。十几台机器齐刷刷驶过,一旁的人们随行辅助挑拣,只见大株的甘草从泥土中翻越而出,农民们忙于丰收的场景热火朝天。

近年来,景泰县大力推进高标准农田建设,因地制宜,"藏粮于技",依托甘肃菁茂农业,在连片平整的土地上打造出了全国集中种植面积最大和加工规模最大的甘草产业基地。

走出旱地变良田的"景泰经验"

风沙、干旱和盐碱,曾使得景泰川的数万亩土地被搁荒。为破解困扰人民生活发展的三大难题,被称为"中华之最"的景泰川电力提灌工程和引大入秦水利工程在这里通水运行,牵水入旱塬,灌溉面积达百万余亩。

适应现代农业发展的下一步,是将高标准农田建设与大中型灌区建设相结合,释放土地的巨大发展潜力。景泰结合农村"三变"改革,以新型的"土地整理模式"来提高开发利用效率。先流转后整理、分配只到册不到户、村集体统一流转给龙头企业,同时,全面推广水肥一体化技术。分散小田变成了大块平整地,2019 年景泰建成高标准农田 10 万亩,实现了亩均节水 300 米^3,出地率提高 10%。

昔日戈壁滩,今朝高效田。高标准农田建设既利用了撂荒地、提升了地力,也达到了节水灌溉,为补齐“三农”短板发挥了综合效应,形成了受国家农业农村部点赞的“景泰经验”,也为产业发展奠定了基础。借助土地流转的东风,甘肃菁茂生态农业科技有限公司在上沙沃镇、红水镇、漫水滩乡、寺滩乡开始了面积达 4 万余亩的甘草订单化种植。

绘出景泰川的甘草全产业链

“无甘草不成药方”,被称为药材国老的甘草多生长在荒漠草原。结合甘草喜旱和景泰多地的优势,菁茂农业将科技力量注入其中,探索形成了以中药材种植、生产、加工、销售为一体的生态循环产业链。

“我们家里基本都是流转了 10 亩地种甘草,一年流转费有四五千元,还种了一些庄稼,闲的时候来这干半年左右的活,除草、收割之类的,一年也能赚个两万多元。”说到土地流转的好处,寺滩乡三道塘村的村民们乐呵呵地聊了起来,“放在以前,10 亩地靠种玉米等农作物年收入不会过万,现在可是翻了好几倍。”

种植、养殖和加工一体,是甘草产业链的延伸成果。走进甘草加工厂,便能看到全自动化的甘草切片、饮片加工车间,另一侧是甘草羊饲料罐头加工机器。菁茂农业引进秸秆饲草膨化机,把回收的玉米秸秆和甘草进行配比加工,经过杀菌和真空发酵,便能将秋收后的废草变身为牛羊的营养饲料,循环利用的同时,也把隔壁羊舍里的甘草羊养的肥美鲜亮。

“甘草的价值是一株多用的,地上部分用做饲料养殖甘草羊,地下部分用来加工甘草切片和饮片,还有少部分是用做多糖胶囊的研发”,菁茂农业的种植部部长张生君介绍说,“借助东西部扶贫协作的天津科技创新力量, 甘草多糖胶囊项目可盘活景泰甘草中药材资源,带动 1458 户甘草种植户实现增收。”

随着甘草产业链的延伸完备,土地流转、订单农业、合作社入股等扶贫工作也在这里聚集。菁茂农业每年为各个村集体支付的土地流转费有上千万元,支付雇用当地富裕劳动力的劳务费也上千万元。目前已与 1000 户农户签订订单种植合同,提供种子、免费提供技术、保价收购,户均年增收两万元以上。

今年是“三年一茬”的甘草丰收年,景泰的鲜甘草产量预计接近 4 万吨。产业兴才能乡村兴,甘草不仅为农户拓宽了致富路,也筑起了村集体经济发展的“新引擎”。

甘肃扎尕那村：守护好风景，吃上“旅游饭”

2020 年 10 月 9 日

9 月，从甘南州迭部县出发，沿着唯一的山路向西北走去，穿过纳加石门、扎尕那石门、光盖山石门三重石门，雪松掩映的扎尕那藏式群落豁然进入视野。

扎尕那藏语意为“石头城”。2013 年，扎尕那村被农业部授予“农林牧复合系统”荣誉称号，入选中国重要农业文化遗产。迭部县敏锐地发展民宿产业，越来越多的国内外游客慕名而至。到 2018 年底，扎尕那村实现集体脱贫，生动地诠释了“绿水青山就是金山银山”的论断。

“礼而居”，乐享大自然的馈赠

这里的人们将世代口头相传的藏语村规习俗，转化为适用于现代生活的汉字版。“我们这里的群众对村规民约的理解，比森林法还要透彻。”主管文化宣传和实践工作近五年的迭部县益哇乡党委副书记刘继宏这样形容。

拜访老人、搜集藏书资料、翻译总结、开设板凳讲堂，益哇乡已形成了深受群众认同的村规民约。“居而由余，富而尚礼。”2017 年，“扎尕那农林牧复合系统”通过联合国粮农组织专家评审，入选全球重要农业文化遗产保护名录。

“我们去过很多地方旅游，来到这里后，感觉生态文明小康村就是路上最美丽的风景。”来自广州的游客吴女士感慨地说：“山里无垃圾，群众讲文明，在甘南完全享受纯净的自然风光、纯朴的藏族风情。”

“小而美”，奏响藏家乐致富曲

扎尕那东哇村的丁子扎西一家 4 口，以前靠着几亩耕地和养牦牛每年收入两三万元。2013 年因修建景区停车场易地搬迁，家里盖起了拥有 8 个标准间的民宿，还附带超市和藏式客厅，加上为游客提供骑马体验服务，旺季每天营收可达 1000 多元，靠着旅游产业已于 2018 年脱贫。

“我大学专门读了旅游管理，现在正在积攒第一桶金，想着把家里的民宿做强做精。”谈到对未来的发展规划，20 岁出头的丁子扎西充满憧憬。从 2013 年的 10 户发展到现在的146户，扎尕那村群众自主经营主体占到90%，农牧村群众年人均纯收入更是从2013年的5100元增长至2019年的11 000元，2019年文化旅游综合收入达到8亿元。

低成本、高营收，“小而美”的民宿让当地群众都走上了致富路。

“专而精”，拓宽村集体经济路

生态旅游资源同属扎尕那每一个人，在村民个人无力经营民宿的地区，“村集体受益，带动村民有规划、有目的、有计划地发展旅游产业”的号角应时吹响。多方咨询学习之下，扎尕那村的村委会主任阿吉在2013年为达日村成功注册了格宗农牧民专业合作社，2018年格宗游客接待中心承包给兰州读友集团，承包租金为每年50万元，其中的70%由村民平均分红。达日村村民还可以在酒店服务行业一边学习一边赚钱，平均工资都有2800元。得益于视野开阔、装修考究，这里也成为扎尕那真正具有代表性的旅游接待地点。在天津援建的益哇乡电子商务服务中心，特产商品琳琅满目，极受游客青睐。

因为可信可靠而受到欢迎的达杰今年被村民们选为部门经理。“我们家每年只有二三万元的农牧收入，而在这每个月能拿到4000元工资，五六个月的工资快赶上原先一年的收入了。”达杰手里转着佛珠笑着说。

以生态文明保护为发展基业，扎尕那村打造出特色民宿发展新风景。欣欣向荣的民宿，为这里的农牧民提供了远高于传统产业收入的第二副业，也为石匣子里的村落带来了更多欢声笑语。

东西部科技扶贫协作开启干部培训新路径

2020年11月17日

为东西部科技扶贫协作基层干部们注入新观念新思维，天津智慧将助力甘肃脱贫攻坚之路更通畅。近日，由甘肃省科技厅联合天津市科技局举办的东西部科技扶贫协作基层干部能力提升培训班在南开大学成功举办。

紧扣基层科技干部能力素质提升需求，培训内容聚焦科技助力脱贫攻坚主题，邀请来自甘肃省人民政府、天津市委宣传部、南开大学及中欧国际工商学院的5位专家领导进行了授课。课程以专题讲座、现场教学、分组研讨等多种形式开展,既有农业农村发展形势、农业科技创新政策研究、又有社会热点问题解析、基层工作的好思路,实现了理论高度与实践深度的有机融合。

据悉,此次培训班学员来自甘肃兰州、武威、平凉、庆阳、甘南5个市(州)科技局和30个集中连片特困县区科技局及有关科研院所、企业。学有所思、学有所感、学有所获,甘南州农业科学研究所的旦智才让由衷感慨:“从国内国外的经济形势和经济知识,农业新技术的研究和应用,到高质量发展背景下的乡村振兴战略,此次学习为我们基层科研工作者寻求创新与突破坚定了方向和信心!”

久久为功,穷根必拔。近年来,甘肃科技系统与东部协作4市开展了全方位、多层次、宽领域的科技扶贫协作工作,来自天津的先进发展理念、丰富帮扶资源不断输入甘肃贫困地区,使素有“苦瘠甲于天下”之称的陇原驶入发展快车道。“在津甘科技扶贫干部的共同努力下,两地携手开展项目协作、认定津甘双地科技特派员、开发推广‘津科帮扶’线上咨询服务平台,结对帮扶工作不断创造新突破、呈现新亮点。”天津市科技局总工程师王凤云说,易地学习培训将成为真脱贫、不返贫、能致富的有效抓手。

实践证明,东部支援西部,先富带动后富,开创了优势互补、长期合作、聚焦扶贫、实现共赢的良好局面,必须长期坚持、不断深化。结业仪式上,甘肃省科技厅副厅长王彬表示,甘肃将围绕农业产业科技需求,进一步在技术引进、智力支撑、平台建设、成果交流等方面持续深化甘津协作,以协同创新为甘肃脱贫攻坚注入科技活水,为坚决打赢脱贫攻坚战提供更有力的科技支撑。

甘肃永昌:高效节水,浇筑戈壁农民幸福路

2020年11月19日

甘肃永昌的海量辣椒专业合作社的钢架大棚内,成片的高原娃娃菜长势喜人。农民陈玉红轻轻按动遥控器开关,田里的一排喷灌系统立刻开启,清澈的水雾均匀洒向绿油油的菜苗。这是永昌县六坝镇高效节水农业示范园的一小部分,更是金昌市近年来大力发展现代化节水农业的缩影。

依托高效节水灌溉、土地复垦和高标准农田建设项目,永昌县六坝镇先后建成高位水池27座,高效节水面积5.74万亩。高效节水的实施引导农民群众从传统的大、小

麦种植调整为以露地蔬菜为主的现代化节水农业，从根本上实现了产业增收。一茬变两茬，省力又省水。“西北的温度和水利条件是清明以后才能育苗，以前每年只能种一茬，现在有了日光温室和节水技术，我们从正月十五就开始在大棚育苗了，这一茬是娃娃菜苗。”合作社育苗中心的负责人杨文俊告诉记者，自动浇灌机也比人工拿喷头浇的更透更均匀，很快上市后还能抢占蔬菜市场。

村有一个特色产业、户有一个致富项目、人有一项致富技能。“我2015年就在这里工作了，现在每个月工资有3000多元，还用精准扶贫资金入股了合作社。”陈玉红说，我家里也有辣椒大棚，地闲的时候2、3月还种洋葱苗，以前自己种菜不会管理，产量不高。自从在合作社学习了蔬菜育苗，陈玉红不仅获得了稳定的收入，还跟随农牧局的技术人员学会了科学育苗，现在每年总收入能有4万多。

说起生产和工作的改变，就不能不提六坝镇脱贫致富的领头雁杨文成。陈玉红务工的海量辣椒专业合作社就是由七坝村党总支原书记杨文成在2008年牵头成立的，这里是六坝镇产业扶贫基地之一，还先后被评为全国农民合作社示范社、省级农民专业合作社示范社等。

“以前河灌每亩需水200米^3，高效节水项目实施后每亩需水130米^3，每亩地可节水30%左右，用水量减少也降低了农民的水费开支。”杨文成向记者介绍，通过高效节水项目的实施，提高了全村的土地流转金收入，土地流转金从以前的每亩二三百元增长到目前的四五百元，这附近的群众在农闲时可以就近务工。农业结构的调整不仅增加了当地群众的收入，也把农民从繁杂的农活当中解放了出来。

科技引领兴产业，合作社长期聘请省农科院、农业大学专家对种植户进行技术培训，提质增效建设优质蔬菜基地，打造的“陇椒”系列产品被国家认证为绿色A级产品，蔬菜产品远销新疆、青海、广州等地。据了解，永昌县海量辣椒专业合作社形成了“育苗供种－生产管理－精选包装－冷链储藏－质量抽检－运输销售”完整的产业链条，每年的蔬菜销售收入超过4000万元，带动全镇12个村发展日光温室1600余座，同时带动周边7个乡镇近600户农户发展日光温室12处，为脱贫致富注入了绿色动力。

一颗颗水珠从棚顶降下，结结实实地落在叶子上，便是让人喜悦的生机景象。农地入股、农民入棚，高效节水灌溉让戈壁对绿洲的“渴望”得到了满足，浇灌着农民兄弟的致富路。

甘肃天水：花果齐放，产业富农正当时

2020 年 11 月 20 日

当下正是果园培土建棚的好时节，在天水市张家川县马河现代农业示范园里，果农忙碌的身影随处可见，松土保墒、剪除杂草、检查温控装置，都在为大樱桃下一季栽种做准备。

果农冬日整装忙

“我们的反季节大棚樱桃在市面上是供不应求的，去年就申请了‘张川珍果’商标”，马河现代农业示范园理事长县权利说，园区内种植了苹果 2386 亩，大樱桃 500 亩，年经济收益 300 余万元。

从土专家到农民技师，拥有 30 多年果树种植经验的县权利，近几年通过建设集果品生产、技术试验、规模推广为一体的马河现代农业示范园，在自己摸索的同时带动了 600 多户群众增收致富。张家川县果树站站长王耀锋也是这个示范园的老熟人，“我基本每个礼拜都会来上一两次，给果农们指导果树修剪、土肥水管理、病虫害防治技术。”

科技支撑现代农业发展，在这个半自动化大樱桃连体温棚内，保温棉披、通风卷帘全靠手机操控，工人们只需要做一些修剪整枝的轻劳力活。“去年我们参加了两次培训班，学的技术简单也轻松，闲了就来，一个月能赚 1500 多块钱，每年有收益分红，还能顾得上家务活。”正在给樱桃梳理杂果的张喜梅眉梢都透着笑意。

产业扶贫百姓乐

来了有活干，有事就能走。天水市麦积区依托天津市西青区东西部扶贫协作资金和精准扶贫农民合作社入股等资金建立的 21 个扶贫产业园，为 1000 余位贫困群众提供了就业致富的好出路。

在马跑泉镇流转土地建设的 120 亩示范苗圃内，技术管理员李雅佳正在指导工人插枝玫瑰花苗木。拥有 15 年园林工作经验的她告诉记者，“苗圃种植了落叶树、小乔木、花卉等绿化苗木 53 个品种，还建造了紫藤花架、心形花廊等游览景点。”

"100天就能赚到1万元,接送孙子上下学很近。"正在剪玫瑰花苗的刘贵珍告诉记者,村里有7、8个老人在这干呢,自在又方便。

鱼渔兼授,麦积区的每个扶贫产业园都有园林专业毕业的大学生负责技术指导,通过定期开展苗木日常管护、病虫害防治、苗木嫁接及苗木修剪等技术培训,以技术理念开发利用富余劳动力。

在"陇上小江南"天水,同心协力育产业谋富路的春风吹暖了家家户户。

甘肃陇南:大数据变身脱贫法宝

2020年11月21日

从2011年的秦巴山特困片区18个市中贫困人口数量位列第一、贫困县占比全国第一,到现在农民人均可支配收入年均增速14.48%、居秦巴山片特困区第一。近年来陇南大力推进电子商务和大数据产业实现后发赶超,创新了众口交赞的"陇南模式"。

用活大数据,让老百姓少跑腿

陇南乡村大数据平台自2017年7月上线以来,已有近102万实名认证用户,覆盖全市所有的行政村和家庭。陇南人足不出户通过该平台,就能知道医疗报销、上学务工、低保申报等办理流程信息。陇南建立的因病致贫人口数据库和10余类健康扶贫工作台账中,详细录入了当地3200余名村医生的信息。"我前年就考取了乡村医生资格证,从春节到3月底,就开出了130多份外出务工健康证明。"陇南市成县小川镇村医吴怀兵说。

不见面审批,无接触配送。陇南乡村大数据平台开通了企业复工线上备案登记功能和同城配送功能,已有4700多家餐饮企业在线备案并全面生产。成县商务局局长王润雪说:"通过发展线上下单、无接触配送新业态,满足群众日常生活必需品的需求,也希望助力企业发展新零售,推动配送模式、支付模式、消费模式实现观念变革。"

铺网销格局,让山货走出大山

"我们的手工酸菜促销活动还在进行,原价25元一袋,现在四袋只需9.9元,喜欢就赶快下单来。"刚走进成县陇小南网货供应中心,就看到了正在直播和包装发货的工作人员。

陇小南网货供应中心搭建的农产品储存、分拣、配货、送货及信息处理区域性网货供应链，整合了全市100多家企业500多种优质山货入驻。“提供定制宣传方案、统一包装、统一发货，吸纳了近8000余个分销代理，代理覆盖全国村村落落。”据陇小南电子商务有限公司负责人赵武强介绍，陇南当地产的菜籽油、手工挂面非常畅销。

自2013年开始发展农产品电子商务，陇南先后开办了西北地区首个淘宝市级地方馆，挂牌成立了西部首家电子商务全日制培训学校。如今，陇南市发展各类网店1.4万多家，实现年销售收入180多亿元，带动22万多人就业。“作为全国电商扶贫示范市，我们的电商扶贫成效稳居全国第一。”在陇南大数据政务中心展厅里，陇南市扶贫办副主任田玉冰告诉记者，全市8年间减贫约126万人，农民人均可支配收入由2621元提高到7734元。陇南人用“乡村大数据+电子商务”两个法宝，在大山里奏出乡村振兴进行曲。

甘肃定西：中药材担当脱贫产业

2020年11月22日

决战决胜脱贫攻坚

“千年药乡”定西是甘肃的农业大市，也是全国脱贫攻坚的主战场之一，全市7县区都是国家扶贫开发重点县。因地制宜，把培育产业作为推动脱贫攻坚的根本出路，定西市漳县2013年引进甘肃佛慈制药销售有限公司，加快特色优势产业全产业链发展，使当地的中药材成了脱贫的产业担当。

中药材让扶贫效益最大化

龙头企业的引进让中药材产业成了漳县助农增收“主力军”，引导带动贫困户精准参与到种植、加工、仓储、销售产业发展全过程，使产业扶贫的效益得到最大限度的体现。佛慈制药扶贫车间采取中药材收购保价方式，对贫困户中药材按高于市场价格0.5元进行收购，充分调动了当地群众种植中药材的积极性。

“三年来，我们累计投入2358万元收购当地的黄芪、党参、当归等道地药材563

吨，在金钟镇、马泉乡、大草滩镇等乡镇建设了8000亩规范化种植推广基地，带动贫困户超过500户，户均增收8000元。”扶贫车间负责人崔建军介绍说。

在佛慈制药与漳县大草滩镇新联村建设的大草滩新联村中药材加工扶贫车间内，48岁的村民张喜勤正和妻子对晾晒好的中药材当归挑拣装包。“以前家里的收入就靠麦子、大豆，一年1万多，村上干部说这里不拖欠农民的工资，从建厂以来我们就来打工了。”张喜勤边干活边说，他们的工作就是中药材筛选分类和装卸，两个人一年能有3万多的工资，自家地也种上了药材，药厂包收购能卖3万多。

得益于家门口建起的佛慈制药脱贫车间，像张喜勤一样靠着中药材种植、粗加工的就有48人，每人平均月工资有2700元。将脱贫攻坚与企业优势相融合，佛慈制药帮助贫困劳动力实现了就近务工，三年间累计发放劳务费超过110.8万元，仅粗加工劳务费就达92.8万元。

帮技艺让扶贫产业链条化

加强农业政策技术培训，着力解决“不会干”的问题。漳县通过“订单种植+组织培训”的方式延长中药材种植和初加工的产业链，带动农户将当归、黄芪、党参错茬种植。为鼓励农民群众种植中药材，漳县农业农村局今年发放了50吨有机肥，同时政府买单给种植户上了农业保险。现在，每亩中药材的纯收入都在3000元以上。

“每年举办5期以上，针对贫困户、种植大户和合作社的定点培训，并为参加技能培训的贫困户配备种采设备。”据漳县农业农村局局长徐明介绍，科技特派员实现了贫困村经常性全覆盖，由县经济作物站和农技推广中心24位技术人员组成的团队，会在药材种植生产的关键环节进行现场指导。

目前，漳县的中药材面积稳定在17万亩，2019年全县中药材产量3.52万吨，带动药农1.2万户，通过中药材产业实现脱贫的贫困户有8500多户。漳县金钟镇的5000亩当归标准化种植基地，还在2018年12月被授予“优质道地药材（当归）示范基地”称号。

选准产业，奋力攻坚，漳县已于2019年实现脱贫摘帽。发挥中药材产业资源禀赋，定西市积极培育和引进龙头企业，合力带动产业链，目前全市中药材种植面积稳定在150万亩左右，位居全国同类城市第一，形成了“人人学加工、户户种药材、县县做产业”的发展态势。

甘肃庆阳:老区结出科技扶贫果

2020 年 11 月 22 日

庆阳,既是农耕文明发祥地,也是西北红军的摇篮。曾几何时,生活在塬上的农民们靠天吃饭,广种薄收。近年来,甘肃庆阳以工业化思维谋划现代农业,对外引进了国家级产业龙头企业——海升集团,运用矮砧密植栽培技术让老区结出了扶贫金苹果。

高树变矮树,疏植变密植,全生产链机械作业,二年结果三年丰产。树间距 1 米,行间距 3.5 米,走进庆阳市宁县焦村镇海升苹果产业基地,只见矮砧苗木、格网立架栽培的苹果树整整齐齐挺立在标准果园,村民们正忙着苹果采摘丰收后的清园工作。

"以前农民都不愿意种苹果,费时费力还收益不高。"谈到苹果产业发展历程,焦村镇镇长石亚玲说,传统的苹果种植,每亩地最多种 40 株,现在用上了矮砧密植方式,每亩可以种植 200 株,而且可以省水 60%、省肥 70%、省劳力 80%。

自 2014 年引进陕西海升集团果业发展股份有限公司以来,宁县发展起了高定位、高科技、高效益,苗木良种化、栽培矮密化、管理机械化、水肥一体化、产品标准化"三高五化"的"海升苹果",还建成了全国最大的自根砧矮化密植苹果基地,带动全县发展苹果 45 万亩,年人均苹果收入有 2727 元。

"庆阳是黄土高原苹果优势产区,完全满足优质苹果的 7 项生态指标和 6 项辅助指标。"庆阳市市长卢小亨介绍说,在北纬 35° ~ 37° 、海拔 1100~1700 米的庆阳种出的苹果个大、色美味香,2019 年庆阳苹果作为甘肃"十大绿色甘味"入选农业农村部首次认定的中国农业品牌目录。

你建园、我入股,你经营、我打工,你盈利、我分红,宁县政府成立了聚农资金合作社作为产业桥梁,联结龙头企业和农户合作共赢,仅从事果品收购、分拣、销售出口的庆阳市庆新果业有限公司就与全县 36 个农业合作社签订扶贫协议, 吸纳 4862 个贫困户入股 3600 万元,年分红 432 万元。企业一边对贫困户果农的苹果进行订单收贮代贮,保证全部销售,并减半收取贮藏费,一边吸纳周边 480 多位农户在这里务工,每人仅年务工收入就有 1.5 万元以上。

"一开始说种苹果能致富根本不懂,听村干部讲入股就能分红,我就将政府发放的产业扶持资金投了 1.8 万元,去年分红 3100 多元。"村民马会芳喜滋滋笑着说,剩下的钱用来学习果园管理和技能培训，在基地上班还能拿到不少的工资呢。在宁县，像马会芳这样加入苹果产业脱贫致富的村民比比皆是。

“用最先进的种植技术，最佳的生态环境，生产出最高端的苹果。”近年来，宁县依托苹果产业成功带动9000余贫困户稳定脱贫。在焦村镇2019年举办的苹果产业“331+”扶贫模式分红大会上，当年分红总额达3392.3万元，贫困户每户最高分红8400元。“海升苹果”在老区结出了科技扶贫果，也让村民们的生活更加红红火火。

甘肃玉门：现代农业为移民敲开致富门

2020年11月24日

地处河西走廊西端的酒泉玉门市，是甘肃省“两西”农业建设和省内中东部贫困移民安置的重点区域。自20世纪80年代以来，先后接收安置“两西”和疏勒河流域移民3.6万人，占到全市农业人口的三分之一以上。如何让这里成为移民安居乐业的美好家园，玉门市通过发展现代农业，联建日光温室，打造特色品牌，改变了往日戈壁滩的荒芜，也为贫困移民敲开了致富门。

联建温棚，共享集体经济发展红利

“我们采取‘党支部+合作社+基地+党员+贫困户’的模式，整合50户贫困户每户6000元的产业扶持资金，建成了共享钢架拱棚50座。合作社牵头负责，贫困户自己种植或托管，资产实行折股量化。”玉门市柳湖镇镇长范光琪介绍，五户共享一棚，每年每户除固定收益1000元外，还能获得二次分红。“品种搭配、立体套种、错峰上市”的发展思路，加上合作社提供技术、销售服务，产业园还带动了全镇农户新建钢架拱棚36座。

一年四季有活干，春夏秋冬皆增收。柳湖镇岷州村扶贫产业园里，农户们正忙着给“月露流星瓜”摘除多余的瓜蔓。参加过技术培训的任常奎掐瓜条时娴熟轻巧，“这些活轻松的很，比起以前在工地上干活好多了，还能顾得上家里10多亩葵花和玉米”，爱笑的任常奎说，一天一百元钱，加上自家棚分到的1000元红利，大家都满意着呢。

玉门的“月露流星瓜”是进口的稀有蜜瓜品种，一年两茬，出棚单价每千克7元，全年棚均收入3万元以上。园区内的86座钢架拱棚常年吸纳210名周边群众务工，有效解决了农户没思路、缺资金、无技术、收入低的发展问题。

以标提质，做有态度的西北鲜羊肉

“现代农业，最重要的是做到标准化。”在西北羊肉哥食品有限公司的扶贫车间，负责人冯海涛热情洋溢地说，“我们现在拥有注册商标4件，取得专利8件，分割包装的牛羊肉产品已经走向全国市场。”肉羊追溯系统就是其中一件专利，通过扫描每只羊身上佩戴的二维码牌，可以一目了然地看到肉羊的运动量、齿龄、饲养人等信息，还可以分清圈养还是散养。

传承传统技艺，烙下民间印记。玉门市借助东乡族同胞擅长肉羊散养的习俗，培育了龙头企业西北羊肉哥食品有限公司，延长羊肉产业链条。2019年吸纳贫困户361万元产业资金，开发牛羊肉屠宰、分割、加工综合项目，在花海镇、独山子乡、小金湾乡、柳湖镇建成4个养殖基地，以分红的方式带动贫困户增收。农户严格按照传统农业方式养殖肉羊，扶贫车间会按照高于其他地区每千克2元的价格进行收购，加工成品后销往北上广地区。

羊肉哥扶贫车间为周边21户贫困群众提供了屠宰加工羊肉这样稳定的工作。“以前在东乡县有几亩山地但是没有水，也没有地方打工，后来举家搬迁过来，西北羊肉哥厂子开了就过来上班了。一年有5万多的收入，又方便又轻省，还能照顾老人孩子。”小金湾乡村民周哈里木搬迁到这里已经有15年了，回忆起这几年生活的变化，他乐呵呵地说，我现在学会了剥离羊皮、分割羊肉。打算技术学好了，再攒点钱，自己做点小生意呢。

甘肃永昌：巧手织富路

2020年11月25日

左边是编织袋缝纫加工流水线，右边是劳保手套缝纫加工流水线，当记者走进金昌市永昌县陇腾工艺品公司的扶贫车间里，机器的声音此起彼伏，工人的操作你来我往，运转有序的生产景象展现在记者面前。

订单培训，伸出就业橄榄枝

“公司手工艺品主要用红柳条、芨芨草等沙生植物编制，制作这种工艺品需要熟练工人，培养一名合格的编制工人需要两年左右的时间。”说到企业转型的初衷，负责人李建龙告诉记者，“去年6月，我们与金川万方轻工业公司达成合作，引入了编织口袋和劳保手套加工两条生产线，工人只需培训一个月就可以上岗，大大减少了农民兄弟找工作的顾虑。”

技能培训助力精准扶贫，成立于2017年的永昌县陇腾工艺品公司，是金昌市丽城职业培训学校的陇原巧手妹基地。据了解，公司成立以来专门针对农民工和贫困人群开展技能培训，每年培训800人，就业率90%。

“来料加工，订单销售，扶贫车间每个在岗工人都有1600元的保底收入，超过计件算收入。”李建龙说，今年订单量加大了，工人收入更是不用愁。

就近赚钱，巧手织出富裕路

“我去年6月报名参加了县里的培训，月后就到车间上班了，现在是两个车间的负责人，手套一天能做26双，有时候也去做编织袋的缝纫，1个月能拿2000多元的工资。”陪读妈妈李艳琳一边踩着缝纫机一边说，既能照顾好孩子，又能学手艺拿工资，挺满意。

“每天7点半把孩子送到学校再来上班，11点半接孩子做午饭，下午2点半把孩子送到学校到车间来，下午4点半就能下班接孩子回家。”这份量身打造的工作吸引了许多周边的留守家庭，目前扶贫车间里有35人长期务工，其中建档立卡户有20人。

李忠成原本就有做裁缝的经历，在缝纫机前操作娴熟的他完全看不出是个腿脚不便的残疾人。扶贫车间弹性工作时间吸引了李忠成夫妻俩，“我的手艺不输这些巧手妹，之前还评上过车间的业务标兵呢。”李中成笑呵呵地说，现在收入稳定，家里的10亩地也能顾得上了。去年年底，李忠成家成功摘掉了贫困帽。

甘肃平凉:“三管齐下”的脱贫智慧

2020 年 12 月 17 日

“2014 年平凉市尚有建档立卡贫困户 10.11 万户,共计 40.6 万人,贫困发生率为 20.87%。脱贫攻坚战打响以来,全市 748 个贫困村全部退出,40.6 万贫困人口全部脱贫。”17 日,在甘肃省“决胜全面小康、决战脱贫攻坚”新闻发布会上,平凉市委副书记、市长王奋彦道出了脱贫秘籍,“发展产业是高质量打赢脱贫攻坚战的根本之策。”

甘肃平凉是原农业部划定的“全国苹果最佳适生区”和“全国肉牛优势发展区域”,也是传统的劳务大市。立足这一产业优势,平凉确立了“远抓苹果近抓牛、当年脱贫抓劳务”的产业扶贫思路,建立“五个一”产业运作模式,逐步形成了以平凉红牛、静宁苹果为代表、全力推进牛、果、劳“三管齐下”的产业发展布局,坚持目标导向、问题导向、创新导向和实干导向,以培育产业经营主体为重点,以推进农村“三变”改革为抓手,大力推行扶贫产业股份合作经营机制,健全完善多种带贫减贫模式,探索形成了“党组织 + 国有公司 + 龙头企业 + 专业合作社 + 贫困户”的庄浪模式、“党组织 + 供销集团 + 乡镇扶贫产业开发公司 + 村两委班子 + 合作社 + 农户(贫困户)”的静宁模式、“党组织 + 劳务公司 + 企业 + 农户”的劳务产业助推精准脱贫灵台模式。

平凉红牛有了金刚钻,才能揽瓷器活。在“三种模式”的引领带动下,近年来,平凉培育市级以上龙头企业 200 个、农民专业合作社 5691 个、扶贫车间 236 个。牛、果、劳三大扶贫产业实现了量和质的同步提升,全产业链开发实现了新的突破,全市牛饲养量达到 74 万头,果品年产量达到 187 万吨,年输转劳务近 50 万人。

依靠产业这条腿,脱贫的路走得格外快。王奋彦亮出闪亮的成绩单:全市农民人均纯收入从 2014 年底的 5395.2 元增加到 2019 年底的 9083.5 元, 年均增长 11%,有 70%的贫困群众依靠产业实现稳定脱贫,其中产业收入占到了 80%以上。

王奋彦介绍说,在今年首届中国牛·优质牛肉品鉴大会上,平凉红牛荣获“品质特别奖”和“最具风味奖”,而静宁苹果优等果收购价连续 16 年领跑全国,平凉红牛、静宁苹果进入“甘味”农产品区域公用品牌目录。平凉红牛、静宁苹果这个带动数万贫困百姓奔小康的“法宝”,俨然成了享誉全国的“网红”美食。

甘肃:用科技破解脱贫密码

2021 年 1 月 4 日

寒冬时节,行走在位于甘肃南部的康县,白墙青瓦的田园屋舍点缀山间,整洁蜿蜒的乡村水泥路犹如银丝带,贯穿家家户户。略显寂寥的田野里,一排排整齐的食用菌大棚将阳光折射在山谷间,连同随处可见的放养蜂箱,汇成一幅产业振兴图景。

然而,8 年前的康县还是第一批国列贫困县和甘肃省 58 个特困片区县之一,贫困发生率高达 36.42%。村民们深居山坳,守着一片青山绿水却过着苦日子。2012 年,甘肃吹响脱贫攻坚集结号,省科技厅先后派出 400 多名科技工作者投入康县参与扶贫工作,带着项目落地生根,发展产业开花结果,甘肃科技人在这里破解了脱贫致富密码。

真扶贫,山乡变旅游名县

“80%以上的群众分散居住在 70 多条河谷、90 多架大山和高半山、峡谷河道及林缘地区,仅有山旱地 45 万亩。”这是王芳最初见到的景象,作为甘肃省科技厅脱贫攻坚帮扶工作领导小组办公室副主任,她用“出行基本靠走、家电基本没有、通讯基本靠吼”描述这里的落后。

过去的历史该翻篇了。

因为山大沟深,康县各乡镇的交通条件十分落后,出不了山,得不到好的教育和医疗资源,多年来,技术、资金和病患成为脱贫路上的三只“拦路虎”。

“最首要的是改善基础设施。”这是甘肃省科技厅选派康县 38 名贫困村第一书记的共识。几年间,省科技厅协调落实水泥、砖石、路灯,支持村内道路建设和农户庭院硬化、修建爱心桥和科技广场、拉通光纤网络,昔日的小山沟立刻“高大上”起来。

修好一条路,带动一片富。有了便利的基础条件,康县“天然氧吧”的美誉才走向外界,甘肃省科技厅帮扶改造的“菩提山庄”“竹韵轩”等 10 多户农家乐成了抖音“新宠”。挂职康县县委副书记的王伟民告诉记者,康县连续 6 年获得美丽乡村建设全省考核第一,先后获得国家级生态建设示范区、中国最美县域榜单等荣誉。

“原来家门口不到半米的土路,变成了车来车往的水泥马路,出门买个东西方便极了,下午还能坐在广场看看唱歌跳舞。”长坝镇村民段红林说,农用车、收割机能开到田间地头，水电网都通了。

旅游产业还为务工人员实现了家门口就业，2019 年全县旅游综合收入 12.18 亿元，2468 户贫困群众依托全域旅游大景区实现高质量脱贫。

真脱贫，山野成产业热土

大樱桃、中草药、食用菌、中华蜂、太平鸡……产业是脱贫攻坚的治本之策，康县得天独厚的产业资源成为快速脱贫的新引擎。

甘肃省科技厅每年都会带着国家和省上的专家学者，来给村民们讲授种植养殖技术。“咱们村出了好几个土专家。”大山村党支部书记严斌介绍，村里全面发展袋料木耳、香菇、中华蜂、猕猴桃、天麻等特色小产业，“家家有产业，我们心里也越来越亮堂了。”

大堡镇漆树沟村党支部书记朱银喜是回乡创业人员，也是科技厅扶持的绿兴源科技种植养殖农民专业合作社主办人。“2016 年第一批养了 3600 只太平鸡，年终出栏挣了 6 万块钱，2020 年出栏已超过 1.2 万只，吸引了周边 64 户和我一起干。”朱银喜的喜悦溢于言表。

一项适用技术可以引起产业振兴的“蝴蝶效应”。如今，康县发展核桃、花椒等经济林果约 90 万亩，食用菌上千万袋，黑木耳等品牌成功入选“甘味”农产品目录；年加工茶叶 770 吨，蜂蜜产量 440 余吨，2 万多农户 8 万多人依靠特色农产品生产加工和花卉苗木、果酒酿造、古法造纸等“五小”产业，迈向了小康之路。

有脱贫攻坚的“天时”，有自然禀赋的“地利”，有勤劳朴实的“人和”，在科技这条纽带的引领下，2020 年初康县正式摘帽退出贫困县序列，建档立卡贫困户人均纯收入稳定超过 3800 元。

“我们脱贫啦！”挂在村民脸上的笑容，见证着生活从短缺到殷实、从贫困到小康的历史性跨越。

武威：科技赋能乡村振兴路

2021 年 6 月 23 日

“目前，黄花滩已有种植养殖等领域 32 个农民专业合作社，建成暖棚 7300 座、羊存栏220万只，特色林果3400亩，万亩日光温室入选粤港澳大湾区‘菜篮子’工程，百姓的日子越过越好了。”22日，在“风华百年路 奋进新陇原”——甘肃省庆祝建党100周年系列新闻发布会武威市专场，古浪县黄花滩生态移民后续产业专业合作社党委书记胡中山向记者“展示”了村里的好日子。

据武威市委书记柳鹏介绍，黄花滩只是近年来武威市坚持科技创新，实现现代农业提质增效的一个缩影。“全市着力调结构、抓良种、强龙头、创品牌、促循环，培育牛、羊、猪3个百亿级产业集群，建设全国重要的优质绿色食品生产供应基地。”柳鹏介绍说，目前，武威市猪、羊、鸡存栏和肉类、设施蔬菜、食用菌、藜麦产量均居全省第1位，牛存栏居全省第2位，“三品一标”农产品达到349个。农业增加值达到164.6亿元，连续7年居全省第1位。

据介绍，近年来，武威市充分发挥“高原冷凉”“绿洲水土”“沙漠光热”优势，着力打造沿山沿川沿沙“三大特色产业带”，大力发展“8+N”现代农业优势主导产业（“8”即牛、羊、猪、禽、果、菜、菌、草8个主导产业；“N”即中药材、马铃薯、藜麦、茴香、岔口驿马等区域优势特色产业），培育起了群众家门口的增收致富产业，八大主导产业产值占农业总产值的比重达到67.7%。大力实施易地扶贫搬迁，建成古浪黄花滩、天祝南阳山、凉州邓马营湖等集中安置区，将南部山区4.42万户17.02万人搬迁到川区集中安置，同步对迁出区实施退耕还林、自然封育等生态修复工程，走出了一条高深山区贫困群众易地搬迁脱贫致富和祁连山生态环境保护双赢的生态移民新路子。

发展农业的同时，生态环保产业加速形成。柳鹏介绍，武威市坚持生态产业化、产业生态化，凉州区静脉产业园垃圾焚烧发电、污水处理厂等环保项目相继建成，初步实现生态与经济良性循环发展。2020年，全市生产总值突破500亿元大关，居全省第5位；城镇居民人均可支配收入31580元；农村居民人均可支配收入13471元。“未来，我们致力于进一步打造生态美、产业优、百姓富的和谐武威，发展成为河西走廊经济社会高质量发展的桥头堡。”柳鹏表示。

丝路凉州变创新热土

2021 年 6 月 29 日

甘肃武威，古时又名“凉州”，仲夏时节，这里绿意盎然，麦穗两歧，集中连片的日光温棚反射着耀眼的光芒，葡萄、香酥梨等特色林果业在这里一片欣然，近年来，这样的繁荣景象在凉州大地上随处可见。蓬勃发展的背后，离不开由科技特派员队伍组成的科技服务网络，“科技特派员队伍实现了武威全覆盖，每一个乡镇的产业都有科技特派员的助力。”武威市科技局一名工作人员告诉记者。

据了解，武威市近年来构建县、乡、村、户“四级科技服务平台”和科技副乡镇长带领的科技特派员、农业技术员、动物防疫员、林果技术员的“一长四员”基层技术服务队伍，并探索开发了“武威科特派”公众服务平台，线上线下拧成一股绳，横向纵向全范围服务老百姓的科技服务网络，为脱贫攻坚和乡村振兴注入汩汩清泉。

产业园里装运忙，蔬菜基地采摘欢。如今，凉州区双城镇万亩标准化露地蔬菜基地万亩粤港澳大湾区“菜篮子”基地发展如火如荼，“民清源”“供港蔬菜”等品牌响彻陇原，“我们就是依靠科技特派员的帮助，才找到了这个家门口的‘金饭碗’”。双城镇村民何建萍感慨万千。

躬耕田间地头，响应田野“呼唤”。从 2019 年开始，武威选派科技特派员 691 人、科技特派员团队 9 个，实现了 339 个贫困村和深度贫困地区全覆盖，这些科技“担当”将自己的专业知识转化为一项项为民增收的产业，科技活水流遍凉州每一个角落。除了本土的科特派，来自天津市的 6 名特聘科特派也不顾路途遥远，多次来武威开展蔬菜、农作物、红酥香梨等新品种科技服务。2020 年，武威市特聘福建农林大学、华中农业大学等单位的 9 名专家担任科技特派员，紧扣扶志扶智扶技“关键词”，武威市的“科特派”队伍不断充实壮大，产业发展的“图谱”日趋完善，一支结构合理，素质全面，吃苦善干，务实高效的“科特派”队伍成为推动乡村振兴之路上的“生力军”。

穿沙漠，走泥路，做给农民看，带着农民干，科技特派员深入绿洲 e 农星创天地、甘肃沙产业星创天地等国家级星创天地，培养创新型人才；步入农业高新技术企业、农业科技创新型企业开展产业扶贫带动；依托省市级工程技术研究中心、技术转移中心、国际科技合作基地等创新平台，开展新品种，新技术试验示范和成果转移转化，探索科技和乡村田野结合的创新“密码”，探索农民增收致富的新路子，让武威日趋成为古丝绸之路上的耀眼“明珠”。

科技扶贫“两个精准”　掘出产业“第一桶金”

2021 年 4 月 28 日

自从当上富高石养殖农民专业合作社（以下简称“合作社”）的负责人后，甘肃康县高石村的田康就成了村民中最忙碌的一个。“第一批 500 只太平鸡的销售收入已经到账 5 万多元了，今年上半年把太平鸡全部卖完，收入能达到 10 万元。”4 月 25 日，田康翻着账本乐呵呵地说，“多亏了甘肃省科技厅驻村帮扶队提供的技术和项目指导服务，更多亏了科技特派员不辞辛劳地带领村民努力工作，我们养殖太平鸡的成活率达到了 91.5%。”

500 只太平鸡、成活率 91.5%、销售收入 5 万元。这组数据对甘肃省科技厅派驻高石村第一书记兼帮扶工作队队长、科技特派员杨生举来说，更是意义非凡。

高石村被称为云端的村落，是康县挂牌督战的典型贫困村之一。两年前，杨生举刚刚赴任 2 个月，便走遍了高石村 168 户人家。“没有特色产业，没有专业技术，没有经济收入”是他得出的结论。加上基础条件落后，自身发展动力不足，发展困境可见一斑。

甘肃省科技厅根据驻村帮扶队汇报的情况，决定资助科技扶贫项目，帮助富高石养殖农民专业合作社发展。“我们合作社主要从事蜜蜂养殖及蜂蜜销售、畜禽养殖及销售，与养鸡不搭边，村里之前从来没有人大规模养过鸡。”驻村帮扶队协助合作社申报的省科技厅脱贫攻坚专项项目很快得到了批准立项，可是田康却打起了退堂鼓，“这项目资金我也不知道该如何花”。

如何打开村民的心结？杨生举决定领着他们去开阔眼界、解放思想。他和合作社社员到附近村的养殖场内观摩学习、参加科技项目财务管理培训班和农村实用技术培训班，还把自己多年积累的项目实施和资金管理经验，一股脑儿地全教给田康，慢慢打消了田康心中的顾虑。买设备，建鸡舍，购鸡苗，2020 年 6 月，高石村迎来了太平鸡鸡苗的入住。

但没过一个月，合作社又迎来了难题：有十几只鸡突然生病死了。看着田康心急如焚的样子，杨生举帮忙到处求医问药。为了尽量提高太平鸡的成活率，驻村帮扶队邀请了中国农业科学院兰州畜牧与兽药研究所专家来高石村培训，指导社员进行消毒杀菌、科学喂药和合理喂食。按照专家的指导，田康和社员们采取综合防治措施，有效控制了病情，鸡群逐步恢复了正常生长。

科技扶贫项目精准实施、“科特派”服务精准到位。经过半年多的精心喂养，第一批太平鸡终于可以出栏销售了。为了证明鸡肉的安全性，对消费者的健康负责，驻村帮扶队委托甘肃省分析测试中心对太平鸡做了肉质检测，《检验报告》显示各项指标均符合《NY/T753–2012 绿色食品禽肉》标准要求。拿到检验报告之后，社员们对明年扩大规模搞养殖更加充满了期待。

2021 年春节前后，驻村帮扶队和科技特派员利用销售旺季有利时机，来回奔波于兰州和陇南之间，依托帮扶单位的消费扶贫和销售商的代理销售，将 500 只太平鸡销售一空。“要不是帮扶队和“科特派”到处联系销售渠道，抢抓春节销售旺季，这批鸡很有可能就卖不出去了。”合作社社员李雪兰说。

从面对“三个没有”到实施“两个精准”，再到帮助合作社赚取“第一桶金”，从产业匮乏到多点开花，甘肃省科技厅驻村帮扶队和科技特派员为村民铺设了一条通往小康的科技之路。

“合作社将继续依托科技项目，不断总结太平鸡养殖经验，扩大养殖规模并在全村进行示范和推广，带动康县产业发展，带动高石村和周边村的村民增收致富。”合作社负责人田康说。

活动直击

（29 篇）

作者导言

从 2015 年到 2021 年，从供给侧改革到绿色发展崛起、从兰白两区建设到融入碳中和碳达峰、从传统产业改造升级到国家战略性新兴产业……甘肃省科技创新成绩单不断刷新，甘肃科技事业实现了历史性、整体性、系统性重大变化，为经济社会发展提供了强有力的科技支撑。本章记录了笔者参与过的一系列科技活动，笔触之下，是对甘肃科技脉搏的诊断，也是科技事业发展的见证。

近年来，甘肃积极对接国家战略需求，布局建设了一批重大科技基础设施，推动高水平研究型大学和一流学科、科技领军企业建设，在全省优势学科和新能源、新材料、生物医药、先进制造等重点产业领域集中培育壮大战略科技力量。同时，发挥甘肃基础科学研究的优势，加强相关人才引进和培养，实现大量“从 0 到 1”的原创性突破，为创新驱动发展提供源头供给，一系列“动作”之下，为笔者提供了更多可供挖掘的“宝藏”，甘肃科技创新故事越来越精彩。

优势领域“必保”、关键方向“必争”、前沿布局“必跟”，站在历史新起点上，我们有理由相信：甘肃科技创新，未来可期。

中国种子如何实现按粒卖?

2015 年 8 月 20 日

种子,不仅是农业最基本的生产资料,也是农业科技创新的核心载体。“市场化进程不到 20 年的中国种业,尽管成就巨大,但与国际先进水平相比,差距显而易见。”近日,在甘肃酒泉举办的国家玉米产业技术体系与企业育种战略合作玉米育种技术深度培训会议上,种子再次成为国内种业巨头聚焦的话题,科企合作再度成为关注的核心。

育、繁、推一体化是制胜法宝

“种业科技基础强,产业创新却不强,关键就在产学研脱节。”与会专家“背书袋”式的共识又将科研生产脱节的老话题翻腾出来。

现场一份种业研究报告显示,过去 10 年,中国有大约 80%的新品种来源于科研单位,但育种与推广的脱节,使得中国的品种审定效率不足 1%。十年间,全国共审定 3000 多个玉米品种,其中只有约 1/10 的品种能够商业开发,产业竞争力很弱。

“种业研发通常由农业高校、省市农科院完成。至于种子的生产推广,种子是否适销对路、是不是满足农民的需求,研发人员参与和关心较少。”敦煌种业董事长马宗海道出了企业的苦衷,“农民在种植过程中,种子弊端难以反馈给科研机构。”

“外国种业公司都拥有完整的协同创新工作体系,整合了科研团队、销售团队、服务团队,研发攻关紧密围绕农民需求,种子技术储备紧盯市场变化。”敦煌种业总经理闫志斌说。

目前外资企业在我国已审定玉米品种 80 多个,部分品种表现出极强的竞争力。

“美国先锋公司培育的先玉 335 依靠强大的资金运作和售后服务优势,仅用两年时间就成为在我国播种面积最大的玉米品种之一。”闫志斌提出了思路,建立以产业为核心的“育繁推一体化”体系,组建以企业为核心的种业科技创新体系,区域化的研发分工和技术优化可以避免同质化竞争。

品种好不好,农民说了算

“春播一粒粟,秋收万颗籽。”一个品种好不好,应该以什么标准来判断?国家玉米产业体系首席科学家张世煌回答:“当然是农民说了算! ”育种专家自己说得再好,农民不认可、不买账,市场不欢迎它就不能算是好品种。

“育什么种子,要听市场的。农业生产需要什么种子,企业就培育和生产什么种子。”马宗海对此深有同感。

我国种业科技强，产业却不强。科研院所和农业高校拥有国内一流的设备和人才,85%以上的育种科技资源也集中于此。科学家选育新品种,首先考虑的是发表论文和获得奖项的多少,与企业合作意愿不强,多以短、平、快的项目合作和成果转让为主,系统深入的协作很少。成果、技术、品种、材料等要素向企业转移的政策体系不完善,种业科技人才向企业流动的渠道不畅,“懂种子的人多,干种业的人少”。

马宗海说,农业部认定的骨干企业研发投入应占种子营业收入的 5%,实际企业投入却只有 3%左右，与跨国公司占主营业务收入 10%以上的研发投入相比差距甚大。“敦煌种业作为市场的主体、推广的主体,却不是科技创新的主体,拥有着众多管理、资金和市场资源优势却等米下锅。”

“只有让科技真正长在企业里,民族种业才能强大起来。”安徽宿州天益青种业公司总经理刘良柏说,企业知道农民想要什么样的好品种,却缺乏优秀的育种人才,迫切希望育种创新要素向企业流动。

中外种企差距在哪里

“国外种子按粒卖,国产种子论斤卖。”中国农业大学王建华教授一语道破关键。国内大多数企业以粮食生产加工模式来制种,标准低质量差,只能按斤卖。外企靠着种子质量实现了按粒卖,背后是企业每年数十亿科研投入差距的物化结果。

中国种业目前面临的矛盾是：一方面中国种业市场居全球第二，占世界份额的 21%;育种人员数量世界第一,有 400 多家科研教学单位的 1.6 万名科研人员在从事种业研究,基础研究可谓全球领先。而另一方面,国内种企自主创新能力弱,品种多、杂、乱,企业众、小、散,难出大品种,导致国际种业巨头纷纷抢滩中国市场。据不完全统计,目前在我国注册的外资、合资种子企业已有 70 多家。我国高端蔬菜种子市场基本被外资公司控制,市场份额高达 50%以上。

有资料显示,2001 年，国外玉米品种占我国市场的份额尚不足 1%,2014 年已上升到 10%。“我国玉米育种长期以来没有以市场为导向,偏向于选育超高产品种,忽视了品种的抗逆性和稳定性。”张世煌认为,商业化育种体制是我国种业应对挑战的战略基准。要将种质扩增与改良创新坚持下去,要大幅提升育种水平。

记者在培训会上获知,甘肃省政府在 2014 年制定了一项农作物种业规划,提出经过 5 年左右的时间,提升供种保障能力、商业化育种能力、育种创新能力、企业竞争能力和市场监管能力。这一政策的出台，对于甘肃种业来讲无疑是个利好消息。“强农必先强种，强种必须强企，强企必胜科技，需要科企合作再上规模。”马宗海道出了现代企业家的渴望。

小故事讲出创新大智慧

——甘肃省科技工作会议侧记

2016 年 2 月 5 日

新型科技供给体系、产业创新图谱、全要素生产率、科技贷款增信基金、专利预警作业模式……这些新词热词成为主导会议的高频词。工作会变成了学习会，业务部署变成了学术辅导，这是记者来自现场的感受。

2 月 3 日，甘肃省科技和知识产权两个工作会议上，副省长郝远的讲话，从理论上溯源求本，在实践中融会贯通，别开生面犹如讲座，令与会代表耳目一新。“会议信息量太大，新名词多，回去得好好学习。”市州和部门的科技当家人们发出感慨。

“提高成果转化效益的评价权重。”郝远开门见山，科技领域供给侧结构性改革，就是要围绕提升产品的技术含量，提高科技贡献率。从项目组织方式、科技评价制度、创新治理构架三个方面推进技术研发侧结构改革，从市场需求导向、科技管理模式、项目运行机制三个方面推进技术需求侧管理改革，从强化成果转化、强化激励机制、强化合作共享、完善孵化功能四个方面推进科技成果转化侧优化改革。“继续实施六个一百技术创新工程，倒逼供给侧改革，加快形成有利于创新的体制构架。”郝远抛开讲话稿，交流了自己的学习体会。

以色列死海镁业的兴衰、小米手机的知识产权战略、清真食品技术创新联盟的组建、巴基斯坦生物质能源技术合作的由来……一个个有趣的小故事道出了创新大智慧，为会议注入了一丝温情和别样的活力。“真是一次有意义的学术讲座，郝远副省长的讲话如同友情谈心，给了我们很多的思考和启发。”天水市科技局局长雷天路会后告诉记者。

突出创新发展，提升科技支撑引领能力；突出协调发展，建立完善区域创新体系；突出绿色发展，支撑引领产业转型升级；突出开放发展，拓展科技合作交流渠道；突出共享发展，让科技成果惠及民生。郝远的话题始终围绕五大发展理念展开，“谁走好了科技创新这个先手棋,谁就能占领先机,赢得优势。”

“如果镍铁合金技术和产品占领市场,金川公司将遭遇巨大的危机。”材料学家出身的郝远给企业现场支招,创新驱动要有专业思维、专业素养、专业方法。金川公司尽快以电池三元前驱体、高温镍基合金、镍基合金催化剂、3D 打印材料等新材料为创新方向,做好镍钴深加工文章。“围绕个性化需求,扩大定制化加工,实现分散化生产,打造精品企业,实现动力转化,再创金川辉煌。”郝远的一席话引起了众多企业家的共鸣。推进知识产权强省建设,是未来五年甘肃的战略重点之一,就这个话题与会代表展开了热烈的讨论。“要处理好数量与质量的关系、技术秘密与知识产权的关系、专利代理与申请保护的关系、专利池与创新联盟的关系。”郝远提出希望,在建设交易平台、完善激励机制、拓展金融服务、营造良好环境四个方面强化知识产权成果转化运用,“构建公平竞争、公平监管的创新创业和营商环境。”

“落实郝远副省长的讲话,将成果落地转化进行下去,将产业创新集群建设下去,将科技创新质量提升下去,将创新创业环境完善下去,将创新驱动发展坚持下去。”甘肃省科技厅厅长李文卿说。

补短板强弱项
兰州、白银国家自主创新示范区座谈会侧记

2018 年 2 月 27 日

“建立高效管用的管理体制机制、明确行政行为主体法律定位,对推动自创区建设工作至关重要,补短板强弱项是工作着力点。”兰州白银国家自主创新示范区座谈会上,甘肃省科技厅厅长李文卿结合兰白试验区建设的进展,提出了中肯的建议。

2 月 23 日上午,年味儿还未散去,甘肃省委书记林铎前往兰州高新区调研。下午召集座谈会,听取有关方面的意见建议。

R&D 经费占 GDP 比重 2.38%,财政科技支出占财政总支出的 2.90%,发展亿元产值以上的产业创新集群 98 个,创新服务平台 547 个,万人口研发人员达到 96 人,万人发明专利拥有量 28 件……科技部为甘肃省量身打造的兰白科技创新改革试验区,经过三年试点建设,取得圆满的答卷。今年 2 月 1 日,国务院正式同意兰州、白银 2 个高新技术产业开发区建设国家自主创新示范区。

绿色镀膜、生物农药、防尘技术、染缬技艺，座谈会上，兰州交通大学校长杨子江直入主题，推介起了学校近些年的成果。“2019 年 5 月，代表甘肃制造水平的车灯镀膜生产线，将在中国－白俄罗斯工业园落地。”杨子江认为，自创区建设要围绕资源禀赋、区位功能和潜在能力，做好高层设计。对此，甘肃省科学院院长高世铭深表认同，他建议加快建设甘肃省科学院高技术产业园。

成为自创区了，干什么、怎么干？从接到国务院批复开始，兰州高新区已经召开了 3 次专题会议。“产业转型升级步伐不快，新旧动能转化内生动力不强，引进大项目好项目不多，科技资源优势发挥不充分。”兰州高新区管委会党工委书记张国一的发言引起了与会者的共鸣。

“产品好，缺钱也能难倒英雄汉。”白银高新区管委会主任郝效冬以一德新能源设备有限公司的空气源热泵为例子，谈到了科技金融的重要。“省科技发展投资有限责任公司的 3200 万元基金盘活了企业，如今订单都排到了 2019 年。”

“甘肃有独特的科技基础和发展优势，但是并没有变成产业优势。”在听取航天五院 510 研究所“一所一厂、厂所联动”的汇报后，林铎回忆起航天五院 511 所的工作经历，他强调，自创区来之不易，我们有国家的支持，上海张江等地方的紧密合作，要下更大力量，趁势而上。

“越是融入兰白区建设，我们越意识到与发达地区的差距。”面向一带一路是主战场，作为民营企业代表，甘肃金盾化工有限责任公司的张晓军提议，建设针对中亚各国的科技企业孵化器和资源对接园区，建设乌兹别克斯坦中方建材工业园，让更多甘肃企业走出国门，抱团发展。

“深刻认识国家自主创新示范区建设的重大意义，用好用足难得机遇，发挥区位、资源和产业优势，积极开展创新政策先行先试，培育壮大一批创新企业和产业集群，推动形成产业分工、区域互补、合作共赢的生动局面。让要素向自创区聚集，让资本向自创区涌流，让人才向自创区荟萃。举全省之力建设好国家自主创新示范区。”会场内，省委书记的动员令掷地有声；会场外，春意渐浓，创新的气息洒满陇原。

甘肃省科技奖励　企业唱主角

2018 年 2 月 2 日

已入耄耋之年的魏宝文院士从省委书记林铎手中接过甘肃省科技功臣证书时，掌声经久不息。作为著名核物理学家，他在地处西部的中科院近代物理研究所工作六十年，为我国重离子加速器大科学装置研究奉献了一生。

日前，2017 年度甘肃省科学技术（专利）奖励大会在兰州召开，这次奖励共授科学技术奖项目 149 项，其中科技功臣奖 1 人，省自然科学奖 10 项、省技术发明奖 7 项、科技进步奖 131 项。授予天华化工机械及自动化研究设计院有限公司企业技术创新示范奖、中农威特生物科技股份有限公司张云德荣获优秀科技创新企业家奖。50 项专利获得甘肃省专利奖。

甘肃近年来的科技奖励中，企业“戏份”持续加大。本次科技进步奖中，企业独立完成或产学研融合的成果占到 62%。50 项专利奖中企业一举拿下 37 项，授奖专利创造的产值近 320 亿元。金川公司发明的“非晶态硫化镍的制备方法”在生产线实施后，年新增销售收入和利润分别达到 56.25 亿元、5000 万元，兰州金地公司“耐用型地膜”销售收入达到 1.56 亿元。此外，7 项技术发明奖励都是围绕甘肃优势产业和创新产业取得的科技成果。

讲成绩　谈不足　话举措
2019 年甘肃省科技工作会召开

2019 年 2 月 13 日

春节过后，乍暖还寒。2 月 13 日下午，2019 年甘肃省科技工作会议在兰州召开。节后第一会，陇原科技界讲成绩，谈不足，话举措，打响新年创新实干砥砺前行的发令枪,“科技对经济增长的贡献率力争达到54%,全社会研发投入比达到1.3%,促成300项以上重大科技成果在省内实现转移转化,技术合同交易额190亿元,高新技术企业突破1000家。”

讲成绩:创新成果不断攀升

会上,履新科技厅党组书记、厅长史百战“晒”出2018年甘肃科技工作“成绩单”,6项重大科技成果获国家科学技术奖,3名科学家获得何梁何利基金科学与技术奖,登记省级科技成果1176项,245项应用技术成果实现转移转化,创造经济效益601.22亿元;全省共成交技术合同5072项,成交额180.88亿元,争取国家项目721项,获得支持资金7.22亿元。

每万人口发明专利拥有量2.62件,科技对经济增长的贡献率达到52.8%,R&D经费投入88.4亿元,综合科技创新水平指数达到51.38%,较上年增长0.75个百分点,综合科技进步水平居全国第18位。“甘肃的科技事业逐步取得了刮目的成绩。”史百战说。

谈不足:依靠科技创新克服差距

甘肃的寒旱农业、地质勘探、重离子物理、冰川冻土、石油化工、有色冶金、装备制造、生物制品、军工装备、航天航空、大气物理、节能环保等领域已经具备国家竞争实力,部分领域处于前沿地位。“仍然存在经济发展方式粗放、质量和效益低、整体竞争力不强的问题,需要科技创新去破解。”甘肃省副省长张世珍坦言。

“区域之间、城乡之间、经济和社会之间不协调、不平衡的差距,需要通过科技创新补齐短板;生态环境脆弱、生态问题复杂的矛盾,需要通过科技创新破解难题;脱贫攻坚进入冲刺期的机遇,需要科技创新拓宽路径。”张世珍表示,实现综合经济实力明显提升、人民生活水平明显提升、生态环境质量明显提升,必须依靠科技创新这个“定海神针”的支撑和引领作用。

话举措:补短板再出发

“人勤春来早,再期大有年。”史百战以“勇立潮头的创新精神”为甘肃科技界鼓舞打气。

“按照省委、省政府部署要求,坚定实施创新驱动发展战略,奋力推进创新型甘肃建设。”史百战呼吁陇原数万科技工作者,上下同心,迎难而上,锐意进取,埋头苦干,在思路上,要主动适应国内外形势新变化,加快科技创新从科技与经济结合到全面支撑引领发展的转变;在政策上,要针对调动人的积极性和优化资源配置进行精准施策；在重点上，要抓好体现战略意图和重大决策部署任务落实。

“创新领域的管与服，迫切需要重大变化，思维方式需要重大转变。”史百战对科技日报记者表示，研发组织方式要实现工程思维、流程治理，研发资源使用要实现梯次推进、分类配置，研发制度安排要实现输入产业、输出产品。

2019，共话陇原科技创新

2019 年 2 月 15 日

草木蔓发，春山可望。这几天的甘肃迎来了 2018 年度科技（专利）奖励大会和 2019 年全省科技工作会，区域创新、产业协同创新、全过程创新生态链、全要素生产率、人才松绑、脱贫攻坚……科技两会透出一批高频热词。

蹭着科技两会的“热度”，甘肃省科技厅紧锣密鼓地部署了全省区域创新能力建设座谈会和全面从严治党工作会议，2 月 15 日，甘肃省副省长张世珍调研慰问了甘肃省科技厅，为新一年的新气象扎扎实实地添了“一把火”。

“战争打不赢，一切都为零。”2 月 14 日，在全省区域创新能力座谈会上，甘肃省科技厅党组书记、厅长史百战对参会的地州市科技局局长、高校和研究机构负责人抛出了“硬杠杠”，科技创新对高质量发展的支撑必须有实打实的效果。

“甘肃的科技发展上顶天，下立地。”史百战说，甘肃既有高精尖的领跑领域，例如中科院近代物理研究所研发的重离子治疗肿瘤系统，也有常年奔波在田间地头的“土专家”“田秀才”，万余名科技特派员用智慧服务乡村振兴。“然而，科技如何更好带动经济发展，这是我们共同的最大课题。”

厅长“出题”，14 个市州的科技局长们踊跃“破题”。

“根据国家西部大开发战略和全省主体功能区规划和区域发展战略，促进区域协同和城乡一体化发展，优化生产力和城乡布局，培育区域经济增长极，各市州走出各自的特色，才能更好地做到省市联动。”嘉峪关市科技局局长周福智的首位产业错位互补理念得到局长们的认可。

来自临夏回族自治州科技局的石国栋多年在民族地区工作，作为国家深度贫困地区受自然环境、教育、人才的限制，成为甘肃脱贫攻坚路上的“硬骨头”。“这里很难留住人才，只能想尽一切办法培养人才，渴望今后的学习培训中，更多地让贫困地区的科技人员走出去,学经验提能力交朋友,助力脱贫攻坚。"

"我市综合科技进步水平指数达到 52.03%,R&D 比重达 1.22%,专利申请量和授权量居全省第二。"张掖市科技局局长甄广波"晒"出创新发展成绩单。去年底,位于河西走廊深处的高台县被科技部评为国家级创新型县、3 家众创空间晋级优秀,由点线布局向系统突破的良好势头不可阻挡。

作为备受关注和期望的国家自主创新示范区,来自兰州、白银两地高新区的代表深感责任重大。"去年完成地区生产总值 418 亿元,在 157 个国家高新区中综合排名第 60 名,连续三年位次前移。"成绩来之不易,兰州高新区党工委书记张国一用最好的发展机遇、最优的政策体系、最大的创新平台、最强的创新资源做了诠释。

"因企施策,3~5 年内,培育出一批创新能力强、拥有完全自主知识产权的科技型、规模型企业。"白银高新区管委会主任郝效东亮出冲刺的目标,企业必须唱主角,构建"苗圃－孵化器－加速器－产业园"创新载体。兰白国家自创区这块科技体制改革的"主战场",已经成长为陇原激活科技创新能力的前沿阵地。

"有为才能有位,有位更须有为。"作为甘肃省主管科技工作的副省长,任职一年多来,张世珍深入企业、步入地头,目睹科技创新带来的变化。在省科技厅调研中,他用有为才有位的朴素逻辑鼓励广大的科技管理干部真抓、敢抓、狠抓。"解答好传统产业改造提升与新兴产业培育发展的辩证题,处理好新旧动能转换的内在逻辑关系,科技工作者责无旁贷。"张世珍发出动员令。

2 月 15 日下午,甘肃省科技厅党组全面从严治党工作会议上,史百战以《十大类生态产业技术引进指南》的快速研究编制为题,再次对作风建设提出要求,"以更大力度整治形式主义,以更大力度务实工作作风,以更大力度推进任务落实。"

2019 年,甘肃的创新驱动期待更好的成绩。

新岁聚多国英才,共话陇原新未来

2020 年 1 月 5 日

回顾过去,展望未来,共叙情谊!1 月 3 日,外国专家新年茶话会在兰州大学举行,畅叙外国专家用技术、经验和管理理念帮助我们开拓进取、负重自强的友好"章节",共同谋划甘肃创新合作发展新蓝图。

与会的30余位外国专家朋友们都是来自不同国家,有着不同的学科背景,在为追求创新发现而齐聚陇原共同努力。他们长期在甘肃的科学技术、教育卫生、农业生态等领域无私地奉献着智慧，不仅为助力甘肃经济社会发展和学科建设做出了突出贡献,同时也架起了甘肃与世界交流合作的桥梁,积极宣传甘肃,讲好甘肃故事,吸引更多外国人才来甘肃创新创业。

“大海之阔,非一流之归也”,近年来,甘肃省委、省政府认真落实“人才强省”战略,不断深化改革开放,甘肃逐渐成为海内外优秀人才施展才华、创业发展的热土。回甘创业8年的外国专家代表罗顺博士说,甘肃建顺生物有限公司成立以来,陆续引进外国专家逾16位,这些外国专家对公司产品的研究开发、经营管理等工作做出了巨大的贡献。“未来,我们将继续立足兰州,面向全国和全球拓展,持续培养本土技术骨干力量,增强西部生物医药产业竞争优势,助推中国生物医药产业走向世界！”

为践行习近平主席“聚天下英才而用之”的重要论述,感谢外国专家为甘肃高质量发展贡献的智慧,甘肃省科技厅副厅长朱晓力同志如此表示,“甘肃省科技厅、外国专家局将多层次、多渠道开展引才引智工作,认真营造公正、法治、宽松的人才成长环境,真诚为外国专家来甘肃创新创业提供坚强的服务保障”。

甘肃:强化科技支撑引领　成果丰硕

2020年1月15日

“共登记科技成果1479项，同比增长25.77%，应用技术产业化创造经济效益517.07亿元,科技进步对经济增长的贡献率达到53.5%。”在近日召开的甘肃省两会上,省长唐仁健公布了这样一张令人欢欣的成绩单。

强化科技创新对经济社会的支撑引领作用，甘肃省2019年的创新发展成果丰硕:创新驱动战略积极实施,落实“创新30条”奖补资金2.84亿元;“点带极”建设推进加速,兰白国家自创区高新技术产业突破1000家;十大生态产业发展多点突破,庆阳发现储量10亿吨级大油田……

在这其中受到最多赞叹（在政府工作报告、国民经济和社会发展报告中多次出现)的成果,是由中科院近代物理研究所开展的武威碳离子治疗肿瘤中心项目的成功推进。作为国内首台获批注册上市的自主知识产权碳离子治疗肿瘤系统,可帮助病人实现花费 20 万元左右不打针吃药、无辅助手段、无痛苦治疗肿瘤，相比上海引进的德国设备需要 27.8 万元的治疗费，更加体现了国内装置的价格优势和科技惠民。

“碳离子治疗肿瘤系统的上市过程中，国家和省科技、药监等部门多次现场调研、指导工作，我们享受了绿色通道中的 VIP 通道待遇，在标准不降低、程序不减少的前提下，注册审批流程时间大大缩短。”来自中科院近代物理研究所的蔡晓红委员向记者介绍道。从基础研究到技术研发再到产业化应用，这条全产业链的自主创新之路，打破了我国高端放疗市场被国外产品垄断的局面，也体现了甘肃科技政策对创新的动能激发作用之显著。

打好产业基础高级化产业链、现代化攻坚战，努力构建更具竞争力的产业格局。站在 2020 年的新起点上，机遇与挑战并存，甘肃将加快庆阳石化、华天电子、碳离子医疗设备等特色产业集群发展，推进科技成果高效率转化、高水平应用，培育新的经济增长点，使科技创新造福社会，产生显著的社会和经济效益。

甘肃省同位素实验室启动建设

2020 年 1 月 21 日

“面向世界科学前沿的超重元素合成研究和超重稳定岛探索、面向国家需求和经济社会发展的同位素技术研发和面向甘肃省产业升级的同位素关键技术集成与示范。”1 月 20 日，聚焦这三个研究方向的甘肃省同位素实验室在兰州揭牌，正式启动建设。

同位素与基于同位素的核技术是联合国常任理事国的尖端硬科技，具有极高的产业价值和很强的产业关联性，其发展可带动国民经济的持续增长和社会进步。近几年，国际上基于同位素的应用又掀起了一股新的浪潮，且产业价值极高，应用范围包括生物和医学医药领域、工业和工程领域以及科学研究领域，如放射治疗、地质矿床勘探、元素和核素合成等。

为布局建设国家级科技创新基地奠定基础，使甘肃省成为世界知名同位素核心技术、新产品及其装备研发基地，形成同位素相关人才绿洲，在甘肃省政府、科技厅的大力推进下，由中国科学院近代物理研究所牵头，联合兰州大学、中核兰州铀浓缩有限公司、兰州理工大学共同建设运行该实验室。这是甘肃对标国家级创新基地建设要求，整合优势资源布局建设的第一个省实验室。

“起步国内一流，目标国际领先，希望实验室密切连接产业化，不只技术创新，更多的是管理体制机制创新，在西部探索建设可借鉴的大型国家科研平台模式。”甘肃省副省长张世珍在揭牌仪式上对实验室的建立如此寄语。促进产业链和创新链紧密结合，建成从超重元素合成基础研究、同位素核心技术研发、关键核心装置集成、新产业示范一条链的国际一流实验室。以此为战略定位，通过实验室的启动，争取早日实现基于加速器技术量产同位素和乏燃料提取珍贵同位素产业化，为甘肃经济产业结构转型升级并带动相关高新技术快速发展做出贡献。

技术预见，把脉科技发展与区域绿色崛起

2020 年 9 月 19 日

把握未来科技发展态势，探索区域产业重构和绿色崛起的路径。在国家和地方正在加快推进“十四五”科技创新规划及新一轮中长期科技发展规划研究工作之际，以“技术评价、技术预见与区域绿色崛起”为主题的第十五届全国技术预见学术研讨会，于 9 月 18 日在甘肃省张掖市召开。

“张国臂掖，以通西域”，群贤云集、畅谈创新。来自我国技术预见与科技政策研究领域的 16 位知名专家和学者，就技术预见、黄河流域生态经济发展、“一带一路”国际科技创新合作、科技政策等理论与实践的前沿热点问题发表了精彩演讲。特别是提出来愿景、场景驱动的方式，让技术预见的专业性有了更多和社会化的结合。来自长城战略咨询和上海电气集团股份有限公司中央研究院的两位专家为技术预见提供了新的视角，技术预见的理论和方法除了服务政府级的客户，期待能应该有更广阔更大的空间，服务于创新型企业、投资人，甚至高校、个人。

据了解，全国技术预见学术研讨会自 2002 年以来持续举办十五届，主办方包括中国科学技术发展战略研究院、中国科学院科技战略咨询研究院、上海市科学学研究所和中国科学学与科技政策研究会技术预见专委会。本次会议的承办方甘肃省科学技术情报研究所和甘肃省科技评价监测重点实验室，创建以来围绕全甘肃科技创新工作发展，开展前瞻性、战略性研究与分析，为科学决策和科学研究提供了基础数据和决策参考的有力支撑。

春华秋实,致敬过去,技术预见把脉未来。上海市科学学研究所所长、中国科学学与科技政策研究会技术预见专委会主任石谦用"四新一高"对本次会议做了高度评价,"新理论,新方法,新实践,新应用,高价值密度"。思想的碰撞与砥砺之下,研讨会为推进技术预见领域的理论与实践研究,总结技术预见理论与方法经验,充分发挥了分享平台作用,也促进了技术预见领域的交流与合作。

"我国经济社会发展和民生改善比过去任何时候都更加需要科学技术的解决方案,向科技要效益、向创新要动力,正成为区域经济社会发展的路径选择。"正如甘肃省科技厅副厅长巨有谦致辞所言,科学预见,有助于制定前瞻性科技政策,优化配置科技资源。甘肃在产业发展和绿色崛起的过程中,将牢牢把握技术预见这一科技政策研究工具,激活锦绣丝路的创新细胞,在科技竞争中不断前行。

甘肃省科技奖励大会　向创新更高峰出发

2020 年 11 月 7 日

"国网甘肃省电力公司电力科学研究院汪宁渤荣膺甘肃省科技功臣奖,主要经济作物育种与提质增效技术斩获多项奖励,凹凸棒石等功能材料和装备机械领域研究开发异军突起,支撑绿色生态产业发展的研发活动硕果累累……"在 11 月 6 日召开的甘肃省科技创新大会暨科学技术(专利)奖励大会上,甘肃宣布 2019 科学技术奖授奖项目 152 项,专利奖励 64 项,隆重表彰了为全省科技进步和经济社会发展做出突出贡献的单位和个人,安排部署了下一步全省科技创新工作。

抓创新就是抓发展,谋创新就是谋未来。"十三五"以来,甘肃不断改善科技创新生态,优化科技资源配置方式,"黄金 30 条"助力全省科技创新实现"加速跑"。目前,全省科技进步对经济的贡献率从 50.3%增长到 54.03%,全省研究与试验发展(R&D)经费投入强度从 1.22%增长到 1.26%,首台自主知识产权碳离子治疗系统、三维数字社会服务管理系统等亮点成果,让科技成果更好地融入社会、惠及民生。

"要摆正位置,切实把科技创新摆在发展全局的核心位置;要明确方向,紧紧围绕'四个面向'部署科技创新任务;要把握路径,深入实施创新驱动发展战略;要营造环境,激发主体创新动能。"科技部副部长徐南平在讲话中,对甘肃贯彻落实党的十九届五中全会精神和习近平总书记关于科技创新的重要论述精神、加快创新型甘肃建设,提出了具有指导性的精准意见。

创新是当今时代的重大命题，新一轮科技革命和产业变革正加速演进。甘肃广大科技工作者将以“敢为天下先”的魄力和胆识，和放眼全国全球的视野和胸怀，奋力闯出一条以经济建设为中心，深化改革、推进发展的创新之路，全力加快创新型甘肃建设。

指路旱区拓潜能，首届寒旱农业科学论坛在兰州召开

2020 年 11 月 15 日

由前沿视野谈及节水技术，议题包括全球气候变化对丝路经济带水系统及生态安全影响研究、旱作农业生态化与高质量发展、寒旱区水资源变化的植被响应……11 月 14 日，由甘肃农业大学举办的首届寒旱农业科学论坛在兰州召开。来自中国科学院、兰州大学、中国农业大学等科研机构及高校的多位专家学者献智献策，指路旱作农业拓展新发展潜能。

“在全球变暖背景下，丝路经济带的水资源和生态安全问题日益突出，包括水循环加剧、荒漠化加剧、未来水资源短缺和水风险加剧。”中科院新疆生态地理所的陈亚宁研究员说，在“一带一路”沿线国家中，超过 60 个国家正遭受着荒漠化、土地退化和干旱的严重危害，农业可持续发展面临严峻形势。

实施乡村振兴战略，加快农村现代化进程，必须将绿色发展作为重要抓手，有效推进区域水资源节约、集约利用。“黄河流域上中游地区作为重要水源涵养区，以有限的水资源改善着黄土高原和荒漠戈壁的脆弱生态环境”，中科院生态环境研究中心傅伯杰院士在主题报告中指出，实施黄河流域生态保护和高质量发展战略中，要注重培“根”蓄“系”，开展人地系统耦合研究。

针对荒漠化和土地退化的突出矛盾，以国家战略需求为牵引，甘肃农业大学成立了“一带一路”绿色农业研究中心和黄河上中游生态保护与农业协调发展研究中心。经过 70 多年发展和沉淀，甘肃农业大学在旱作农业、动物养殖、草业科学等学科领域积累了雄厚的教学科研实力。学校党委副书记潘峰表示，“此次成立的两个中心将聚焦生态修复、粮食安全、水资源高效利用和甘肃寒旱农业可持续发展的前沿领域、基础理论研究和关键技术应用推广，协同创新赋能农业农村现代化发展。”

甘肃:“瞄准”数字经济发力!

2020 年 11 月 20 日

亿兆一心,力“算”未来。2020 年 9 月 26 日,国家“东数西算”产业联盟落地甘肃,短短 2 个月后,联盟引来了“金凤凰”。11 月 19 日,由兰州市政府、甘肃省发改委、华为公司和拓维信息系统股份有限公司等单位共同承办的“2020 甘肃数字经济产业峰会暨甘肃鲲鹏生态伙伴大会”在兰州落幕。会上,“甘肃鲲鹏生态创新中心”揭牌成立,其运营主体“甘肃九霄鲲鹏科技有限公司”将加速鲲鹏底座在甘肃智慧城市建设等领域的数字化转型和行业应用标杆打造。

“随着 5G、人工智能、云计算、物联网、区块链等信息技术发展,加快构建以数字经济为核心、新经济为引领的现代化经济体系已成为大势所趋和各界共识。”甘肃省政府副省长程晓波在致辞中表示,甘肃将把发展数字经济作为落实新发展理念、构建新发展格局,推动创新发展、绿色发展、高质量发展的关键一招。

“缺芯少魂”,关键核心技术被“卡脖子”是与会企业一致的“痛点”,也成为“九霄鲲鹏”绝地反击的核心利器。未来三年,“甘肃鲲鹏创新中心”将依托“产业中心”和“生态中心”两个平台,计划为 50 家软硬件适配企业提供资源技术支撑,为适配产品及方案提供 100 个测试认证,与 80 家高校或机构共建联合创新实验室、孵化行业标杆方案,深度进行产学研合作并培养国产化信息计算人才,组织国产化行业成果推广活动并加速成果交流和落地。

作为甘肃鲲鹏产业发展的中坚力量和鲲鹏产业在西北的重要布局,甘肃九霄鲲鹏科技有限责任公司董事长廖秋林在现场路演中提到,“‘九霄鲲鹏’计划到 2023 年要全面打造硬件 + 软件的产业生态基地和数字经济高地;到 2025 年,实现服务甘肃、辐射西北乃至‘一带一路’相关区域的鲲鹏产业集群的目标,并创造全行业、全场景的数字新生态。”

会上,兰州理工大学、兰州职业技术学院、兰州资源环境职业技术学院、甘肃财贸职业学院等高校与华为、九霄鲲鹏进行了“甘肃鲲鹏人才培养战略合作签约”,共同探索鲲鹏人才培养的新模式。兰州兰石集团有限公司、甘肃省建设投资(控股)集团有限公司、兰州银行股份有限公司、甘肃智慧文旅有限公司、甘肃日报社等单位与华为、

"九霄鲲鹏"进行了"甘肃鲲鹏联合创新战略发布",推动甘肃基础行业与鲲鹏计算产业的进一步深度融合,共同打造行业应用标杆场景、探索行业新业态。

深化创新联动,陇沪再签多项协议

2020 年 11 月 21 日

同心拓展科创合作广度和深度,促进甘肃、上海两地科技创新和战略性新兴产业的加速发展。11 月 20 日,上海市张江高新区管委会常务副主任彭崧和甘肃省科技厅党组书记、兰州白银国家自主创新示范区办公室主任张世荣在沪签订"合作协议",共同见证甘沪科技创新合作开启新篇章。

据了解,此次签约旨在促成园区共建、资源共享、市场共用、政策叠加和发展共进的良好局面,探索有利于两地创新驱动发展的新机制、新模式、新平台、新亮点。"合作协议"中,鼓励两地企业、创新团队和民间团体加速促进生产要素合理流动和优化配置,支持企业参加对方举办的线上线下科技展会、招商推介、人才招聘、创业培训等活动,进一步密切两地合作。同时,兰州白银国家自主创新示范区、兰白科技创新改革试验区有关建设主体与上海多家企业,就科技成果转移平台共建、新能源新材料开发生产、数字文化产业发展等内容达成 10 项合作。

兰白两区不仅是甘肃科技创新的龙头,也是甘沪近年来推进合作的重点。自兰白自创区、兰白试验区获批建设以来,在上海张江高新区鼎力相助下,两地先后签署《创新发展合作备忘录》和多项合作协议,开展"张江兰白服务企业直通车暨兰白两区线上推介会"活动,高新技术产业和企业创新合作成果丰硕。"张江高新区拥有二十多年发展建设经验,已经形成生物医药、信息技术、节能环保等产业集群,是上海建设具有全球影响力的科技创新中心的重要载体和先行先试区域。"上海市副市长吴清在签约仪式上说,兰白两区与张江高新区携手,有利于促进区域间科技成果转移和产业化,推进开放创新与合作发展,我们将一如既往地立足甘肃所需、发挥上海之长,支持甘肃科技创新发展。

甘沪两地有关创新合作项目的签约,既是务实推进张江高新区与兰白两区相关合作协议落地落实的有力突破,更是携手打造东西部科技创新合作共同体的重大举措。"希望借力上海优势资源共同支持建设生物医药科技园和国际知识产权科技园,探索‘众创+孵化器+加速器+科技园’全链条创新创业模式。”甘肃省副省长张世珍表示，甘肃始终把深化与上海张江战略协作作为推动兰白两区高质量发展的“最强外力”，从畅通合作机制、共建创新平台、实施关联合作和融通科技金融上发力，助推两地将更多资源优势转化为经济优势。

2000多岁的新国货来了！敦煌正式入驻天猫“掌上博物馆”

2020年8月17日

2000多岁的敦煌入驻天猫“掌上博物馆”，成为天猫上崭新的“新国货”！8月16日晚，敦煌博物馆馆长石明秀、敦煌非遗彩塑第一人杜永卫等人现身淘宝直播间，在敦煌石窟最经典的45号复制窟内，与全网观众一起挖掘敦煌千年色彩背后的故事。

在这场别开生面的直播背后，是天猫和敦煌博物馆联合发布的“掌上敦煌”计划，旨在通过数字化技术、IP跨界合作、淘宝直播等方式，让敦煌文化走进年轻人的生活。自敦煌博物馆天猫旗舰店5月18日上线以来，已吸引了近50万人访问，其中40%以上都是95后。“天猫上有2亿年轻人，这其中有一群年轻人特别热爱传统文化、热爱敦煌”，敦煌博物馆天猫店店长东东说，“飞天、九色鹿等敦煌元素的滑板、钥匙扣、短袖是他们的最爱，希望通过推出系列跨界潮品的方式，带动年轻人为文化传承出一份力。”

当下，云游“掌上博物馆”成为新时代的文化潮流，目前已有海内外60多家博物馆和文创店入驻天猫，今年吸引了超过7亿人次在线打卡。越来越多商家也正在加入天猫“掌上敦煌”计划，每成交1份文创产品，就将为敦煌文物保护中心捐赠1块钱，用于壁画等文物保护。“敦煌是世界文化瑰宝，我们想创造机会让更多年轻人在天猫遇见敦煌，让这座华戎交汇的古城与年轻人之间建立起新的链接，穿越千年重回青春”，正如天猫新文创负责人所说的“掌上敦煌”正是这一跨界合作的深度落地。

科技成果转化直通车上的“助燃剂”

——甘肃省举办首届技术经纪人培训班

2020 年 12 月 16 日

“从技术集成、宣传策划、商业谈判、委托评估，到为企业规划、咨询，最终落地转化，提供全方位的‘一条龙’服务，这才是完整的技术转移人才梯次结构，才能为甘肃科技服务业提供有力支撑。”16 日，在甘肃省第一期初级技术经纪人培训班上，兰州科技大市场管理有限责任公司董事长于民表达了举办培训班的初衷与目的。

技术经纪人是什么？可不是简单做专利转让、技术交易的中介人，更不是你脑海中出现的房产经纪人。于民告诉记者，技术经纪人是按照企业需求形成技术转移的解决方案，并通过咨询帮助企业转型升级，实现科技成果转化的专业技术人员。一项完整的技术转移转化过程涉及“调研需求、匹配专家、技术研判、市场调研、商业策划、法律咨询、实地考察、三方协议、持续沟通”等诸多事务。

“甘肃举办此次技术经纪人培训班恰逢其时。”授课专家之一、北京技术市场协会副秘书长张若然教授表示。甘肃有很多“重量级”的科研院所和高校，作为知识创新的集结地，近年来，科研院所和高校通过与企业构建技术转移体系，积极参与地方经济建设，通过与地方政府及企业合作共建技术转移中心促进科技成果转化，提高企业自主创新能力的案例比比皆是。

“然而，科技成果转化是一项复杂的系统性工作，很多科研工作者只懂研究、不擅开发、不懂管理、不接市场，而技术经纪人是连接成果和市场必不可少的纽带。”现任国泰君安证券股份有限公司甘肃分公司营业部经理刘喆说，一名合格的技术经纪人，不仅能很好地保护企业的核心机密不受侵犯，还能利用知识产权综合知识来降低产品成本，增加企业利润，防止窃取研发成果、帮助企业融资贷款，使企业在激烈的竞争中占领制高点，从而使企业在复杂的经济环境中立于不败之地。

“未来，无形资产将会成为企业生存的关键。”作为此次培训的主办方，兰州科技大市场管理有限责任公司致力于解决专业化技术转移机构的人才缺口问题。本次培训围绕科技成果标准化评价、技术交易商务策划、技术合同认定登记实务与案例分析、投融资工具在科技成果转移转化中的应用等关键知识点以及实用方法，邀请了省内外长期从事技术市场政策研究、技术市场管理和技术转移实践的专家学者进行授课，旨在培养一批通业务、精技术、懂市场、善经营、会管理的技术经纪人队伍，拓宽学员们自身在科技成果转化服务过程中的新思路、新方法，打通高校、院所技术供给方与企业技术需求方转移转化的渠道。

“企业在发展中常常遭遇技术瓶颈，如果自己花钱搞研发，成果未必能落地，还浪费庞大的人力物力，有了技术经纪人，可以对接已经成熟的技术方案或是相关领域的科研机构，可谓是事半功倍。”学员们纷纷表示。

丝路伙伴同见证：绿水青山的甘肃气质

2020 年 12 月 23 日

“共商一带一路美丽乡村发展‘路线图’，共绘一带一路美丽乡村建设‘工笔画’，需要各方深化交流合作，促进共建共享。”12 月 22 日，在甘肃省委副书记孙伟的致辞中，由甘肃省政府联合农业农村部、世界旅游联盟、法国一带一路美丽乡村联盟共同举办 2020“一带一路”美丽乡村论坛，在甘肃陇南市康县拉开了帷幕。

美丽乡村建设催生美丽经济新产业。“已经培育了 30 多万家乡村休闲旅游经营主体，年接待游客达 30 多亿人次，营业收入接近 1 万亿元，创建了 10 万个乡土品牌，形成了 3274 个全国一村一品示范村镇。”国家农业农村部副部长刘焕鑫在致辞中说，中国开启了全面建设现代化国家新征程，不仅让乡村资源优势变为经济优势，而且让资源要素循环流通，形成乡村产业新的增长点。

以“牵手一带一路·共建美丽乡村”为主题，来自世界各国的嘉宾们在这里阐述先进理念、宣讲前沿观点、分享成功经验。同时，签署了 1 个协议、46 个美丽乡村建设合作项目，涉及供应链建设、营养健康、现代农业、农产品加工及文化旅游等领域，签约金额达 101.63 亿元，将有力促进甘肃农产品多元化开发、多层次利用、多环节增值，开辟农民增收新的增长点。

甘肃丰富多彩的地貌气候和民族风情，孕育了独特富集的文化旅游资源，而这些资源 70%分布在乡村。近年来，甘肃把美丽乡村建设融入脱贫攻坚、乡村振兴一体谋划、一体部署，全省美丽乡村如雨后春笋般蓬勃涌现、燎原成势，截至 2019 年底，陇南市累计建设生态文明新农村 2066 个，蔚然形成一道道“风景”。“一路上美妙的陇南歌谣相伴,独特的民族舞蹈吸引着我们。”土耳其籍外国友人阿克丹尼斯·阿帕奇说,为我在甘肃省歌剧院的工作提供了更多灵感，我很乐意将这里作为今后旅游的第一选择,在音乐创作中融合更多的甘肃元素和陇南元素。

“甘肃打造的一带一路美丽乡村、特色农业、文化旅游融合发展新平台,与世界银行、联合国教科文组织、联合国世界旅游组织等国际组织开展的项目合作,探索了脱贫攻坚与乡村振兴统筹推进的新路径。”世界旅游联盟主席段强说,实现了“富了口袋富脑袋”,也为中国及世界推进美丽乡村建设,贡献了宝贵的经验和方案。分论坛上发布的《绿水青山的力量——美丽乡村建设的国际经验和中国探索》报告,将在更大范围传播通过旅游业带动乡村减贫和发展的案例，让好的经验和做法惠及更多的国家和地区。

“中国的发展速度让我惊叹。”在甘肃从事俄语教学工作十余年的俄罗斯籍专家奥莉娅说,甘肃省委领导“美丽乡村是美丽国家、美丽省区最深厚的底色和最亮丽的成色。”这句话特别感动了我,也让我深切体会到了“绿水青山就是金山银山”这句话的内涵。

“在全面实施乡村振兴战略新征程中，让美丽乡村成为如意甘肃的特有气质,看得见山、望得见水、记得住乡愁,是我们的重大使命和不懈追求。”正如孙伟所言,展望未来,美丽乡村不仅是一幅幅山水田园画,还有绿色生态的农特产品、温暖舒适的农家客栈,以及星罗棋布的农村电商,甘肃将持续让生态有“钱景”,让美丽生财富,锻造美丽乡村经济的“甘肃样板”。

“云端”交流促转化

2021 年 1 月 15 日

科技创新赋能新兴产业,1 月 14 日,“院省联动 百企共聚 中科院科技成果进兰白”首场推介会在兰州科技大市场召开。

疫情虽是“拦路虎”,成果转化不能松懈,甘肃省科技厅联手中科院西北分院、中科院化学物理研究所,将“高大上”的科研成果搬到“云端”,与兰白自创区、兰白试验区及 7 家省级高新区内的几百家企业进行对接。

本次成果推介会以“科技创新赋能新兴产业发展”为主题,以“先进材料关键技术成果推介”为重点，分别邀请中科院兰州化学物理研究所王晓龙、高祥虎和于强亮三位专家，先后路演推介了“3D 打印高性能聚合物及其应用”“塔式光热发电高温太阳能吸收涂层关键技术及产业化应用”“长效一体化功能涂层的设计及产业化应用”3 项科技成果。

“我们已经将 3D 打印技术在聚酰亚胺固化光纤材料、电子封装材料、3D 打印图案化、医学与军民融合等领域进行了一下产业化应用，效果很好，希望这些实用并能带动经济收入的项目能助推兰白两区产业发展。”王晓龙研究员表示。

据介绍，此次对接既是深化院省科技合作的实际步骤，也是借助中科院这一国家战略科技力量，赋能甘肃省新兴产业发展的重要手段。今后，此类对接活动将成为常态，“线上展示、线下组织，确保疫情防控期间科技创新计划任务有序实施，科技成果顺利转化。”甘肃省科技厅副厅长朱晓力表示，这种形式既能有效减轻科研人员负担，更能推动企业研发“中”字头院所的项目，提高科技成果转化的效率与层次。

“希望在甘的中科院直属研究机构能够面向市场需要，面向企业技术需求，进一步凝练任务，聚焦目标，加强关键共性技术攻关，加快技术示范与成果转化，为助力我省产业转型升级，实现高质量发展发挥更大作用。”朱晓力说。

“云端”推介　甘沪大咖共话生物医药

2021 年 3 月 19 日

3 月 19 日，张江·兰白服务企业直通车“驶入”甘沪两地的生物医药企业，以“立足兰白所需、对接张江之长、聚焦科技前沿、共谋创新发展”为主题的“云端”推介会上，来自甘沪两地的高校、科研院所与企业的大咖共话生物医药，共谋成果转化与产业发展。

在兰州科技大市场管理有限责任公司的路演中心，来自兰州大学的牛红霞教授向大家科普了新型结核亚单位疫苗的功效与安全性，作为团队历经八年的研究成果，新型疫苗的问世可有效弥补现有 BCG 结核疫苗对于成年人无有效保护的短板，市场前景良好。

甘肃皓天医药有限责任公司负责人冯伟伟带来了最新成果，以维生素 D_3 为原料，经生物酶催化法合成骨化二醇，作为药物，骨化二醇在骨质疏松、佝偻病等代谢性骨病的治疗和饲料添加剂方面有大量的需求，然而传统的化学合成法成本高，且无法作为饲料添加剂广泛使用。“新的合成方法在成本方面有很大优势。”冯伟伟说。

甘肃院企抛砖引玉，将推介会推向高潮，来自上海的三家代表闪亮登场。来自上海药物所的临床前研究技术平台及扛心肌缺血再灌注损伤新药合作项目吸引了在场代表的高度关注，推介人李平介绍说，上海药物所拥有一套功能齐全、技术先进、综合集成、国际规范的临床前评价体系，可为化药、中药及民族药、生物药新药研发提供平台，是我国首个列入 WHO 网站名单的 CRO 机构，而公司的新药用于心肌梗死急性期对心肌细胞的挽救性治疗，满足临床尚未解决的治疗需求，具有良好的安全性。“对于西北地区相关疾病的治疗有很大的意义”“心肌梗死患者的福音”“企盼药物早日落地甘肃”……直播间的观众纷纷留言。

楼敬伟是一名海归博士，作为上海宝藤生物医药科技股份有限公司的“掌舵人”，他在几年前就高度关注兰白自创区的发展，此次推介会，他亲自上马，为公司开发的“微生态医学创新中心”寻觅“佳偶”，“通过宏基因组技术实现对肠道微生态的精准分析，在此基础上进行菌群调节治疗，效果远优于传统治疗，应用前景和产业化价值很高，这样的好项目希望能在甘肃落地生根。”楼敬伟说。

短短 2 小时，7 场精彩的推介，30 万观众“驻足”，这场来自“云端”的推介会释放了科技创新的最强音，大家纷纷为甘沪两地的科技成果点赞。“下一步，我们还将与上海张江全力统筹做好甘沪两地推介活动及相关创新合作内容，联手推出其他行业领域的系列活动”，甘肃省科技厅副厅长朱晓力表示，通过“两地联动 + 领域互动”“线下组织 + 线上展示”“项目发布 + 合作签约”等形式，甘沪两地实现了创新创业生态融通、企业产业平台连通、市场应用场景贯通、要素流动渠道畅通、建设发展理念沟通的良好局面。

第七届寒区旱区生态环境资源与工程青年学术论坛在兰州举办

2021 年 5 月 31 日

以“寒区旱区生态环境资源与工程学科交叉”为主题，围绕一带一路沿线寒区旱区生态环境、冰冻圈科学、工程装备与技术、资源与能源、新材料、地缘政治学等领域的前沿科学问题分享交流研究成果，启发科研思路。5 月 28 日，由中国科学院青年创新促进会西北研究院小组和中国冰冻圈科学学会青年工作委员会主办的“青促会十周年·第七届寒区旱区生态环境资源与工程青年学术论坛”在兰州顺利举办。

寒区旱区是我国极为重要的生态安全屏障。随着经济社会的高质量发展,工程基础设施建设在这些区域日益增多,致使区域资源配置、环境污染、生态平衡与工程服役等方面的问题日趋显著。为促进多学科交叉融合,更好地服务于国家“一带一路”倡议和西部大开发等重大战略的实施, 中国科学院青年创新促进会西北生态环境资源研究院小组于 2015 年发起了“寒区旱区生态环境资源与工程系列青年论坛”,目前已连续举办六届,受到国内相关领域青年学者的广泛关注和大力支持。

据介绍,论坛主办方中国科学院青年创新促进会成立于 2011 年 6 月,是中国科学院针对全院 35 岁以下青年科技人才进行综合培养的新举措,旨在通过有效组织和支持,促进全院青年人才的互动交流和学科交叉,提升科研活动组织能力。青促会成立十周年以来,为西北研究院青年科技人才的成长和培养起到了重要的推动作用。

本届论坛共设寒区工程技术、冰冻圈环境及气候变化、寒旱区地表过程、寒旱区资源可持续利用等多个专题,中科院西北研究院冯起、康世昌、李宗省,中科院青藏高原研究所徐柏青、张强弓,中科院广州地球化学研究所张干等 6 位研究员和美国密苏里科技大学教授张雄分别做论坛主题报告。来自中科院新疆生地所、中科院成都山地所、中国科学技术大学、兰州大学等高校院所的 80 多名国内外青年学者围绕主题作了精彩报告,进一步促进不同学科交叉和集成创新。

理思路、提建议、找对策
甘肃召开科技局长座谈会

2021 年 6 月 1 日

弘扬“面向群众、坚守信念、顾全大局、求实开拓”的南梁精神,践行创新使命。5 月 28 日,正值第 5 个“全国科技工作者日”,中国科学院第二十次院士大会、中国工程院第十五次院士大会和中国科学技术协会第十次全国代表大会召开之际, 在 “两点一存”革命根据地陇东华池县南梁镇,甘肃省科技厅召开全省市州科技局长座谈会,就如何为创新主体办实事,理思路、提建议、解难题、找对策。

会议深入学习习近平总书记在“科技三会”上的重要讲话精神。“要进一步提高思

想认识，担当科技自立自强使命，积极履行好重大科技创新组织者的职能，持续加快创新甘肃建设步伐。”甘肃省科技厅党组书记、厅长张世荣提出要求，准确把握甘肃科技发展的优势和劣势，聚焦突破核心关键技术，聚焦提振经济发展质量，聚焦构筑现代产业体系，聚焦增进民生福祉，重点围绕核技术、微电子、中药材、种业等特色产业和比较优势突出产业，促进技术要素与自然资源要素、人力资源要素、资本生产要素的有机结合，培育区域特色支柱产业，推动区域经济结构升级和竞争力提升。

“十三五”以来，嘉峪关市全社会研究与试验发展（R&D）投入强度始终居全省首位。“下一步，积极推进国家级高新技术开发区和高质量双创平台建设，聚焦高新技术企业培育和企业技术创新体系建设，主动谋划实施重大项目。”嘉峪关市科技局负责人说，深化科技体制改革与机制改革，统筹创新资源布局，提升科技创新水平，努力建设“河西走廊科创城”。

“以建设兰州综合性国家科学中心为抓手，积极培育国家战略科技力量，大力推进兰州自创区和试验区建设，切实发挥兰白自创区、试验区对全省高质量发展的支撑引领作用。”兰州市科技局局长王柠在交流发言中说，兰州市 2019 年进入国家创新型城市行列，成为全国 15 个创新策源地城市之一。“将充分发挥兰州科技大市场和正在推进建设的兰州科技创新园、兰州科技成果转移转化中心及兰州科技创新共享服务平台的服务功能，加速科技成果从实验室走向‘应用场’。”

协调联动，推进区域创新体系建设，促进产业链与创新链协同升级，金昌市以金川集团公司为龙头组建了“甘肃省镍钴资源高效利用及新产品开发创新联合体”。“要不断改善科技创新生态环境，持续加大财政科技投入强度。”金昌市科学技术局局长马勇说，围绕金昌市镍铜钴新材料、新能源产业创新聚集区、菜草畜高品质现代特色农业示范区建设，共同提高项目实施的精准性和导向性，围绕金昌有色金属新材料、数字经济、新能源、化工循环等“六大产业链”共同布局创建高层次创新平台。

按照“以重大科技项目为牵引，以重大创新平台为支撑，以重大机制创新为保障”的总体思路，座谈会聚焦优化创新生态环境、组织重大科技项目、搭建创新平台、深化科技合作、推进管理流程再造等方面共提出工作建议 30 项，为创新主体、基层单位办实事解难题 23 项。

齐聚一堂同唱《绣金匾》，共商大计再谱创新篇。“理清工作思路，抓住工作重点，充分发挥甘肃在科研平台、创新主体、创新人才等方面的比较优势，聚焦管理流程再造，优化科技创新政策环境，构建良好科技创新生态，激发各地区创新活力。”张世荣说，要以“兰白两区”建设和兰州综合性国家科学中心建设为龙头，优化整合科技创新基地，解决创新平台与产业结构不配套的问题，探索建立符合省情、能够快速提升区域创新能力和创新体系的模式。

中国有色金属学会第十三届学术年会开幕

2021 年 6 月 27 日

"进一步聚焦有色金属科技前沿和绿色、高质量发展重大战略,开展综合性、高水平学术交流,突出学科交叉、产学研结合、服务产业经济,打造高端学术交流平台,全面提升有色金属行业自主创新能力。"6 月 26 日,由中国有色金属学会主办,甘肃省科学技术厅、甘肃省科学技术协会、甘肃省金属学会、有研科技集团公司联合承办的中国有色金属学会第十三届学术年会在甘肃省兰州市开幕。

以"科技经济融合创新 绿色低碳智能发展"为主题,本届年会主论坛邀请中国工程院邬贺铨院士等 5 位专家围绕信息技术、航空航天、稀土冶金等多个领域发表了精彩的主旨报告。年会还设立了绿色矿山与生态环境资源、稀有稀土金属清洁冶金、固废资源化、高性能轻合金材料及其装备加工技术、有色金属智能制造等 24 个分论坛,来自国内外知名高校、科研院所及企业的有色金属行业相关院士、专家学者及企业管理者 1000 余人参加论坛。

甘肃自古就是丝绸之路的咽喉要道和商埠重地,是实施"一带一路"倡议向西开放的前沿阵地,也是西部地区重要的工业基地,全省已发现各类矿产 119 种,占全国发现矿种的 65%,拥有白银和金川有色、酒泉钢铁等一批早期建设布局的重点有色工业企业。

同时,甘肃还是国家战略科技力量的重要布局区域,创新底蕴深厚,科技综合实力保持在全国第二梯队。在全省科技工作者的集智攻关下,甘肃在有色冶金、新材料等细分领域已经具备国家竞争实力,部分领域处于前沿地位。截至 2020 年,甘肃冶金有色工业 10 种有色金属产品产量 405.15 万吨,位列全国第 7 位。冶金有色完成工业总产值 2522.54 亿元,实现营业收入 4997.59 亿元,有力带动区域经济社会快速发展。

中国有色金属学会学术年会是有色金属领域覆盖面最广、学术水平最高的综合性学术盛会,已成功举办 12 届,取得了良好效果、产生了广泛影响,成为有效促进全国有色金属产业发展的重要平台。相约金城兰州,共谋有色金属产业发展良策,共商科技助力区域经济腾飞大计,将对甘肃有色金属产业通过科技创新引领高质量后发赶超起到重要的指导推动作用,对甘肃发展注入巨大智力支持。

甘肃省副省长张世珍在开幕式致辞中表示，我们将把各位的真知灼见、智慧经验，努力转化为推动甘肃有色金属产业和科技创新高质量发展的具体举措，加快甘肃创新发展崛起进程，全力打造科技创新引领经济转型发展的“甘肃样本”。

总投资额 2038.84 亿元！第二十七届兰洽会张掖市招商引资颇丰

2021 年 7 月 7 日

“签约合同项目 54 项，签约额 218.15 亿元，协议项目 29 项，总投资额 2038.84 亿元，项目涵盖新能源、新材料、智能制造、装备制造、信息数据、现代农业、生物医药、环保节能、文化旅游、基础设施等领域。”7 月 7 日，第二十七届兰洽会张掖市招商引资推介暨重点项目签约仪式上，频传佳音。

招商引资推介会上，张掖市重点围绕打造绿色蔬菜、奶牛肉牛、现代种业、现代设施农业“四个百亿元”农业产业集群，农畜产品加工、智能制造、清洁能源、新型材料“四个百亿元”工业产业集群和“百亿元”文旅康养产业集群，逐步打造清洁能源和新型材料“两个千亿元”产业集群进行推介。

开放蕴含机遇，合作带来共赢。签约现场，张掖市与中国电力工程顾问集团有限公司、中国能源建设集团、中国葛洲坝集团共同签约投资 1020 亿元的张掖市光储氢热产业化示范项目；与中国能源建设集团、紫光集团、新华三集团签约投资 210 亿元的大数据产业园、卫星遥感数据中心建设及大数据源网荷储一体化项目；与中国船舶集团风电发展有限公司签约投资 320 亿元的张掖市千万千瓦级清洁能源基地项目；与上海电气风电集团股份有限公司签约投资 180 亿元的风电装备制造产业、风电资源开发、碳纤维产业项目；与中国三峡集团长江电力股份有限公司签约投资 130 亿元的张掖盘道山抽水蓄能电站建设项目；与中云科技集团有限公司签约投资 20 亿元的张掖智能制造产业中云科技产业园项目，这些项目，将带动地方经济上一台阶。

地处甘肃河西走廊中部的张掖是丝绸之路经济带重要节点城市，也是甘肃省“打造国家现代能源综合生产基地、储备基地、输出基地和战略通道”的重要组成部分，更是一片生机勃勃的投资热土。目前，拥有 1 个国家级经济技术开发区、5 个省级工业园区，海关机构、保税仓库、农产品监测中心、进出口商品直营中心建成运营，获评“中国最具投资吸引力城市”“十佳最具绿色投资价值城市”。

据介绍，近年来，张掖大力发展绿色生态农业、新兴生态工业、全域生态旅游业、现代生态服务业“四大生态产业”，不断取得新的进步和成效。特别是随着智能制造产业园、海升现代智能温室产业园、华为大数据产业园、华夏大地“摇篮经济”生态循环产业园、中船风电清洁能源产业园、凹凸棒石产业园等一批重大项目的实施，助推张掖由“资源富地”向“产业高地”转型、由“内陆腹地”向“开放窗口”转变。

记者了解到，2020 年，张掖市签约招商项目 129 项、签约额 277.31 亿元，落实省外到位资金 254.99 亿元。2021 年 1~5 月，全市实施新续建招商引资项目 71 项，落实省外到位资金 57.5 亿元，同比增长 75.89%，招商引资已成为全市经济高质量发展的动力引擎和源头活水。

第二十七届中国·兰州投资贸易洽谈会正式开幕

2021 年 7 月 8 日

以“开放、开发、合作、发展”为宗旨，以“深化经贸合作，共建绿色丝路”为主题，7 月 8 日，由商务部、国家市场监督管理总局、国务院台湾事务办公室、中华全国工商业联合会、中华全国归国华侨联合会、中国国际贸易促进委员会、甘肃省人民政府主办，甘肃省人民政府承办的第二十七届中国·兰州投资贸易洽谈会（以下简称“兰洽会”）在甘肃兰州正式开幕。本届兰洽会邀请尼泊尔和乌拉圭担任主宾国，邀请陕西省担任主题省，采用线上线下相结合的方式举办。

据悉，本届兰洽会将持续至 7 月 12 日，共有 33 项形式多样的活动，其间，将围绕“构建生态产业体系，推动绿色发展崛起”的部署要求，线下举办论坛峰会、主宾国和主题省经贸展示和洽谈、投资贸易促进和展览展销等活动；线上依托“兰洽会在线”平台，设置虚拟展馆同步进行展览展销，对接直播营销和知名电商平台，开展全天候推介洽谈和信息发布。

“从产业上看，甘肃大力推动经济增长动能的转换，数字智能、生物医药、新能源、新材料为代表性的战略性新兴产业和高技术产业正在兴起，一批新的经济增长点正在加速形成。”商务部副部长兼国际贸易谈判副代表王受文在致辞中说，经过 20 多年的打造和培育，兰洽会已经成为西部地区主题鲜明、特色突出的重要贸易投资平台，不仅服务于甘肃,还服务于西部地区的对外开放和经济发展,不仅是展示甘肃机遇的重要窗口,更成为展示中国机遇的重要平台。

本届兰洽会的展览展销主展馆设在甘肃国际会展中心，围绕国际交流、区域合作、特色产业、科技创新、服务贸易、消费促进等内容,设置丝绸之路国际合作展区、区域合作交流展区、特色优势产业展区、科技创新展区、服务贸易展区、时尚兰州都市消费展区等6个展区。分会场设在兰州新区,设置进口汽车及特种车辆(新能源汽车、旅游房车、工程车)专业展区和智慧农业及花卉专业展区。

“进入新时代,随着共建‘一带一路’的深入推进,甘肃再次成为中国向西开放的黄金地段,成为连接‘一带一路’、联通各个区域版块的重要枢纽,迎来了融入国际合作、实现自身振兴的历史契机。”甘肃省委书记尹弘致辞时说,希望通过兰洽会的举办,吸引国内外嘉宾前来甘肃投资考察、旅游观光,领略交响丝路,感受如意甘肃。

甘肃举办“一带一路”知识产权盛宴

2020年7月10日

7月9日,来自世界知识产权组织、国家知识产权局、相关企业及国内知识产权行业的专家和知识产权服务机构代表“慧”聚甘肃兰州,参加由甘肃省人民政府主办,甘肃省科学技术厅、丝绸之路国际知识产权港有限责任公司等协办的“一带一路”科技创新·知识产权高峰论坛。

“甘肃自古就是丝绸之路的咽喉要道和商埠重地,是国家实施‘一带一路’倡议向西开放的前沿阵地,也是国家战略科技、知识产权的重要布局区域。”甘肃省副省长张世珍致辞时说,甘肃省推进知识产权强省建设,着力打造高水平丝绸之路国际知识产权港,聚力推进兰州白银国家自主创新示范区等重大创新平台建设,有力促进了科技创新和知识产权事业的蓬勃发展。“向科技要答案、向知识产权要激励、向创新要动力、向改革要活力、塑造发展新优势。”张世珍呼吁各方嘉宾更多了解甘肃、感知甘肃、关心甘肃,通过这场知识产权学术盛宴,加快甘肃创新发展崛起进程,全力打造科技创新引领发展、知识产权保驾护航的“甘肃样本”“甘肃经验”!

国家知识产权局副局长赵刚肯定了甘肃省近年来在“一带一路”倡议促进下,知识产权事业取得的长足发展,他表示,丝绸之路国际知识产权港作为甘肃省在推进知识产权领域发展的有力抓手，充分发挥了知识产权在创新驱动发展和新旧动能转化中的支撑作用。其努力构建的知识产权全生命周期运营服务体系,必将成为全省知识产权改革创新、体系融合和要素互补的重要力量。

因故不能亲临现场的世界知识产权副总干事王彬颖发来贺信,她表示,WIPO(世界知识产权组织)将通过专利、外观设计、商标、地理标志等知识产权全球服务体系,为甘肃的企业进军国际市场、参与国际竞争提供一条便捷的通道。

政府“搭台”,知识产权成果“唱戏”。论坛上,甘肃省市场监管局分别与国家知识产权局专利局专利审查协作河南中心、青海省市场监管局、陕西省知识产权局就知识产权合作、保护签署了合作协议;甘肃省科技厅分别与有研科技集团有限公司、矿冶科技集团有限公司、中国钢研科技集团有限公司、机械科学研究总院集团有限公司就央企科技创新合作举行了签约仪式。

第二十七届兰洽会落幕　成功签约 697 个项目

2020 年 7 月 13 日

“经过会前会中洽谈预约,本届兰洽会共签约合同项目 697 个,签约总额 3909.24 亿元,签约项目个数、金额与上届兰洽会相比(去年签约项目 587 个,签约金额 2730 亿元),分别增长 18.7%、43.2%,实现了新的提升突破。”7 月 12 日下午,第二十七届兰洽会重大项目签约仪式暨闭幕通报会在兰州隆重举行,兰洽会组委会执行副主任、甘肃省商务厅厅长张应华通报了第二十七届兰洽会总体情况。

突出洽谈,招商引资成果丰硕。本届兰洽会签约项目在数量、签约额实现较大增长的同时,项目质量和产业结构也有新的突破。从产业来看:第一产业项目 101 个,签约额 197.93 亿元;第二产业项目 363 个,签约额 1991.09 亿元;第三产业项目 233 个,签约额 1720.22 亿元。其中,第二产业签约额较上届增长近一倍,第三产业也增长超过 15%。

据了解,今年以来,甘肃各市州和兰州新区多批次派出招商小分队,针对重点地区和龙头企业开展精准对接考察，促成了一批高质量的招商项目，涉及新能源新材料、化工、装备制造、现代农业、生物医药、文旅康养等多个产业。其中,中国生物西北地区科技健康产业园 p3 级生产车间和 p3 级实验室项目、40 万吨合成金红石项目、东旭集团 OLED 载板项目等 16 个具有代表性的重点项目在现场完成签约。

兰洽会上首次推出的“甘肃省招商产业地图”,全面展示全域产业现状、发展方向、招商项目、生产要素、企业资源等内容,为国内外客商提供可视化、直观便捷的线上投资指引。吸引了 20 个国家使领馆及商协会组织,国内 21 个省区市、新疆生产建设兵团、重点城市及港澳台地区,1900 多家企业参展,参展商近 4000 人,涉及节能环保、新型材料、智能科技、农副土特等 20 多大类、上千种展品。

据介绍,本届兰洽会线上依托“兰洽会在线”平台,设置虚拟展馆同步展示,并开展电商直播等活动,进行全年度线上展销。通过“实体 + 数字”“综合 + 专业”的智慧化、多元化展示手段,“永不落幕的兰洽会”已初见成效。据统计,进馆观众累计 17.2 万人(次),商品展销总成交额 8.32 亿元,其中,订货 6.43 亿元,现货 1.89 亿元。

第二次青藏科考“地气相互作用及其气候效应”专题分队出征

2021 年 7 月 16 日

7 月 15 日下午,中国科学院青藏高原研究所在甘肃兰州举办第二次青藏科考“西风 - 季风协同作用及其影响”任务“地气相互作用及其气候效应”专题分队出征仪式。科考任务首席科学家、中国气象科学研究院徐祥德院士代表二次科考任务宣布出征,并向科考分队长、专题首席科学家、中科院青藏高原研究所马耀明研究员授旗。

本次“地气相互作用及其气候效应”专题分队科学考察为期 1 个月,由中科院青藏高原研究所牵头,科考队员来自中科院西北生态环境资源研究院、中科院空天信息创新研究院、中科院大气物理研究所、成都信息工程大学、四川省气象局、青海省气象局、西藏自治区气象局、中国科学技术大学、南京大学、国家气候中心、兰州大学、南京信息工程大学、浙江大学、长安大学、华北电力大学、中山大学、复旦大学等 18 家科研机构和高校 100 余人。

科考队从兰州集合启程,途径敦煌和茫崖,沿戈壁公路到格尔木,再沿青藏公路入藏,经可可西里及藏北高原、沿新藏线一路西行至阿里,再经中印尼边境普兰、中尼边境吉隆及珠穆朗玛峰等地,最后经藏东南的茶马古道到达林芝、墨脱、昌都。本次科考区域既涵盖受西风和季风影响的高原主体,也有青藏高原与南亚次大陆结合部的藏东南高山峡谷区，行程约6600千米。

据悉，第二次青藏高原综合科学考察科考重点围绕青藏高原地球系统变化及其影响这一关键科学问题，突出以变化为主题的考察研究，摸清变化规律，评估与预测未来变化趋势，设有10项重大任务共69个专题。本次专题科考将采取线路穿越、重点踏勘和移动采样结合的方式，同时，移动采集大气、积雪、水体、沉积物和土壤样品、巡检野外观测仪器并采集数据，最终系统掌握各组网观测系统总体现状以及周边下垫面的详细特征，加深对西风－季风交汇区内观测站点周边地气相互作用过程总体认知和理解。

另外，本次科考将首次利用地气间水热交换立体综合观测平台、无人机多光谱影像、机载涡动湍流通量观测平台、卫星遥感相结合的方式，立体综合监测选定区域的地气相互作用特征，建立地气相互作用和地理信息数据库，生成高原地气相互作用过程实景三维模型，为探明西风－季风变化背景下，地气相互作用过程在不同下垫面的长期变化趋势及对区域气候变化的影响提供数据支撑。

第七届环境与发展智库论坛在兰州开幕

2021年7月20日

以“创新·为发展点燃新引擎”为主题，旨在汇聚政、产、学、研、智、媒各界代表的智慧，共同发现科技创新的力量、共同分享智库发展的成果、共筑创新发展的美好愿景。7月20日，第七届环境与发展智库论坛在甘肃兰州开幕，来自全国各地的嘉宾和专家学者齐聚金城，共话环境与发展智库之发展，擘画环境与发展智库之未来。

本届论坛设置开幕式、大会主题报告、智库成果发布、分论坛报告与研讨等环节。甘肃省人大常务委员会副主任陈克恭，中国21世纪议程管理中心主任黄晶研究员，国家信息中心经济预测部副主任牛犁，中国科学院科技战略咨询研究院穆荣平研究员，中国科学院海洋研究所、中国科学院烟台海岸带研究所所长王凡研究员和甘肃省社会科学院院长王福生研究员等作了特邀专家报告。

论坛聚焦“综合性国家科学中心建设”“双碳目标下绿色发展路径”“海洋创新促进可持续发展”“新一轮产业变革下的颠覆性技术创新”“国家可持续发展议程创新示范区建设”“学科情报研究与科技成果评议新进展”“科技期刊与智库融合发展”等为

分论坛主题开展专题研讨。国内外专家学者共300余人参加了论坛。

科技成果转化是科技与经济相结合的关键环节，是最直接、最有效促进经济发展的形式，技术需求发布是推动解决科技成果数量、成果质量、成果转化效率等问题的具体举措。论坛上举行了科技成果技术需求发布及智库产品发布仪式，来自中国科学院兰州分院研究所的科学家代表和甘肃省属国资企业的代表发布了重离子核物理及加速器驱动先进核能研究、有色金属新材料和阻沙固沙新材料、新装备、新工艺等方面的技术需求。中科院西北研究院文献情报中心发布了环境与发展智库年度产品，包括环境与发展智库平台、能源装备制造产业发展态势报告（2021）和《深海科学研究国际发展态势》。

据悉，环境与发展智库论坛由环境与发展智库联盟、中国21世纪议程管理中心、国务院参事室当代绿色经济研究中心、甘肃省科学技术厅、甘肃省科学技术协会、中国科学院兰州分院、中国科学院西北生态环境资源研究院等单位联合发起，自2015年12月首届创办以来，已连续成功举办六届。该论坛聚焦环境与发展、科学与社会领域交叉前沿议题，坚持智者同行、与青年共进、与创新同频、与发展共振，始终致力于推动政产学研各方跨界交流与深度合作，共享智力资源、传播智慧思想、洞察发展趋势、凝聚发展共识，共同在新发展阶段、以新发展理念推动高质量发展进程。

理论＋实践，热点＋难点，专家小分队为甘肃康县特色产业发展“充电”

2021年9月29日

秋分有雨来年丰。9月26日，微微细雨中的甘肃康县迎来了乡村振兴服务行专家小分队。来自中国农业科学院兰州畜牧与兽药研究所、甘肃省水产研究所、甘肃农业大学和甘肃省蜂业技术推广总站的6位专家冒雨前行，从理论和实践多视角出发，抓住康县养殖产业发展中存在的热点、难点问题，现场问效找症结，精准指导促提升。

据了解，此次专家小分队康县乡村振兴服务行活动由科技领军人才创新驱动中心（甘肃）、甘肃省科学技术情报研究所、中共康县县委主办。在为期3天的现场指导与专题讲座中，专家小分队聚焦康县羊、鱼、桑蚕、生猪、鸡和蜜蜂养殖产业发展需求，深入农户、企业和专业合作社进行现场调研，积极研讨“会诊”。

羊、生猪养殖过程如何更好进行抗病管理？虹鳟鱼养殖关键技术如何提升？如何发挥康县优势，扩大养蜂“甜蜜”产业，推进蚕桑产业融合发展？土鸡、太平鸡养殖产业中的品质选育、饲养配方管理、养殖环境治理怎么加强？专家小分队每到一处，便有农户就养殖过程中的技术难点、常见问题争相提问。丰富实用的指导活动吸引了来自康县畜牧中心及乡镇站所技术人员、种养殖农民专业合作社负责人、种养殖大户、致富带头人等60余人，服务当地农户、农业合作社和企业近10家。

把脉产业发展思路是促进县域地区发展、增加农户收入、助力乡村振兴的有效途径。服务活动推动高层次人才深入乡村振兴一线，也为专家们转化科研成果、推进产学研联动提供了有效平台。康县相关负责人表示，此次专家小分队活动紧密贴合康县发展实际需求，为乡村振兴提供了人才支撑，也为当地产业发展注入了新动能。

人物聚焦

（14 篇）

作者导言

科教兴国是国家的重要战略，在科技飞速发展的时代，大国竞争的实质就是科技以及科技人才的竞争。从 5G 技术到人工智能，从半导体芯片到量子计算，谁能够率先掌握下一代的核心科技，谁就能站在时代的风口，引领时代发展的方向。而所有这些科技进步，归根到底都依赖于科技人才，本章节的“主角”既有中国科学院的院士，也有普通的铁路工人，既有全省科技工作的“领头雁”，也有将论文写在大地上的科技特派员，不同的是身份，相同的是他们为甘肃科技事业殚精竭虑的初心，他们的事迹令人感动，奉献的人生，永不褪色。

以科技创新为第一动力的经济发展模式，需要靠人才持续为经济注入动力，“科学技术是第一生产力”是不变的真理，只有千方百计留住科技人才，不断向科学技术广度和深度进军，才能有更高水平的原创成果，肩负起历史赋予的科技创新重任，让甘肃在日益激烈的国际竞争中抢得先机，谋求更大的发展，甘肃省人才济济，本章节只梳理了很小的一部分，但折射出的却是甘肃省人才队伍的整体风貌：勤奋、踏实、热爱甘肃，所以无怨无悔地留在这里，贡献自己的力量，他们是当之无愧的“科技担当”。

赖远明:高原冻土不了情

2015 年 5 月 25 日

青藏铁路所创造的 9 项“世界纪录”中,有关冻土难题的占了 4 个:冻土里程最长的高原铁路、海拔最高和最长的冻土隧道、最长的高原冻土隧道、最长的高原冻土铁路桥。

多年冻土区筑路技术核心难题的彻底解决,使这条铁路有了“世界冻土工程博物馆”的美誉。我国在该领域的研究也因此挺身于冻土科研的“世界屋脊”。国际冻土协会主席杰里·布朗深有感慨地说:“青藏铁路代表了冻土工程的最新进展。在这一领域,其他国家需要借鉴中国的成就。”

实现这一切的是中国科学院寒区旱区环境与工程研究所,赖远明是其学科带头人之一。数十年来,赖远明率领他的冻土与寒区工程研究室团队,在偏隅西部的兰州潜心研究,取得了骄人的成就,被誉为天路“精算师”。

-1℃,领先世界水平青藏铁路要穿越连续多年冻土区 550 千米,其中高温冻土区 275 千米。

“一般来说,地表以下 15 米,年平均温度高于 -1℃的冻土属于高温冻土。”赖远明解释道,高温冻土具有很强的不稳定性,由于季节变化和人类活动,特别容易产生冻融危险,造成土地沉陷、道路开裂、桥梁坍塌、钢轨扭曲,“就像冰袋,冷冻使水体积增大 9%,冰溶化后体积会缩小。”

俄罗斯修建的西伯利亚铁路也曾穿越冻土区,但因为纬度高,其地温在 -2.5℃以下,属于低温冻土区,相对稳定。青藏铁路建设所面临的是世界冻土科研前所未有的难题。

直击 -1℃的高温冻土,赖远明和他的团队展开系统研究的“第一站”是寒区工程的冻害机理,“改善冻土计算理论长期依赖国外的现状,为设计提供理论依据”。

在数据和文献十分有限的情况下,赖远明发挥工程数学和工程力学的专业优势,提出了冻土工程温度、渗流和应力场耦合问题的数学力学模型,导出了有限元计算公式,并对寒区隧道冻胀荷载作用下的应力场和温度场进行了数值模拟,解决了路基温度计量难题,填补了寒区隧道计算理论方面的空白,为世界冻土工程提供了公认的计算模型。

“我们还对未来50年青藏高原气温上升2℃的路基温度变化进行了预报分析,结果表明抛石路基能够保证冻土路基的热稳定。”赖远明说,这项延伸研究解决了铁路建设中的气候变暖的影响问题。

在揭示路基降温机理和效果的基础上,赖远明团队研发了“凹”字状的U型复合抛石路基和无能耗自动温控通风路基等物理结构,成功应用在青藏铁路、公路建设中。青藏铁路建设总指挥部的应用文件特别提出,这种结构“减少修建旱桥30千米,补强路基约100千米,成功避免了路基融沉、道路纵裂等潜在病害的发生,节约路基长期整治经费。”

2008年,“青藏铁路工程”荣获国家科技进步特等奖,赖远明作为主要完成人榜上有名。

22厘米,体现精准理念对于科研试验,赖远明几乎到了苛刻的程度。

“冻胀量小于1%,降温效果4.27℃,阴阳坡温差0℃左右,降低坡面温度4℃~5℃,通风散热效果提高1倍。”荧屏前的赖远明解释着他的冻土路基标准,“经过翔实的计算得来,还有提高的空间。”

从机械工程,到结构工程,再到寒区岩土工程和土木工程,赖远明接受的教育一直沿着力学展开。“力学的逻辑基础是数学,我的工作得益于比较扎实的数学根基。”赖远明说。

“主动冷却路基”是一种低成本、长寿命、高质量的冻土路基设计理念,由程国栋院士提出。但如何建模、采用什么结构,却是空白。“程国栋院士于我亦师亦友,确立研究课题后,从计算理论到数字模拟,一切都要白手起家。”非常尊重程国栋的赖远明主动挑起了填补空白的重任。

封闭边界的碎石层具有很好的热半导体特性,风力的自然对流换热对降温效果有较大影响,碎石的粒径和结构孔隙就成为决定因素。

之前道路工程的碎石粒径在0.5~30厘米,施工随意性和降温误差都比较大。有没有一个粒径拐点,降温效果能否达到最佳匹配?赖远明决定寻找这个重要的参数。

16组样品,持续的模型试验,从5~30厘米分组测试,一组一组地筛查……200多天后,22厘米这个数字首次进入赖远明的视野。

“粒径不是越大调温效果就越好,需要统筹考虑四季气温变化。”赖远明在综合各种影响因素后,把22厘米确定为青藏高原道路路基最佳块碎石粒径……

一路走到巅峰,赖远明与冻土发生交集,竟缘于一个偶然的机会。他告诉记者,听到冻土是1994年在长沙铁道学院进修时,与来自中铁西北院同学的一次闲聊,“当时感觉浑身都起鸡皮疙瘩”。

从那以后,赖远明开始关注冻土世界。两年后,他被冻土工程国家重点实验室录取为博士研究生。“所以选择寒区岩土工程方向，就是因为这个专业的理论基础不成熟，可开垦的领域很多”。体验到冻土研究的迫切需求之后，赖远明更加义无反顾地埋头其中，并在2000年获得“百人计划”项目资助，成就了科研的“第一桶金”。

2011年，赖远明当选为中国科学院院士，成为这个令人瞩目的群体中年轻的一位。“即便天上掉馅饼，也会砸到早起的人头上”。这朴素的语言是奶奶教给他的。

每天半夜12点睡觉、早上6点起床，步行到公园晨练，8点准时进入实验室，是赖远明雷打不动的生活习惯。“老师的很多灵感是在步行中思考成熟的。”他的学生裴万胜告诉记者。

4905米，挑战生命极限

对于赖远明而言，每年几次的野外勘察极为重要。

“啃馒头，吃咸菜，住帐篷。遇到极端天气，几个星期不洗澡是常有的事。”同事喻文兵说。

昆仑山隧道长1686米，是世界多年冻土区第一长隧。2001年，隧道工程完成500米时，赖远明进洞采取岩样。在这里，他经历了命悬一线的危险。

“隧道内刚刚放完炮，含氧量大约只有平地的30%左右，岩土采样的时间需要持续3小时。”他的学生张明义回忆，刚开始的头疼症状，赖远明并没有在意。剧烈的头痛和呕吐后才被送往医院。从那以后，赖远明的后脑时常会有莫名疼痛，对记忆力也有不小影响。

“带回了珍贵的样品，解决了隧道衬砌和保温措施的参数优化设计问题。”赖远明对那次的受伤细语轻描。

2002年，赖远明刚接到解决青藏铁路寒区隧道冻土问题的任务时，他就将目光锁定在风火山隧道。

风火山隧道位于可可西里保护区边缘，海拔4905米，是目前世界上海拔最高的铁路隧道。西方媒体曾预言：在这样的地质带打隧道，是根本不可能的事。

“隧道的冻土层最厚达150米，覆盖层最薄处仅有8米，施工稍有不慎，就会导致塌方。”赖远明快速组织队伍，实地勘测，精准计算，建立了对流换热与围岩相变传热模型，解决了风火山隧道衬砌和保温措施的参数优化设计。与相关科研设计单位协同攻关，掌握了高原冻土路基和隧道施工的有效方法。如今，这两个铁路隧道已经安全服役10多年，创造了奇迹。2005年，该成果获国家科技进步二等奖。

降温机理与合理降温参数、块碎石路基场计算方法、流固耦合传热模型、U型块碎石路基结构、阴阳坡路基技术、复合通风路基结构、涎流冰防治、抗冻胀添加剂……赖远明和团队已经在冻土领域掌握了20多项的专利，节约投资约20亿元。这些技术和工程措施已经应用在寒区的公路和水库施工中。

“继续冻土地区修建高速公路和高速铁路的研究课题,展开冻土水盐热力特性分析研究。”他应记者要求介绍近期的工作时说,“科研一直在路上。”

“结缘冻土21载,这个学科已经从门可罗雀变得炙手可热,有很多与冻土密切的工程需要理论支持和解决方案。”采访结束时,赖远明告诉记者,冻土终将变成许多研究人员的“热土”。

黄土地上的科技特派员

2015年10月18日

甘肃作为科技部选定的首批科技特派员试点省之一，从2002年至今已有13个春秋。寒来暑往,一批又一批科技特派员走进乡村,为农民致富贡献智慧,挥洒青春,成了他们的贴心人,也为他们带来了实实在在的利益。

当记者到达定西市渭源县天地中药材有限责任公司时,罗有中正穿着工作服,蹲在闷热难耐的大棚里,细心地看护着他的“宝贝”——马铃薯脱毒苗。今年4月份,罗有中以科技特派员的身份，从定西市农业科学研究院来到企业。问他田间地头烦闷不,反而被幽默了一把:“咱出生在黄土地,自然愿意回到黄土地。”

由于得天独厚的气候和土壤条件,渭源的马铃薯皮薄个头大、形整味道佳,远销海内外,2001年被中国农学会命名为“中国马铃薯良种之乡”。作为专业人士,罗有中对马铃薯的评价却不尽是溢美之词,“中国马铃薯平均亩产960千克,几乎全球垫底,原因就是种子不行。而推广脱毒种薯,产量可以提升很多。”正是这样的考虑,罗有中的“科特派”团队承担起了全县马铃薯良种繁育的任务。

事实上,罗有中的团队仅仅是渭源县科技特派员队伍的一个缩影。目前,渭源县投入1320万元,联系119名科技特派员,带动辐射村民8000余人,覆盖所有贫困村。“实践证明,渭源县将项目作为载体,将“科特派”制度与创新创业、造血生血、精准扶贫结合的做法,是值得总结的。”甘肃省科技厅厅长李文卿说。

日头慢慢滑进西山，张卫东也开始为他的羊儿添加能量饲料了，看着健硕的种羊,张卫东心情好了许多。“羊价长期走低,压力特别大。”这位县畜牧局的技术干部变身“羊倌儿”也就两年半。2013年,他带领4名科技人员组成一个小分队,来到全县最贫困的元古堆村,办起了良种羊繁育专业合作社。以每年每户600元的租金租用村民羊舍,再把村里的99户精准扶贫户、124户低保户、62户移民户纳入作为股东。这些村民不承担风险,每年只管分20%的红利。资金不足,张卫东就按照股份制的办法,发动畜牧局职工自愿募集,争取项目扶持资金。生产忙时临时雇用村民帮工,闲时鼓励村民挖野草交秸秆加工饲料。“既解决一部分饲料来源,又增加了村民收入。”穿着破旧工装的张卫东说。

如今,已有500多只种羊入圈了。经历了艰苦创业,大山里的元古堆村如今也找到了致富之路。村民们由衷地赞叹,“有特派员做指导,心里有底。”

伴随短促的哨声,数千只鸡从鸡舍向山洼密林中奔去。挂着口哨的王志斌最早只是农家乐的小老板,养着百十只放养鸡。4年后的今天,他的企业由最初年利润30万元发展到现在500多万元,除了放养鸡,木耳山乌鸡蛋也是声名远播。这一切,他都归功于科技特派员黄丽琴。“4年很短,在机关一晃也就过了,但是在企业,能彻底释放专业知识。”在鸡舍里捣鼓中药配方饲料的黄丽琴踌躇满志,如今,她已经是4项国家发明专利的权利人。

从安逸舒适的办公室、研究所到条件艰苦的企业,不仅是能不能吃苦的问题,更是一种放下身段、贴近基层的身份转换。尽管目前渭源县对科技特派员实行“三保一奖”优惠政策,但到条件艰苦的一线,做名副其实的土专家、田秀才,无论是身体上,还是心理上都很具挑战性。“科技特派员的食宿交通得自己掏腰包,老板也是偷偷付给报酬,希望有专项经费和清晰政策支撑。”县科技局局长李有明有些无奈。

汗水滴在哪里,哪里就会长出希望的种子。渭源县近几年的科特派工作实实在在,做给农民看,领着农民干,带着农民赚,将农业、农村、农民有机地结合在一起,成为黄土高原科技创新最具生机和活力的部分。“将传统‘科特派’工作赋予创业的内涵,强化‘一县一项目一产业’的科技惠民示范工程,解决县级科技行政管理部门的弱化问题,科技特派员机制值得深思和创新。”李文卿说。

魏宝文:拓荒重离子科学

2018 年 2 月 5 日

九曲黄河第二道湾缓缓穿过兰州,有一条 160 多米长的电子“巨龙”藏身于河流南岸。它的共振离子源犹如“龙头”,回旋加速器和冷却储存环组成蜿蜒的“龙身”,各试验终端好似“龙尾”,它便是重离子加速器。

这个“大块头”凝聚了我国几代核物理专家的心血,中国科学院近代物理研究所研究员、中国科学院院士魏宝文就是其中的一位。

1953 年,18 岁的魏宝文考入北京大学物理系,成为 1949 年后培养的第二批核物理专业的学生,1958 年他被调入中科院兰州分院从事核物理研究。就此,他再没离开过西北。

20 世纪 70 年代,国内外相继提出一批大型重离子加速器研制计划,兰州重离子加速器就是杨澄中等人在那个时期提出的。在起步阶段,魏宝文承担了分离扇回旋加速器离子轨道的非线性效应研究和重离子束的空间电荷效应研究这两项任务。

“在一穷二白的基础上搞研究,重离子加速器研究频频遭遇‘肠梗阻’。”魏宝文对当时的困难记忆犹新。由于当时国内没有技术积累和管理经验,1979 年 6 月,魏宝文到法国国家重离子研究中心“求经问道”。

一年后,魏宝文回国担任重离子加速器工程总体组组长,他研究了加速器整个系统和各个主要部件的参数指标,主持了被称为加速器核心的磁铁系统的建造工作。

“以当时国内的水平来看,要建造稳定的、空间分布严格对称的加速离子约束磁场是极其困难的。”魏宝文说,为了做到万无一失,他在 1/4 模型磁铁上做了数千次试验,获得了大量可靠的数据。

1988 年 12 月 12 日,兰州重离子加速器成功出束,中国成了继法国、日本之后第三个拥有大型重离子回旋加速器的国家。至今,已运行 30 年的兰州重离子加速器仍是国际运行的三大常温重离子回旋加速器之一。

20 世纪 90 年代,魏宝文提出,在兰州重离子加速器上续建冷却存储环。“当时并没有十足的把握,只是想让重离子加速再往前走一步。”带着三名研究生,魏宝文又一次踏上征程。2000 年,兰州重离子加速器冷却储存环项目被列为国家“九五”大科学工程之一。

经过数年的努力,2008 年初冷却储存环建成并投运,实现了从氢到铀的全离子加速,成为世界级的大型核物理实验装置。

在魏宝文的带领下,从 20 世纪 90 年代起,中国科学院近代物理研究所陆续开展了辐照育种、材料辐照效应等研究。此外,该所自主设计的医用重离子加速器获得国家新产品认证,首台示范装置调试成功。

在魏宝文身上,能感受到老一辈科学家那股强烈的责任感和爱国情怀。这已成为研究所的财富,影响着一批又一批年轻科学家。

“我们这支科研队伍都是在大项目中锻炼出来的,直到现在,老师关于科学研究、工程管理的理念仍深深地影响着我们。”甘肃省领军人才袁平说。

樊锦诗:心之归处是敦煌

2019 年 10 月 28 日

有一位南方姑娘,在西北的敦煌大漠待了 56 年;

有一位学者,平时只做了一件事:研究、保护和弘扬敦煌文化;

有一位耄耋老人,被冠以“敦煌女儿”的称号;

她就是原敦煌研究院院长樊锦诗,是继常书鸿、段文杰之后的第三任“敦煌守护神”。

最近,樊锦诗获得“文物保护杰出贡献者”国家荣誉称号,并随后赴香港领取了第四届“吕志和奖——世界文明奖”。收获了诸多荣誉,她却反复强调:“我不过是一个寻常人,所获的荣誉实际上属于从事文物保护工作的整个群体。”

一辈子和敦煌连在一起

受爱好艺术的父亲影响,樊锦诗从小喜欢徜徉在博物馆、美术馆,很自然地知道了敦煌,并对这个艺术宝库充满神往。

1962 年,樊锦诗和另外 3 名同学一起,来到敦煌实习。那是她第一眼见到敦煌,黄昏下的莫高窟古朴庄严,远方铁马风铃铮鸣,好似敦煌千年的耳语。樊锦诗都被它跨越千年的美震撼了。

她和同学们跑进石窟，看到大大小小的佛像雕塑和“天衣飞扬，满壁风动”的壁画，满心满脑只有：“哎呀，太好了，太美了！”

然而，与洞内的神仙世界、艺术宫殿形成鲜明反差的是，洞外的生活艰苦异常。

莫高窟位于甘肃省最西端，气候干燥，黄沙漫天，与世隔绝，渺无人烟。虽然说对大西北艰苦的环境有一定的心理准备，但水土不服的无奈、上蹿下跳的老鼠后来想起来仍叫人心有余悸。到处都是土，连水都是苦的，实习期没满樊锦诗就生病提前返校了，也没想着再回去。

没想到，毕业分配工作，樊锦诗却偏偏被“发配”到敦煌这片贫瘠的大漠。父亲担心女儿身体吃不消，特地给学校写了一封信，请求学校重新考虑樊锦诗的工作分配。当时国家正在提倡学雷锋。“国家的需要就是我们个人的志愿。”樊锦诗说。她不愿说一套做一套，当国家真正需要的时候就把父亲搬出来。于是信件被樊锦诗悄悄“扣”了下来。就是这么一个单纯得近乎“傻”的想法，让她的命运一辈子和敦煌连在了一起。

命定的石窟“守护神”

“此生命定，我就是个莫高窟的守护人。”樊锦诗是这样说的，也是这样做的。

随着莫高窟的知名度越来越高，不少人打起莫高窟的主意，想把莫高窟变成“摇钱树”。樊锦诗非常愤怒：“不是什么都可以拿来做交易的。”

为了给莫高窟撑起一柄保护的大伞，樊锦诗拿起了法律武器。

在她的推动下，2003 年，甘肃省人民代表大会常务委员会批准颁布实施《甘肃敦煌莫高窟保护条例》。此后，《敦煌莫高窟保护总体规划(2006—2025 年)》也得以颁布实施。樊锦诗曾在采访中语气坚定地说，不能让人随便动莫高窟。

有人觉得她傻，有钱不赚，然而对于樊锦诗而言，她只想要守护敦煌，保护文物，把莫高窟完完整整地传下去。

她深知莫高窟会慢慢走向衰老甚至消失，这是不可逆转的自然规律。但她不愿任凭其消亡，而是想办法尽可能延缓它的衰老，延长它的寿命。

为了更好地保护莫高窟，樊锦诗积极谋求国际合作，开创了中国文物保护领域国际合作的先河，将石窟保护从过去单一的抢救性修复，转化为系统地科学保护修复，使洞窟环境保持安全稳定，最大限度地阻止或延缓壁画和彩塑病害的发生乃至最终劣化，做到防患于未然。她还在各大景点中对莫高窟率先实现限流。

经过几十年的努力，如今莫高窟配备了高科技大数据监测中心，每一个开放洞窟和部分重点洞窟均安装了温度、湿度和二氧化碳传感器；在监测中心，装置了能够显示莫高窟窟区大环境、洞窟微环境、游客数量、参观线路、安防情况等多个内容的屏幕；24 个屏幕组成的大屏上实时传送着各个洞窟和窟外情况的各种监测数据和画面，以便管理人员能及时了解掌握最新情况。

让千年瑰宝“活”得更久

1998年,樊锦诗担任敦煌研究院第三任院长。一个尤为迫切的命题摆在她面前:在自然环境破坏、洞窟本体老化与游客蜂拥而至的三重威胁下,如何让这些存留千年的脆弱艺术瑰宝“活”得更久?

一个大胆的构想在樊锦诗心中渐渐清晰起来——为每一个洞窟、每一幅壁画、每一尊彩塑建立数字档案,利用数字技术让莫高窟“容颜永驻”。

2008年底,莫高窟保护历史上规模最大、涉及面最广的综合性保护工程开始实施。除崖体加固、风沙治理等基础性工程外,还要完成莫高窟149个A级洞窟的文物影像拍摄、加工处理和数据库建设,建设敦煌莫高窟游客中心,通过数字电影等现代展示手段,给观众提供了解敦煌的全新视角。

结果是好的,但过程很艰难。不过,为了莫高窟壁画的永久保存和永续利用,樊锦诗等人咬着牙解决了一个个难题。“作为守护人,不保护好莫高窟,那岂不是罪人。”她说。

2014年8月,莫高窟数字展示中心运行,“总量控制、在线预约、网络支付、前端观影、后端看窟”的旅游开放新模式开始实施。2016年5月1日,“数字敦煌”正式上线。全球网友只要点击鼠标,便能免费观览莫高窟30个经典洞窟的高清数字化内容及全景漫游。同时,游客接待大厅、数字影院、球幕影院等数字展示中心也投入使用。

如今,在樊锦诗的推动下,敦煌研究院形成了一整套先进的数字影像拍摄、色彩矫正、数字图片拼图和储存等敦煌壁画数字化保存技术,制定了文物数字化保护标准体系。目前已完成了敦煌石窟211个洞窟的数据采集;130多个洞窟的图像处理、三维扫描和虚拟漫游节目制作;43身彩塑和2处大遗址三维重建;先后上线中英文版本的“数字敦煌资源库”,实现了敦煌石窟30个洞窟整窟高清图像的全球共享。截至目前,“数字敦煌”资源网的全球访问量已超过700万人次。

奉献一生无怨无悔

对于自己多年来的付出与努力,樊锦诗表示,她只是“接了一次接力棒,做了一个过程”,遗产保护仍需一代代人推动发展。离开院长职位后,她“要做点自己该做的事了”。

她说的“该做的事”,是指规模达到100卷的敦煌石窟考古报告的编撰工作。2011年,第一卷《莫高窟第266—275窟考古报告》出版发行。两分册8开780页的报告,运用文字、测绘、摄影等手段,逐窟记录了洞窟位置、结构、保存状况等,是洞窟最翔实的档案资料。

“考古报告是每个考古人最基本的工作。好看不好看,都得原原本本记下来。搞研究不是开会,必须静下心来做,板凳不怕十年冷。”樊锦诗说,“到了我这个年龄,就会感觉到,人生其实很短。国家培养你,你就要为社会做点事情。大家伙都努力做点事情,社会才会进步,自己也算没白来世上一趟。”

有人说,在敦煌待久了,樊锦诗变土了,变糙了,吴侬软语也被西北风吹硬了。实际上,樊锦诗把内心的柔软给了心爱的事业。她说:“如果还有下一生,依然还是原来那句话,我为敦煌奉献一辈子是值得的,无怨无悔。”

汪宁渤:勇攀高峰的“御风者”

2020 年 11 月 7 日

甘肃是我国风能和太阳能资源最为丰富的地区之一,这里的风光电装机比例41.64%,与丹麦、德国同处全球领先水平。走到这一步离不开一位科学家,他用数十年的时间主持建成风光资源与运行实时监测网络与数据平台,填补了国际千万千瓦级风光电集群源网协调控制技术的空白,并首次实现了千万千瓦级风光电集群资源可发电量的精准评估,他就是国网甘肃省电力公司电力科学研究院副院长汪宁渤。十年一剑,他让神秘莫测的风能源源不断地为陇原大地输送电流;矢志不渝,他为甘肃在新能源领域从跟跑到并跑做出重大贡献。11 月 6 日,汪宁渤从甘肃省委书记林铎手中接过沉甸甸的奖牌,荣获 2019 年甘肃省科技功臣奖。

树报国之志,立科研尖端

1963 年,汪宁渤出生于宁夏青铜峡市,踏着改革开放的“时代列车”,1979 年,16 岁的汪宁渤以优异的高考成绩被武汉水利电力学院水电动力专业录取,开启科学知识求索之旅,“我们这一代人的理念就是科技报国,科技兴国,与国家共成长。”1983 年大学毕业后,汪宁渤被分配到甘肃省电力实验研究所工作,矢志报国的深厚情怀有了依托,从此,他与清洁能源研究结下了不解之缘,全身心地投入到工作中。

2008 年,甘肃酒泉市成为国内首个千万千瓦级风电建设基地,被称为“陆上三峡”的风电基地距兰州负荷中心千余千米之遥,在长 400 千米、宽 20 千米的广袤戈壁,集中并网风光电超过 1300 万千瓦，是国内外距离负荷中心最远、集中并网规模最大、装机容量占比最高的新能源基地。

然而，在广袤的戈壁滩上建造大规模的新能源基地谈何容易？最大的"拦路虎"就是风光电资源的监测与预测，空间大，地域广的特性使得区域资源评估和发电能力预测极为困难，"只能开发集群控制系统。"汪宁渤毫不犹豫地接下担子。

几年间，做过的试验数不胜数，一年到头在戈壁滩上的时间比在家多好几倍，在解决风电场关键技术研究的过程中，要在运行的风电机组上加装超级电容，要将 1 兆瓦锂电池吊装至距地面约 100 米的机舱上，汪宁渤坚持亲自上了百米高的测风塔，"大风在耳边呼呼地刮，至少有 70 分贝，风很大，100 米的高处晃动的更是厉害，人也被冻得够呛。"最终，他测算到了关键参数。

树一流目标，领学科发展

一个省级风电中心，从 2010 年开始，连着两年拿下了国家 863 项目，可以说是空前的；成就的背后，离不开团队的拼搏和十年如一日的艰辛付出。2010 年，750 千伏新疆－西北联网输变电工程开工建设初期，在茫茫河西气候恶劣的戈壁荒漠里，巨大的昼夜温差和时时"相伴"的风沙给当时的电气设备交流耐压试验造成了许多障碍，电科院联合技术团队就从那时起开始了以研发更能适应河西走廊大风、沙尘气候条件的试验装置为目标的技术攻关之路。他们通过电磁场分析法研究多分裂加压导线，经过无数次测算，大胆采用更多分裂的间隔盘取代了原来的间隔棒，最终成功研制出适用于大风天气的超高压电气设备交流耐压用"防风抗晕导线"，并在 2012 年获得了国家发明专利授权。

2014 年，汪宁渤主持开发的风电场、光伏电站集群控制系统初步投入使用，覆盖河西走廊 200 多个风电场、光伏电站，实现了 2089 万千瓦的风光电有功、无功和安全稳定控制功能，突破了大规模风光电基地可控性不足的技术瓶颈。2017 年系统正式接入，"弃风充光"的现象已大幅降低，系统可靠性从 99.9%提升到 99.99%。相关研究成果获得当年国家科技进步二等奖。

立时代潮头，促源头创新

经过数十年的努力奋斗，汪宁渤依托国家电网公司"大规模新能源基地集群控制技术"科技攻关团队、甘肃省新能源并网运行控制重点实验室、甘肃省风光资源野外科学观测研究站和甘肃省风电并网工程技术研究中心，构建了四位一体的科技创新团队，进一步整合了现有研究力量和研发平台优势资源，提升了省电力公司整体创新能力。近年来，他在《中国电机工程学报》《电力系统自动化》等杂志上发表了 140 多篇新能源相关方面的研究论文，其中40多篇为SCI、EI论文，他发表的论文被引用了1800多次，其中“酒泉风电功率调节方式”等两篇论文获得领跑者5000——中国精品科技期刊顶尖学术论文。

“需求是创造成果的必然要素，总的来说，我们把握住了运气和机会。”面对成就，汪宁渤显得很低调，但是布局未来，他却极为高调和大胆。

有一次，汪宁渤到清华大学电机系参加座谈会，他不遗余力地介绍甘肃的风电资源，最终挖来了三名清华的高才生，如今，甘肃省风电技术中心有6位青年科技骨干分别到上海交通大学、浙江大学、同济大学、西安交通大学、兰州大学等985名校攻读在职博士；青年科技骨干先后获得国家科技进步奖、甘肃省科技进步奖，“全国向上向善好青年——创新创业好青年”、甘肃省青年科技人才托举计划、中国能源优秀青年科技创新奖等荣誉，大批青年科技创新人才快速成长。对于这些年轻人来说，汪宁渤既是新能源科研路上的引路人，也是他们的良师益友。

［人物简介］

汪宁渤，教授级高级工程师，中国电机工程学会会士，兼任甘肃省新能源运行控制重点实验室主任、国家电网公司“大规模新能源基地集群控制技术”科技攻关团队带头人、甘肃省风光资源野外科学观测研究站负责人、甘肃省风电并网工程技术研究中心主任，科学中国人2014年年度人物奖、首届甘肃省优秀科技工作者、国家电网公司“十一五”科技先进个人。2017中国电力年度科技人物奖、2018年获“甘肃省电力公司改革开放40年十大典型人物”荣誉称号。2016年、2019年分别获国家科学技术进步二等奖，2019年被甘肃省委、省政府授予“甘肃科技功臣”称号。

甘肃省科技厅党组书记张世荣：抓好科技创新是落实五中全会精神最好体现

2020年12月3日

“抓好科技创新是落实五中全会精神的最好体现。”11月27日，履新甘肃省科技厅党组书记的张世荣作为省委宣讲团成员，专程赴白银市开始党的十九届五中全会精神宣讲之旅。“过剩产能实质是创新能力的缺乏，产业发展与技术供给耦合度有待提升，产品质量与研发供给耦合度有待提升，企业发展与创新供给耦合度有待提升。”

三个“有待提升”，拉近了张世荣和与会者之间的距离。

来甘肃的第一个月，张世荣入陇南山区与脱贫群众拉家常，赴兰白自创区调研创新企业，与企业家对话创新，去沿海地区近距离谋合作，拜会省直有关部门，召集主流媒体座谈会……渐渐摸清甘肃科技的“家底”。

“聚集聚力关键领域突破、创新主体培育、创新资源集成、科技成果转化、创新人才引育、创新活力释放。”张世荣表示，甘肃正处在重大机遇叠加窗口期、新旧动能转换换挡期、“双循环”新发展格局构建期，“总体上，仍处于打基础、补短板、增后劲的阶段。”

“以十大类生态产业为发力点，加快区域协同发展，改善创新供给素质，推进高质量发展，打造西部创新发展高地。”张世荣认为，科技革命和产业变革是最大的变量，目前甘肃的科技进步对经济贡献率为 54.03%，R&D 经费投入强度 1.26%，全省技术贸易额 196 亿元，新产品销售收入占主营业务收入比重 7.3%。“未来 5 年，我省面临既赶又转的双重任务和双重压力，对科技创新需求更加紧迫。”张世荣说，“十大类生态产业技术需求中，甘肃占优并具有导航能力的技术仅占 7%。”

“甘肃科技创新的一个显著特点是低投入高产出，甘肃科技活动产出指数 48.64%、科技活动投入指数 40.51%，创新活动效率指数 1.2，高于全国平均水平，居全国第 7 位。”与科技界朋友“约会”，张世荣乐此不疲。11 月 25 日，他向来自中央主要新闻媒体和当地主流媒体的科技口记者亮出“成绩单”，全面梳理甘肃在基础研究、应用研究和工程化领域“必保、必争、必跟”的领域，指出甘肃要实施重大科技任务，瞄准重大需求优化配置资源，在国家科技竞争布局方面有所作为，重塑科技创新高质量发展标杆和形象。“输入产业、输出产品始终是科技工作者的本职。”

“科技创新无门槛，谁有本事就谁上。”11 月 26 日，张世荣与科学家和企业家代表相约，又展开了一场热烈的讨论。他再次拿出《甘肃省科技揭榜挂帅制项目管理暂行办法》，表示将实施重大科技项目“揭榜挂帅”制度，加强组织力度。话说得很直白，释放出的信号也很清晰，就是要打破管理体制、人才机制上的条条框框，深度激发区域科技创新能力。

“甘肃在新能源方面有得天独厚的先天优势，几乎涵盖所有可再生能源领域，支撑其发展是国家能源战略的必然选择，可以考虑谋划一盘先手棋。”与企业代表交流中，张世荣坦言，甘肃要加快规模化可再生能源科技研发的力度，为国家能源安全提供“蓝本”。

“找准功能定位，加强阵地建设；加强创新型人才培养，多措并举促进人才交流和有效利用；集聚创新资源，拓展研究院所发展空间。”在 11 月 24 日调研甘肃省科技情报研究所时，张世荣对地方研究院所和科技服务机构发出号召，全面加强自身能力建设,充分利用智力资源优势,坚持为党和政府科学决策服务、为创新驱动发展服务、为科技工作者服务、为提高全民科学素质服务,拓展所院发展空间。他以“服务”点题,让每一位基层院所研究人员深感任重道远。

夏祥与和盛堂的创新故事

2020 年 12 月 1 日

全国文明单位,博士后科研工作站,特种药材院士工作站,甘肃省优秀科技创新企业家奖……2020 年,堪称兰州和盛堂制药股份有限公司的丰收年。

和盛堂,甘肃一家濒临破产的药企,缘何收获如此高光时刻?几经联系,企业董事长夏祥根本没时间作答,约好的采访推迟 3 次之后终于成行。细细品味和盛堂绝地逢生的故事,持续地创新就是最好答案。

理念创新,驶入道地药材“蓝海”

“最初来到甘肃,看中的就是中药材资源丰富,但缺乏叫得响的药企。”8 年前,夏祥由重庆来到兰州,收购了偏僻破旧、濒临破产的兰州和盛堂制药有限公司。看似疯狂的选择背后,是他理智的考虑。甘肃中药资源品种多、产域广,其中大宗的当归、党参、黄芪分别占全国产量的 90%、60%和 50%,和盛堂很多产品都是以道地药材为基础。“和盛堂有得天独厚的优势,只是缺乏良性经营和创新思维,我看好它的发展潜力。”夏祥说。

说干就干,夏祥风风火火地开始招兵买马,说服曾经共事的伙伴加入和盛堂一起创业,通过改变营销策略、驱动一级投资市场、积极对接地方政府。在人们还在观望兰州新区建设前景时,和盛堂成为首批进入新区的 10 家企业之一。“贷款引进数千万的设备,用自动化技术改造工艺流程,抓质量提产量。”夏祥回忆道,公司很快有了起色,“雨过就是晴空,一年半以后,公司营销收入翻了两番。”

技术创新,硬核技术拿下“毒老虎”

带着药企闯市场,必须要有自身的核心产品。和盛堂的“福康片”是唯一经过国家药监总局批准的戒断毒瘾中成药,还有解毒止痛、祛邪扶正、清心除烦的神奇功效。与传统的“干式”药效较长的特点相比较，并不含有毒麻药的化学成分。福康片服用第二天身体就会有明显的改善，第6天93%的吸毒者全部戒断。“由于效果突出，福康片的年销售额将达到3000万元。”夏祥告诉记者。

除了福康片，和盛堂还与甘肃中医药大学、中国医学科学院药物研究所等多个院所合作，建立科学家合伙人创新机制，通过合作、引进等多种模式研发新品种，拥有了当归腹痛宁滴丸、甘草酸铋散、参龙虫草益肾胶囊、复方咳喘胶囊等5个独家产品。

自2016年起，夏祥就将目标放到了国家一类新药“注射用丹参酚酸A”冻干粉针的研发上，这个产品主治心脑血管疾病，当年被列入甘肃省重大科技项目。目前，“注射用丹参酚酸A”冻干粉针项目已经完成临床前研究阶段，开始药效学和安全性分析。“如果上市，每年可以为企业增加10多亿元的收入。”夏祥对企业前景很是看好。

产品创新，陇原草药变身“香饽饽”

2015年，夏祥去国外考察后发现，东欧人的面包里常常添加大黄，还有一种以山楂为原料做的饮料。“不少食物里都添加了中草药提取物。”夏祥盘点起自己的中药“宝库”，立刻有了想法。回国后，和盛堂首先将小柴胡汤等成药制剂出口到匈牙利，没想到，效果十分好。“小柴胡汤和解功，半夏人参甘草从，更加黄芩生姜枣，少阳万病此方宗。”夏祥得意时，现场为记者念起了“汤药歌诀”。

迈出第一步之后，和盛堂将特色陇药产品当归腹痛宁滴丸、独一味滴丸、新生化颗粒、甘草酸铋散等在新加坡、泰国、塞尔维亚等国家相继完成注册，进入当地市场。

匈牙利东方国药集团董事长陈震博士是夏祥的重要客户，随着新冠疫情蔓延欧洲，陈博士做了一回中药瑰宝的传播者，他根据欧洲人群的体质，结合中医理念，熬制“大锅中药”为市民免费赠饮。为了方便服用，匈牙利国药集团特意委托和盛堂将“大锅中药”做成中成药颗粒制剂进入欧洲，小小中药竟然成为疫情期间链接国外的“友好使者”。“仅金菊板蓝根颗粒等抗病毒中药，就出口荷兰等国家5600瓶。”夏祥说。

“友好国家未来是个巨大的市场。”落子“一带一路”沿线国家，夏祥又在为和盛堂的发展谋划下一步棋，正如最初的决策一样，“创新”还将续写更多的故事。

他们,让科技温暖陇原

2020年12月5日

田间铺画卷,人才作画笔,今年是科技特派员制度落地甘肃第18年,也是甘肃书写服务三农新篇章的重要之年。

"高位嫁接、重心下移",为有志于在农村创新创业的科研人员畅通深入基层一线"毛细血管"。甘肃认定省级"科特派"、开启天津－甘肃双地"科特派"服务机制,把破解"三农"难题的又一拳打在智力支撑上,用一个个精准有效的创新举措,让科技温暖陇原大地。

壮大队伍:有土秀才,也有洋智囊

"桃树枝修剪了没?设施大棚的保暖被检查了没?你有不明白就给我打视频电话。"说话的是甘肃省第一位农民教授靳志强,58岁,40年果树种植经验,18年"科特派"工作,170多个荣誉证书,足迹遍布秦安县17个乡镇……中学毕业的靳志强靠着不停学习钻研,先后筛选出40多个适合秦安乃至全省发展的蜜桃新品种,积极开展实用技术培训,带动当地果农走上了科技致富路。

"从2002年甘肃被科技部选定为首批科技特派员试点省份之一以来,科技特派员队伍中不仅有靳志强这样的土秀才,也吸收了大批专业人才和东部智囊。"甘肃省科技厅农村科技处处长王芳介绍说。2020年,甘肃选派了首批省级科技特派员359名,同时,出台《省级科技特派员管理办法》给予经费支持。甘肃省科技厅联合天津市科技局在全国首次选派的145名"双地"科技特派员,引导果蔬、畜禽、食品等领域的18项农村适用科技成果入甘转化。

"来一趟不容易,恨不得每天能有25小时。"专攻奶牛育种技术的天津市农业科学院研究员马毅由衷的感慨。这几年他带领工作队为平凉、庆阳、武威等地选育种牛上百头,线上线下累计培训人数达3000多人。"考虑利用全基因选择技术,帮助平凉红牛建立一个规范的选育技术体系,通过对种牛进行遗传评估,加快育种进程,增强市场占有率。"刚聊了几句,他便匆匆赶去上培训课了。

精准服务：送去技术，也带头致富

“农业农村工作，说一千道一万，增加农民收入是关键。”为了让东乡县唐汪镇的村民提高栽植大接杏的积极性，2008年起，临夏东乡县自然资源局的高级工程师高庆作为科技特派员进驻唐汪镇张家村。“一开始我走家串户教果树种植技术时，农户根本不相信靠科技能救活那些老杏树。”高庆回忆道。

“说给大家听，不如做给大家看。”于是，高庆指导两户种植户用成活率高、操作简单的舌接法嫁接杏树，一年下来，两户都增加了五六千元的收入，这让其他农户都看到了希望。在高庆多年的带动下，张家村新栽唐汪大接杏达13 000株，大接杏栽植产业初具规模。小小杏树摇身一变成了张家村的“致富树”，“要想富、种杏树”也成为村民的共识。

“要做到派得出、用得上、接地气、受欢迎，是对科技特派员这一称谓的最大认可。”去年举行的科技特派员制度推行20周年总结会议上，甘肃省科技特派员聂小明、谯显明、辛国、高庆，组织单位——甘肃省酒泉市科学技术局都获得了通报表扬。

促进转化：在田地间，也在产业链

“谯技术员来了，有问题的赶紧来工作站。”华池县各个村的工作群里，隔三差五就有这样的通知。自从2003年当起科技特派员后，华池县农技中心主任、农业技术推广研究员谯显明在当地远近闻名。自然降水与作物需水不吻合，他就创新示范推广全膜双垄沟播技术，当年就增产粮食约3万吨；农作物多年来产量不高，谯显明便引进新品种、新技术，使华池县主要农作物良种覆盖率达到了95%以上。

被派驻到甘肃爽口源生态科技股份有限公司的高丽萍，一方面帮助农户学习适合的种植管理、病虫害防治、采收保鲜技术；另一方面推进优质种球繁育技术的研究应用，与公司科研团队强强联合促进当地百合繁育加工产业的升级。“自从科技特派员进驻公司，我们延伸产业链研发了百合胶原蛋白面部修复贴、百合原液喷雾等新产品，兰州百合的利用率和产品附加值大大提高了。”爽口源公司的董事长吕斐斌对科技特派员高丽萍赞不绝口。

这仅仅是甘肃省“科特派”促进农业创新升级的一隅缩影。常年活跃在甘肃基层一线的万名“科特派”们，借助“专家院”“专家工作站”等平台深入农村服务，实现了科技特派员服务甘肃省6220个建档立卡贫困村全覆盖，累计培育了种植大王、养殖能手和种养专业示范户1万多户。

“科技特派员们如同一座座桥梁，把先进农业科技成果和现代理念带给农民，把资金、技术、信息等创新要素注入企业。”王芳说，在他们的带动下，甘肃适用农产品深加工技术、设施装备水平大幅提高。目前，甘肃主要农作物耕种收综合机械化水平已达到 60%，农业科技进步贡献率达到 57%，科技的种子撒满了陇原大地。

“90 后”铁路人：甘守寂寞护“你”平安

2020 年 12 月 10 日

隆冬大雪，黄土高原和西秦岭山区早已是一片寂寥，只有一列列火车犹如蜿蜒巨龙，在兰渝铁路上快速穿梭，铁路信号灯在深山沟壑中显得格外透亮。“有时候心也被这些列车带走了，想家啊。”26 岁的尤莹莹说话时眼里泛着红。

兰渝线开通以来，中国铁路兰州局集团有限公司兰州电务段在沿线成立了三个信号车间，负责全线的信号设备的维修养护，而承担维修养护任务的人，绝大部分都是“90 后”。

“我们工区平均年龄只有 25 岁，负责着哈达铺、临江铺两个站及区间 31 组道岔、304 个轨道区段、125 架信号机、1038 条信号电缆的维修任务！”哈达铺信号检修工区工长孟木林为这支年轻的队伍自豪。

尤莹莹就是哈达铺工区的一员。“我刚参加工作时，一年只回了三次石家庄，晚上想家就哭，家里人就坐二十几小时的火车来陇南看我。”几年过去了，尤莹莹如今已经成为班组的骨干，回家的路途也近了许多。

哈达铺地处岷山山系和西秦岭延伸部分交错地带，多山少川，铁路设备要么在几十米高的大桥上，要么在几千米长的隧道里，上山下河，上桥进隧，对于这些年轻人来说是家常便饭。

进入冬季，铁路运输量大幅提高，随着车次增多，天窗检修时间变短。孟木林每个月都要带领职工对管内的信号设备进行一次全方位的“体检”。这群“90 后”不顾严寒，认真检查调试每一台设备，坚持不放过一颗螺丝，不漏掉一处隐患，全力保障着铁路信号设备的安全稳定。

在距哈达铺车站 180 千米之外的桔柑信号工区，依旧是六名“90 后”坚守在这里，来自陕西渭南的骆晓晨和范美洁 2020 年春节刚举行了婚礼，面对突如其来的疫情，加上年底班组作业量大、人手紧张，夫妻俩主动请缨，选择在工区一起值班，一守就是 70 多天，每天除了要完成设备的巡视检查分析，还要做好消毒防疫工作。“作为信号工就是要守护好信号设备,我们俩就当度了一次别样的蜜月。”骆晓晨说。

“都说90后时髦、高消费,可我们几乎都不网购。”范美洁很朴素,身上的工作服洗得干干净净。“不是我们不爱美,而是这里交通不便,快递只能配送到十几公里外的镇上,很不方便。”别说网购,就连他们的饭菜都是由专人从陇南市往工区拉运,日常用的东西,要一次性从家里带够。

无WiFi,无网购,回不了家,没有娱乐生活……即使是诸多不便,但这群年轻人依旧无悔守护,一遇有信号设备出现异常,他们必须来回步行16千米才能完成所有信号设备的检修,“一年下来,这条隧道我们至少要走上40余趟。”骆晓晨把计算趟数当作了日常的娱乐,他还告诉记者一个数据,桔柑信号工区已经创造了1000天无设备责任故障的安全成绩。

没有所谓的岁月静好,只是有人在替你负重前行。当我们感慨天堑变通途,感受兰渝速度时,身后,是这些年轻的铁路信号工苦中作乐、甘守寂寞,守护着“陇蜀钢铁大道”的畅通无阻。

姜成英代表:橄榄树下守初心

2021年3月7日

“不要问我从哪里来,我的故乡在远方……”初春的甘肃省陇南市已是绿意盎然,白龙江谷地,福津河两岸,一丛丛的油橄榄树“蹲踞”其间,泛银白色的叶片舒展身姿,串联成一条不见尽头的银“飘带”。

油橄榄是陇南名副其实的致富“金果”,也是甘肃省林业科学研究院油橄榄工程技术研究中心主任姜成英钟情20余年的“宝贝”。作为土生土长的武都人,自1995年大学毕业后,她一直在这片山清水秀的土地上探索脱贫“密码”,直到与油橄榄结缘。

把“舶来品”变成当地“绿色银行”

作为“舶来品”的油橄榄从地中海沿岸的阿尔巴尼亚“移民”甘肃陇南,其“本土化”的过程历经几十年,为了让小小橄榄真正成为农民增收致富的“绿色银行”,姜成英几十年如一日的像个小学生一样,无论开会还是下乡,每次都随身带着一个笔记本,遇到什么农情、农事都记录下来。

陇南山大沟深,交通不便,油橄榄多种在半山坡。"只能徒步行走,陡峭的地方,手脚并用,有时为了赶时间早上吃一顿饭,到晚上再吃一顿饭。"姜成英笑着回忆自己的"狼狈"。在田间地头观察油橄榄的生长发育规律是每天的日常,连续24小时观测一些指标也是家常便饭,为了确保不遗漏一项记录,她和团队轮流倒班。

就这样探索了一年又一年,笔记本垒起来有几米高,她和团队也终于摸清了油橄榄生长发育及开花结果的"门道",为全省乃至全国科学栽种油橄榄提供了理论支撑。他们选育出的良种,如今大都已是当地的"当家品种"。团队提出的平衡施肥技术、生物防治法、保墒抗旱抑草等栽培技术达到国内领先水平,连续4年入选科技部成果转化项目和中央财政林业科技推广示范资金项目中的推广技术。

让老百姓鼓起了钱袋子

2010年,姜成英入选全国林业科技特派员,11年过去了,油橄榄插着致富的翅膀,将希望和幸福播撒在白龙江畔,让老百姓鼓起了钱袋子。被誉为"液体黄金"的橄榄油也被越来越多的人认可,逐步走向世界。

如今,陇南油橄榄种植面积62.79万亩,年产鲜果3.8万吨,生产初榨橄榄油5700吨,综合产值20.5亿元,惠及当地6个县区44个乡镇343个村40多万人,种植适生区的农民人均纯收入达到2200元,其油橄榄收入占比已过半。

陇南市武都区曹家堡村油橄榄种植大户李建设最初种植油橄榄时,挂果率很低,虫害成灾,果子长势很差。一次偶然的机会,姜成英对他进行了指导。将信将疑的他按照姜老师说的去做,果然收效显著。后来,依靠姜成英及团队的指导,短短几年间,病虫害得到防治,品种得到改良,他的200多亩山林变成生机勃勃的"聚宝盆",还解决了村里部分贫困户的就业,"姜主任是咱们果农离不开的好朋友!"李建设感激地说。

为木本油料产业发展建言

对于家乡今后的发展,姜成英十分关注。在今年的全国两会上,作为全国人大代表,她准备了关于支持木本油料发展的建议。"我国耕地资源稀缺,扶持木本油料产业发展,有助于缓解粮油与土地资源之间的矛盾,可拓宽健康优质的食用植物油来源。"姜成英告诉记者,我国是目前全球最大的食用油进口国,我国油橄榄产业仍然面临种植面积小、产业基础薄弱、卖好卖坏看年景、农民持续增收稳定性差的难题,亟须国家加大对油橄榄产业的政策、资金、科研等方面的支持力度。

"希望国家将主要木本油料树种,如核桃、油橄榄、榛子等纳入现有的国家现代农业产业体系,建立长期稳定的科研平台和专业创新团队,促进木本油料产业从数量增长型向质量效益型提升转变,变资源优势为产业优势。"姜成英建议,将木本油料产业发展纳入国家“十四五”规划纲要，并启动“木本油料振兴工程”。

武都有山，山多雄奇；武都富水，水多灵秀；武都有果，果多天宝。“未来，我还是会致力于油橄榄木本油料的良种选育、重点品种和栽培技术的推广，争取选育更多适合我国本土化栽培的油橄榄品种。”这是姜成英未来的打算，也是一位科技特派员朴素的初心。

他让牡丹流出“液体黄金”

2021 年 3 月 7 日

“牡丹根皮入药做丹皮，紫斑牡丹还是很好的木本油料作物，牡丹花蕊、花瓣、叶芽都可以做茶。”春节刚过，甘肃临夏盛宏牡业综合开发产业集团有限公司（以下简称“盛宏牡业”）何生宏已经在自己的牡丹基地里忙活了。作为当地的“牡丹大王”，盛宏牡业培育的紫斑牡丹苗早已“远嫁”河北、福建、山东等地，而催生这个产业的，正是甘肃省农科院花卉研究所（以下简称“花卉所”）副研究员、科技特派员韩富军。

2015 年 6 月，在临夏州办企业的何生宏来到花卉所求教油用牡丹选种问题，作为科技特派员和“三区”科技人才的韩富军刚好结束甘肃永靖县的帮扶工作回到兰州。“油用牡丹的种质提升是世界性的挑战，有研发的巨大潜力”，作为花卉专业人员，韩富军与何生宏都有这样的认识，两人 拍即合。

千百年来，国色天香的牡丹止于观赏，用来榨油闻所未闻。“实际上，牡丹籽油中的 α－亚麻酸含量平均 49%，堪称脑黄金之最。”韩富军说。但作为第一批培育油用牡丹的科技工作者，韩富军深知，没有一双“妙手”，想让牡丹花流出“液体黄金”是不可能的。

紫斑牡丹属国家三级保护植物，是中国特有的濒危物种。“紫斑牡丹的优质种源和优质基因面临遗失的困境，油用牡丹开发是抢救资源的良好机遇。”谈起专业，韩富军滔滔不绝。

油用紫斑牡丹的生长，不是想象中的“撒下一把籽，育出一批苗，栽下一大片”，而是长一尺、退八寸，3 年花蕾期不结籽是无法分辨油用品种的。选种、育苗、嫁接各个环节都要精耕细作。以往的育苗，都是沙子与种子混在一起，利用沙子的保温保湿功能帮助脆弱的种子越冬，来年出芽后，又要将沙子刨除，给种子生长空间，“不小心就把幼苗碰断了”。韩富军想了一个好办法，将尼龙袋铺在种子上面，上面铺上沙子，当幼苗长出来的时候，将尼龙袋取出，既不会影响幼苗生长，又简便易操作。如今，这一“网袋层积育苗法”在临夏遍地应用。

解决了种子的问题，下一个“拦路虎”就是培育。“紫斑牡丹具备抗寒的优势，但是花蕾期长、出苗率低、回报期长，让很多企业望而却步，也让甘肃的油用牡丹产业慢人一步。”韩富军一头扎进苗圃，不断选育优良品种，功夫不负有心人，经他培育出的油用牡丹新品种，性状稳定，经过农业部油料食品检验机构检测，籽油出油率 23.8%，不饱和脂肪酸含量 93.2%，其中被誉为血液营养素、植物脑黄金的亚麻酸含量高达 51.4%，多项指标达到或超过国内同类产品指标。

近年来，借着东西部扶贫协作的东风，盛宏牡业与中科院兰州分院、福建省亚热带植物研究所、厦门厦临公司合作，进一步研发紫斑牡丹精深加工系列产品，延伸紫斑牡丹产业链，并共同研发了油牡丹春季催花技术，将牡丹的花期从原本的四五月提前到了春节期间，带动了当地旅游观光产业的发展，多姿多彩的紫斑牡丹沿临夏市滨河路依次盛开，长达 30 千米的牡丹长廊花香四溢。临夏市枹罕镇的王坪村，集中栽植 170 多亩牡丹，被誉为“河州牡丹第一村”。“栽培牡丹种苗，每个周期 5 年，亩均收入超过 10 万元。”富起来的农户算起了经济账。

如今，盛宏牡业栽培紫斑牡丹、中原牡丹、进口牡丹等 300 多个品种 86 万多株，成为临夏州牡丹规模最大、品种最多，集教学、生产、科研、观赏、旅游为一体的国家级农民专业合作示范社和全国巾帼扶贫基地。

作为致富领路人的韩富军也结束了在临夏的科技特派员工作，赶赴天水市进行花椒养殖技术培训了。今年春节，何生宏掏出电话给韩富军拜年，希望他常回临夏赏花做客。“赢得一丝牵挂，收获一份信任，知足了！”韩富军说。

甘南乡村振兴路上　有位天津“牛博士”

2021 年 3 月 24 日

“‘牛博士’不姓牛，他姓马，但很多人叫他‘牛博士’。”3 月 21 日，甘南藏族自治州迭部县达拉乡次哇村的村民这样介绍他们熟悉的天津市农业科学院畜牧兽医研究所研究员、天津市奶牛产业技术体系首席专家马毅。

2020年，天津市科技局与甘肃省科技厅联合认定了首批津甘双地科技特派员，马毅借此契机来到甘肃。近年来，马毅多次赴甘肃甘南、平凉、庆阳等地指导畜牧产业，过硬的专业素养为甘肃牛产业发展注入科技“活水”，被当地群众亲切地称为“牛博士”。

让牧民掌握繁育新技术

俯首甘为孺子牛。毕业于中国农业大学的马毅对牛“情有独钟”。来甘肃的第一站，他选择了达拉乡次哇村，这个国务院挂牌督战的贫困村，自然条件差，贫困程度深，牦牛产业是当地群众生活的重要支撑。

“当地养殖的主要是牦牛和黄牛的杂交品种犏雌牛。”马毅介绍说，这种牦牛个头小，出肉率和产奶量都不高，当地还处在粗放养殖的阶段，缺乏繁育技术支撑。

当地人爱喝酥油茶，吃糌粑，这些食物的原材料都离不开牛奶，奶量的提升是当务之急。为了让养殖户学会辨别母牛的发情期，按期完成配种，马毅选择常驻牧民家，但好几天才配一头牛。“牧区的养殖户非常分散，这种工作方式效率很低。”马毅说。他和团队另辟蹊径，将农户们集中起来，在牛舍里为养殖户演示配种工作，将养殖和繁育知识印成图文并茂的手册发放给大家。几场培训下来，周边的农牧民纷纷闻讯而来。“‘牛博士’给我们亲自演示，大家一下子就能掌握方法。”次哇村村委会主任仁再刀吉每次都听得非常认真，他打算掌握了技术后，回去再指导村里的其他农户。

平凉产出了高端牛肉

红牛，是甘肃省平凉市的“城市名片”，平凉红牛肉质细嫩味美，大理石花纹明显，氨基酸含量高，营养丰富。“肥瘦相间，脂肪沉积丰富、气味纯正。”马毅通过调研，认为平凉红牛具有开发成高端牛肉的基础。

如何让红牛“飞升”为每千克售价数百元的高端牛肉呢？“牛博士”带来了基因组选择技术。通过血液检测，他将高端肉质的基因进行分子选育和遗传评估，筛选形成优秀种公牛和种母牛群体，建立平凉红牛自主培育体系，提升制种、供种能力，支撑高档肉牛产业。

如今，当地红牛养殖规模已达50万头以上，当地政府力促平凉红牛向高端市场发起冲击。“通过应用全基因组选择等先进技术，建立平凉红牛自主培育体系后，可以辐射带动贫困养殖户1000余户，加快受援地脱贫进程，实现产业升级。未来，平凉红牛会更‘牛’。”马毅对平凉的牛产业信心满满。

为企业开出养殖良方

“听说‘牛博士’来了,我第一时间就请他来指导。”庆阳市一家养殖公司负责人告诉记者,公司养殖了3000多头荷斯坦奶牛,本以为会发展得如火如荼,然而,每头奶牛的年产奶量只有7~8吨,相比普通奶牛年产9吨奶,差距不是一星半点。

2020年,公司通过甘肃省科技厅积极对接天津市科技局,请“牛博士”来搭脉问诊。马毅调研发现,公司奶牛养殖方式很原始粗放。牛是反刍动物,进食后需要到牛床上休息然后才能消化。“这家公司的牛床垫料不足,奶牛宁愿站着也不去休息反刍,反刍跟不上导致了产奶量低。”马毅一语中的。

马毅建议养殖公司采用精细养殖技术、信息化管理方式和高效快繁技术,注重奶牛“福利”,全面掌握奶牛每天进食的数据、产奶量,提升营养吸收水平,提高奶牛单产量和经济效益。

有了“良方”,奶牛的问题自然迎刃而解,目前,公司奶牛单产水平已从不足8吨提高到9吨以上。经济效益逐步提升,公司也对未来发展做了细致的规划。“5年内,计划将养殖规模从3000多头扩至1万头。”这位负责人说。

2020年,马毅被评为“2020年天津市最美科技工作者”。2021年,他又马不停蹄地奔赴乡村振兴前线,日夜兼程,风雨无阻。

李保的“甜蜜”事业

2021年4月7日

祁连山脚，甘肃省武威市凉州区古城镇，数千名村民近年来劈山造地种起了葡萄,凭借小小的葡萄,这个以前年收入不足900元的村子,如今日子过得红红火火。

探究嬗变背后的原因,“是科技特派员保哥给我们壮胆”。古城镇上河村村民张生柏给出了答案。

农历新年刚过,祁连山上雪棱未销,河西走廊春寒料峭。张生柏的日光温室里,一株株葡萄茎秆粗壮、一枝枝藤蔓枝头摇曳,分外惹人喜爱。科技特派员李保蹲在埂畔,现身说法预防病虫害的要领。“去年,平均每棚葡萄卖了1.5万元,其他乡上的村民现在羡慕的很哩。”张生柏满面喜悦。

苦口婆心为建棚

村民心中的“主心骨”李保，是凉州区林业技术推广中心的高级工程师，也是名副其实的田秀才，大家亲切地叫他保哥。

上河村地处祁连山沿山冷凉灌区、平均海拔高、日照时间长、昼夜温差大、有效积温多、无霜期较短，是发展葡萄产业的黄金区域。然而千百年来靠天吃饭的村民根本不相信小小的葡萄能致富，李保难忘最初来到这里的窘境。“要村民拿出 4 万元搭建日光温室，几乎没人愿意。”宁可守着几亩小麦玉米，也不相信葡萄能致富，这是村民的普遍心态。

耳听为虚，眼见为实。在劝说无效的情况下，李保四处奔走，联系了十几户将信将疑的村民去省内天祝、永登等葡萄产地实地参观。看着别人的日子过得红火，村民的顾虑逐渐打消，“请大家相信我，只要遵循种植标准，葡萄一定不愁销路。”李保签字按手印作了保证，又马不停蹄地衔接区镇和推广中心共同筹措，帮助村民争取项目补助、担保贷款和分期支付。就这样，上河村的致富路在质疑声中艰难铺就。

土里淘金帮致富

“坑挖好、肥施好、水浇好、虫防好”是李保传授给村民的“十二字真经”。可偏偏有些固执的村民不相信科学，要么播种过于密集，导致葡萄架不散开不挂果；要么不注意预防，导致病虫害频发，果苗矮小。“一开始真是状况百出”，为了杜绝这种现象，李保索性住在村里，像呵护孩子般照顾村民的葡萄苗，手把手辅导村民。第二年，看到张生柏这样“听话”的种植户小获丰收，2000 多元的收入红了其他村民的眼，大家也自发地小心翼翼“伺候”起果苗来，第三年，葡萄进入盛果期，一个大棚产量近 1500 千克。

酒香也怕巷子深，销路问题怎么办？由于上河村地处冷凉灌区，葡萄发芽晚，上市正值元旦春节。“一定能卖个好价钱”，李保联系了几家南方企业，以每千克不低于 14 元的价格整村进行收购。每个棚的收入超过了 2 万元。看见村民们拿上钱，过了好年，李保心中也甜甜的。

上河村八组最靠近山脚，人均耕地 1.1 亩，大多分布在斜坡上。尝到葡萄的甜头之后，村里决定削山平地建温室，一辈子淳朴的村民们做出了让李保十分感动的举动，测绘、种苗、沟渠、熟土，李保投身到这股平田整地的热潮中，仅仅一个半月，上河村就开辟出近 60 亩地。新温室建成那天，村民们炖肉、喝酒，醉了很多人。“昔日穷山沟，旧貌换新颜，古有愚公志，而今上河越。”醉酒的李保写下了他的感言。

心系百姓再出发

“现如今,村里人的日子都过得美着哩。依托武威保税物流中心,将上河的葡萄贴上标签,走出国门,远销中西亚。”上河村主任王忠介绍说,全村已建成日光温室177座,113座进入盛果期,每座日光温室年平均收入达2万元左右,葡萄收入占贫困户家庭总收入的60%以上,小小红提葡萄成为名副其实的首位产业。“是保哥让俺们第一次看到了规模生产的前景。”王忠说。

“心中有百姓、手里有技术、头脑有担当、身板能吃苦。”是李保对科技特派员的理解。自1993年大学毕业到区林业技术推广中心以来,他几乎跑遍武威各县村,编写的《红提葡萄病虫害综合防治培训讲义和生产技术规程》成了村民的“炕头书”。“这个扎根于家乡泥土中的科技特派员,把个人价值融化在葡萄这个甜蜜的事业里。”古城镇政府的同志评价说。

引进良种,为耕地“加餐”
他让十年九旱的革命老区不再靠天吃饭

2021年7月20日

“我的工作舞台在乡村农户、在田间地头,作为一名农业科技工作者,深入调查研究、分析论证项目、探讨旱区农业发展路子,努力提高粮食产量和农民经济收入是头等大事。”在甘肃省庆阳市华池县,有一位被当地群众称为“王技术”的科技特派员王玉杰。

从事农业科技推广工作近30年的王玉杰现为高级农艺师。在“十年九旱、靠天吃饭”的革命老区、国扶重点贫困县,他蹲点创办的山庄乡尚湾村高产创建示范区,曾为全国旱作农业现场提供了观摩点,玉米长势被农业部专家誉为“全国最好的玉米”。

育种“战斗员”

“华池县是典型的干旱山区农业县,这里自然条件较差,农业基础薄弱,粮食产量低而不稳的问题很突出。”回忆刚参加工作时的场景,王玉杰说,选育新品种、推广新技术是人为弥补先天自然不足的重要增产、增收途径。

多年间，他坚持外地引种示范和当地品种提纯复壮相结合、小区域试验引导和大面积示范推广相结合的方法，先后引进农作物新品种280多个。“为了减少试验误差，每一项试验，他从地块选择、品种确定、规范种植到完成试验报告等各个环节，总是全程参与。”王玉杰的同事们说，特别是在试验观测记载的关键时期，他经常是起早贪黑，白天穿梭在示范基地，晚上整理记录资料，分析数据。

人生在勤，勤则有获。王玉杰共筛选适合华池栽培种植的主体优良新品种共50多个，保种、提纯当地品种18个，引进试验并总结推广旱作高产新技术30多项。考察引进的登海系列玉米、平荞2号荞麦、晋豆系列黄豆等新品种，年种植面积达到10万亩，从根本上替代了当地老品种，实现了产量水平和经济效益的历史性飞跃。

“不仅要选育更新作物品种，耕地地力质量提升同样是亟待解决的主要难题。”针对大部分群众在农田施肥中存在着投入不足、配比不当、结构单一等问题，王玉杰紧密结合实际，组织团队研制玉米、马铃薯等专用配方肥3个，为县内10多种主要农作物制定了配方施肥指导卡，使“华池县30万亩耕地吃上了营养配餐”。

技术“宣传员”

怀着对山区群众的热爱，怀着对农业科技的执着，王玉杰面对县内农民科技意识淡薄，对新优实用技术接受慢、推广难的实际情况，坚持先培训引导，后普及推广的方法，白天抓示范、做指导，晚上抓宣传、搞培训。

在抓点示范过程中，由于部分群众对新品种、新技术不认识、怕风险，对搞试验研究怕麻烦、不接受，王玉杰同志总是耐心引导，算账对比，甚至将农民的地块承租来作为自己的试验田，亲自种植，亲自收获，领着群众干，做给群众看。

奔走在田间、吃住在农户、培训在地头，王玉杰先后在华池县山庄乡尚湾村、五蛟乡刘家湾、白马乡马高庄等村建办高科技综合试验示范点20多个。他总结推广的《干旱冷凉山区玉米集成技术示范》《山地荞麦标准技术示范》年推广面积在20万亩以上，为发展干旱山区现代农业、推进农业走上高效、低耗和可持续发展之路，也破解了关键技术难题。

致富“服务员”

想方设法筹资筹劳、精心传授增收技术、亲自参加田间劳动，是王玉杰的日常工作写照。“王老师工作接地气，对我们村每户的家庭情况、产业结构，就连灶台火口方向都比我清楚得多，这几年我村的农业发展变化多亏有他。”科技示范户徐国林动情地说，所以群众都亲切地称他“王技术”“好心人”。

在王玉杰担任第一书记的华池县白马乡马高庄村，他以村“两委”班子、村小组长、合作社理事长为主，成立了村级技术服务团队，积极领办“村社合一”和“331+”农民专业合作社 3 个。

在短短的 2 年时间内，村里以中药材种植、湖羊肉牛养殖为主的主导产业初具规模，农业科技水平大幅提升，农民人均收入成倍增长，贫困村如期实现了稳定脱贫。“我家情况不好，每年到春耕生产季节，王玉杰经常给我们送来地膜、肥料、种子等，教我该种什么、怎么种。”村里的贫困户康鹏说，现在脱贫了，最感谢的人就是“王技术”。

作为一个农民的儿子，王玉杰执着追求着父辈们对美好生活的向往；作为一个农业科技工作者，他出色地完成了科技对现代农业的反哺。“王技术”把论文写在了陇东大地，也把对农业科技工作的一片深情洒在了老区人民的心田。

科普视野

（16篇）

作者导言

就像经济社会发展离不开桥梁、高速公路等基础设施一样，科普工作就像科技创新事业的基础设施，只有社会大众的科技水平提高了，建造科技事业“大厦”才指日可待。可喜的是，近年来，笔者的“镜头”捕捉到社会公众对科普越来越重视，每年的科技活动周、科普活动、公众开放日等活动参与度越来越高，博物馆、科技馆里，越来越多的小学生、中学生沉浸在科普的世界，跃跃欲试，这也反映出公众对科技的理解、掌握和运用能力强了，社会文明程度提高了。

基础设施人人离不了，让科普成为一种基础设施，有利于调动各方面做好科普的积极性；有利于提升科普的荣誉感，让科普成为受人尊敬的事业，鼓励更多科学家做科普；有利于从整体上提升全民的科学素养，在全社会构筑一道抵御伪科学的“防火墙”。我想，应该把科学普及放在与科技创新同等重要的位置，厚植创新土壤，为创新驱动发展提供更强劲的动力。

大数据为莫高窟永久保存提供可能

2015年8月28日

大数据环境下的数字化研究能为文化遗产保护做什么？也许是实现文化遗产的永久保存，也许是呈现奇妙的旅游新模式——不用车马劳顿便可身临其境地感受实景，动动手指就能穿梭于现实与虚拟之间。

8月24日，2015“敦煌论坛”在敦煌开幕，本届论坛由敦煌研究院联合哈佛大学、伊利诺伊大学主办，包括美国、英国、德国、日本、希腊等国家200余位专家学者聚首莫高窟，共同探讨大数据环境下的数字图书馆和文化遗产保存使用现实问题。

早在20世纪80年代，敦煌研究院就提出“数字敦煌”的构想，旨在利用数字化技术实现石窟文物的永久保存。“几十年间，莫高窟接待游客量由年均一万猛增到去年的95万，今年旅游人数已经超过百万，历史文化遗产不堪重负。”敦煌研究院院长王旭东介绍了面临的危机和解决方案，云端的大数据环境、互联网+架构下的信息获取、多元支撑的异构数据库等技术手段，为文化永久保存提供了可能，让经历千年风雨的宝贵遗产凭借数字技术“活起来”。

本届论坛，来自国内外的历史文化、建筑、材料、信息等领域的专家将针对“数字敦煌”提出具体意见和操作方法。“敦煌壁画三维数据存档和洞窟远程监控技术，使保护利用更加智能、便捷与高效。”东京文化保存修复科学中心冈田健的报告对中国土遗址保护进展赞誉有加。

近年来，敦煌研究院开发的高精度模型建构、动漫节目和球幕电影，实现了互联网+文物互动，使得旅游更加趣味性，又有效地保护了莫高窟内珍贵的文物。“技术的介入最终要以弘扬艺术为目的，谋求更大的发展空间，让莫高窟留存更久，让更多人走近并了解它。”王旭东说。

大晴天卷走孩子的是个什么“鬼”

2016年4月22日

“龙卷风来啦!”4月20日下午16时25分,甘肃瓜州县源泉小学塑胶运动场突发漩涡气流,并将一名正在参加运动会的小学生卷起,所幸的是,小学生被甩下只是后脑轻微受伤,并无大碍。这场突如其来的风暴让很多师生和家长心有余悸,并将其称之为龙卷风。但经专家解释,这种天气现象实际为“尘卷风”。

一字之差的龙卷风与尘卷风

由雷暴云底伸展至地面的漏斗状云产生的强烈的旋风称为龙卷风，属于云层中强烈雷暴的产物。而尘卷风则是由地面强烈增温而生成的旋转对流运动,以卷起地面尘沙和轻小物体形成旋转的尘柱为特征。“尘卷风首先从地面形成,再向空中发展。与龙卷风不同的是,尘卷风风柱一般在10多米,极少的尘卷风高度能达到100多米。此外,尘卷风影响范围很小,直径只有几米,最长的才有10多米。尘卷风一般形成几分钟就会消失。”中央气象台工程师胜杰向记者详细介绍了尘卷风的波及范围。

南京信息工程大学大气物理学院赵天良教授研究尘卷风多年,他告诉记者,龙卷风和尘卷风最大的区别是形成原因,龙卷风是强降水和雷雨大风等强对流天气形成,而尘卷风往往在晴朗天气形成。晴朗天气下地表局部增热不均匀时,会造成局部气流变化,形成尘卷风。一般形成在开阔干燥处,多见于草场、沙漠等地方,随着气温的不断攀升,发生尘卷风的机会也会增加。“实际上,在北方地区发生尘卷风的概率是非常高的。”赵天良说。

北方春夏季易发生尘卷风的事发地瓜州县处在河西走廊最西端的酒泉市中部,境内多山区、戈壁沙漠、风蚀基本地貌,有着“世界风库”之称,世界首个千万千瓦级的风电基地贯穿境内。记者获知,4月20日瓜州县天气晴朗,16时25分检测温度为23.3℃,风力3~4级,风速每秒7.5米。瓜州县气象局工作人员雒廷祥告诉记者,出现尘卷风极有可能因为当时正在开运动会,学生较多,陆地升温快,受热条件比较复杂。“不过在荒漠以外的瓜州城区,还没有发生过这种强度的尘卷风。”雒廷祥说。

“在西北,尤其有植被裸露的荒漠地区,春夏季是尘卷风高发季节。”成都信息工程大学环境气象与健康研究院王世功教授曾对西北尘卷风形成做过系统研究，他解释说，“经过一个冬天，冻土融化，气温回升，暖空气在上升过程中形成上聚力，缺乏植被覆盖的尘土极易被卷入，形成旋风，也就是尘卷风。”

如何规避尘卷风的危害

“引起巨大破坏力的尘卷风几乎不可能发生，本次卷起孩子的尘卷风非常罕见。”赵天良从研究者角度认为，国内一些报道过的尘卷风案例要科学探讨，目前尚无界定破坏力的计量标准。“2004 年 8 月 27 日的北京水立方工地发生的 7 米的旋风，实际是龙卷风。”

“尘卷风遇到阻隔物就会消失。”赵天良说，随着城市设施完善和荒漠化有效治理，这种天气现象会越来越少。

“尘卷风属于小尺度天气系统，目前很难做到提前预报。”对于尘卷风的测报，胜杰说，小尺度天气系统是指水平空间尺度在 2~20 千米，时间尺度为 10 分钟到 3 小时的天气系统。但是，尘卷风一旦形成，人们用肉眼就能看到，因为其影响范围很小，移动速度也不是很快，一旦发现，应及时躲开，如果躲避不及，可以选择趴在地上，水上游玩时更应穿好救生衣。

“及时修缮破损裸露的操场、广场等公众活动开阔区域，阻断尘卷风形成环境。”赵天良提出建议。

全球变暖：须控制在 1.5℃以内

2017 年 4 月 26 日

“巴黎协议旨在将全球平均地表气温升幅限制在相对于工业化前水平的 2℃以下。但是，鉴于近期的二氧化碳排放趋势，我们发现只有湿润地区能接受这个目标，而干旱地区将承受更大变暖风险。将全球增温控制在 1.5℃目标内是必要的。”4 月 24 日，兰州大学大气科学学院黄建平教授领导的课题组在《自然—气候变化》杂志发表最新科研成果。

该研究指出，一个世纪以来，全球干旱半干旱区升温比湿润区高 20%~40%，但其人为二氧化碳排放量却只有湿润区的 30%。“占全球陆地面积 42%的干旱半干旱区养育着世界38%的人口，且主要分布于贫穷落后的发展中国家，如果全球升温2℃，干旱半干旱区将承受玉米减产、地表径流减少、干旱加剧和疟疾传播等气候灾害。”黄建平解释说。

人为二氧化碳和其他温室气体排放被认为是导致全球变暖的主要原因；然而，不同地区人为二氧化碳排放量显示出与增温趋势相反的空间分布，“贫穷落后的干旱半干旱区虽然排放的温室气体微不足道，但其承受的气候灾害却比高温室气体排放的湿润区发达国家严重得多”。课题组成员于海鹏说。其次，陆地上的增暖也是不均匀分布的，观测结果显示，干旱地区已经出现了显著的增暖，而由于干旱地区的生态系统脆弱，它们面临着更为可怕的土地退化与荒漠化风险。

该研究不仅从观测和气候模式资料中发现了上述现象，还从理论上提出了造成上述现象的能量平衡机制。通过预估表明：当未来全球平均升温达2℃时，湿润区升温仅为2.4℃~2.6℃，而干旱半干旱区增温或达3.2℃~4℃，比湿润区多约44%，而气温增高所导致的玉米减产、地表径流减少、干旱加剧和疟疾传播等气候灾害在干旱半干旱区最为严重，从而进一步扩大全球社会经济发展的区域差异。

黄建平团队之前于2016年发表在Nature Climate Change上的研究成果曾表明，未来全球干旱半干旱区将加速扩张，气候变暖、干旱加剧和人口增长的共同作用将增大发展中国家发生荒漠化的风险，而本研究是黄建平团队在之前基础上的又一重大突破。“国际社会应重视气候变化灾害和气候变暖责任在不同地区之间的不平等性，加强对贫困落后的干旱半干旱区的关注；同时应兑现承诺，切实采取履约行动，共同推动这一协定的实施。”黄建平教授代表团队发出呼吁。

给马拉松热开出科学“处方”

2017年6月13日

6月11日上午7点30分，首次升格为国际田联“银标赛事”的第七届兰州国际马拉松赛鸣枪开跑。来自中国、乌克兰、巴林、埃塞俄比亚、坦桑尼亚、美国、肯尼亚等32个国家和地区的4万多名运动员和选手齐聚黄河之畔，开启奔跑之旅。

作为唯一有母亲河穿越市区中心而过的省会城市，“九曲不回、奔涌向前”的城市精神与连续六届的马拉松文化相互融合，为兰州马拉松注入了活力和激情，参与热情一年高过一年，本届“兰马”的报名总人数为40413人，其中全程马拉松8120人，半程马拉松8105人，迷你马拉松24188人。

赛场上，来自世界各地的马拉松爱好者的热情让整座城市沸腾；赛后，许多人由于盲目跟风跑“马”，缺乏科学的检测与预防，激情过后遭遇不同程度的伤痛。对此，从事了二十多年运动员生理生化测试的甘肃省体育科研所吕永忠研究员建议：“科学运动才能带来健康，了解自身运动能力，达到一定储备才可以安全畅跑马拉松。”

“如果不先对身体状况进行测评，那么锻炼就可能是不合理的、无效甚至是有风险的，因为跑得不当和过量对关节和韧带等造成的损伤却是大量的，并且有些伤害是不可逆的。”吕永忠认为，不科学的运动不仅不带来健康，还适得其反。

近年来，科学运动理念逐渐被公众所接受，通过多年对几百名专业运动员的训练与测评，甘肃省体育科研所致力于将健康运动的理念与模式推向大众。“对于马拉松这样高强度的运动，如能引入运动评估，会大幅降低风险。”吕永忠开出了“处方”。评估第一步就是对自己的体质状况、身体素质进行一个考量，主要是针对体脂率、肌力和肌肉耐力、心肺耐力、柔韧性等指标进行评价，适当地进行饮食调整，然后才能进行有针对性的运动，而高强度的运动之后，需做好生理生化测试，主要包括营养方案的制订、运动损伤及恢复训练三个方面。

太荒谬，博物馆竟成了“祈福地”

2018年10月22日

近日，网传一段视频显示，甘肃省博物馆“天马西来”后台展池中散落着一元、五角等面值不等的纸钞和硬币。展品上堆满纸币的现象并不是首次出现，此前就有媒体披露，游客在展出的佛像周围投掷钱币祈福，博物馆被当成了“祈福之地”。就此行为，有关专家表示“民众科学素养亟待提升”。

有资料显示，甘肃省博物馆是国家一级博物馆，是全国爱国主义教育基地和科普教育基地。馆内陈设着魏晋至清代大量珍贵佛教文物，其中佛教艺术展览馆被中国博物馆协会评为全国十大精品展之一。甘肃省博物馆方面介绍，设置这个展馆的主要目的，是“让人们从艺术的角度了解佛教，了解丝路”。

记者发现，观众投币对象多为一些佛像之类的宗教祭祀文物，针对此行为记者采访了几位民众，大都表示如若此事件没有引发热议，看到大家都投币，自己或许也会照做，“图个彩头”。

据报道，此次甘肃省博物馆被投掷钱币的展品是 1969 年在武威市雷台汉墓出土的“铜车马仪仗队”，由 38 匹铜马、1 只铜牛、1 辆斧车、4 辆轺车、3 辆辇车、2 辆小车，3 辆大车、1 辆牛车、17 个手持矛戟的武士俑和 28 个奴婢俑组成，是中国迄今发现数量最多的东汉车马仪仗铜俑。

“文物有着很重要的历史、科学、艺术价值，这种投币的行为不仅有碍观瞻，还有可能对文物造成损伤。”敦煌研究院保护所所长苏伯民表示。

“这是典型的将宗教信仰与愚昧迷信混为一谈的行为。”兰州大学历史文化学院刘永明教授说，宗教的本质是劝人向善的，提升人们的思想道德，净化人们的灵魂，但这种提升净化绝对不是以获取金钱为目的。而迷信活动的本质就是愚弄人的，它主要以骗取盲目信众的钱财为目的，同时诱导信众祈求眼前利益，并在追逐个人虚空利益的过程中不惜损害社会秩序。

刘永明说，在博物馆这种以展示和弘扬优秀传统文化、先进技术的公共场所，投币“祈福”的做法是典型的迷信，“很荒谬的行为”。

近些年，城市博物馆的人流量增加，游客道德素质和文化水平良莠不齐。博物馆作为管理方，有义务承担保护管理展品的责任，让游客参观权利得到保障。“更重要的是，参观者必须要对文物展品和管理制度表示尊重。”兰州大学博物馆研究所所长魏文斌表达了同样的看法。

此前，甘肃省博物馆方面向科技日报记者透露，国庆长假期间，向观景池投币行为是少数观众所为，现场工作人员进行了及时劝阻，馆内已经竖立“禁止投掷”的显著标志。“博物馆是传播文化文明的场所，投掷任何物品都是不允许的。”

［专家点评］

这种现象的发生，反映了全社会的公众意识和科学信仰还有待提升。这是科学信仰、公共道德的严重缺失，需要从根本上提升科学素养，分清楚科学和迷信、民俗和封建之间的界限。

部分民众对事物的认知很懵懂，在他们看来这种丢币或许不是什么大事。但如果整个社会对细节不注重，对科普不关注，甚至选择默认或者原谅，即使物质再丰富，技术再先进，如果没有文明做基础，社会和谐和文化自信是彰显不出来的。

（点评人：科普专家、西北师范大学教授 莫尊理）

总书记看过的这匹马，不简单！

2019 年 8 月 23 日

“古者掌兵政，谓之司马，问国君之富，数马以对。是马于国为最重。”西汉元狩二年，尚未满 20 岁的骠骑将军霍去病率军转战河西走廊几千里。如今的山丹大马营草原，古时称汉阳大草滩，汉武盛世在此设马苑寺管理马政，就是山丹马场辉煌历史的肇始。唐朝，河西一带军马一度高达 70 万匹。

8 月 20 日下午，正在甘肃考察的习近平总书记专程抵达张掖市山丹马场考察调研。“红”了几千年，如今又让总书记惦记的山丹马到底是匹什么马呢？

山丹马的“前世今生”

“顺拐”的奔跑姿态，即“对侧步”是古代良马的标志，也正是山丹“走马”的独特“名片”。在祁连山优质水源的滋养下，平坦开阔的山丹草原，成为我国良种马的绝佳的繁育基地，与铜奔马同样擅走对侧步的山丹马就在这里繁衍。

“山丹马目前的种群达 3000~4000 匹，山丹马与铜奔马存在着很近的血缘关系，山丹马的母系是马场本地土种马，而铜奔马其实就是几千年前的河西马。”山丹马场一场有限责任公司副总经理胡玉坤介绍说，目前的山丹马为改良型马种，1997 年山丹马场引入阿拉伯种公马冻精，对山丹马进行改良，2003 年又引进阿拉伯、英纯血、顿河种公马进行混合改良，产出阿丹马、英丹马、顿丹马等一代马，现存栏 389 匹。“这种保护性繁殖，可以保护优良马种基因，确保马种品系和质量不断提高。”改良后的山丹马头颈清秀、背腰平直、四肢修长、体态匀称，颇有传说中“火焰驹”“千里骥”的英姿。

山丹马的“高光时刻”

早在 1961 年，山丹马育种委员会就成立了。为达到当时军马选种的驮挽乘兼用、适应中国草场环境，以及饲养条件、持久力强、成本较低等条件，1963~1984 年，马场经过采用非亲缘同质选配、品系繁育、建立核心群、稳定遗传性能等 4 个阶段的选育，开始有计划地培育符合标准的军用马品种。通过鉴定验收，确定为适合国家军需民用、以驮为主的军马新品种，并定名为“山丹马”。1985 年，山丹马荣获全军科技成果一等奖和国家科学技术进步一等奖。

已经退休的甘肃农业大学王墨清教授，参与了山丹马品种培育的整个过程，“培育山丹马，是马场科技人员与几代牧马人历经30多年风风雨雨，数不尽的曲折坎坷，才取得的重大成果。”提到山丹马的品种选育，王墨清特别自豪，语调也高了起来。山丹马还被写进《中国大百科全书》及养马学专著。“山丹马体质干燥，公马粗糙结实型占50%左右，母马粗糙结实型占36.6%，体格中等大，躯干粗壮，体型方正，结构均匀，气质灵敏，性格温驯，肢势端正。蹄大小适中，蹄质坚实。”尽管已入耄耋之年，教授讲起马来，依然是如数家珍。

“开了挂”的山丹马

连续行军14 000千米，存活率最高的军马；团队行程2800千米，最长行军记录的军马；跨越6300米海拔地区，最高攀登记录的军马；5000米以上海拔地区连续行军10天，完成900千米行程……20世纪90年代中后期，中国人民解放军骑兵骑乘山丹马，走遍祖国的边防哨所，创造了多项世界之最。

时至今日，山丹马依旧像“开了挂”一样不断突破。伴随信息化时代的来临，山丹马的用途也实现了逆转，对马匹本身的需求量急剧下降，马场围绕文化旅游业、体育竞技等产业做起了文章。“由于地处祁连山生态保护区，在严格遵照国家生态保护政策的前提下围绕马产业发展旅游业，修建基础旅游设施，发展生态旅游，开展群马参观、赛马表演等活动是今后的重点工作之一。”胡玉坤介绍，下一步，马场还将不断引进优秀种马，进一步改良和横交固定，培育新型赛马和骑乘用马。

马肉、马胶、马血、皮毛……马制品的综合开发已经在这里兴起。“我们的马血清成为国家指定的医药中间体材料，前景可期。”山丹县天马科技有限责任公司总经理赵华向科技日报记者介绍。

养马学曾经是甘肃农业大学的优势学科，20世纪末由于专业方向以及师资方面的限制而取消。“明年将恢复养马学科，保留专业特长和血脉。”甘肃农业大学动物科学学院院长滚双宝说。

蓝天白云下，一匹匹雄健的骏马如疾风，似骤雨，长鬃飞扬，响声如雷，昭示着这片绿色土地的龙马精神，演绎着祁连山新的期盼。

“甘肃处方”:辨证论治+天时人和

2020年2月21日

从2月2日甘肃首例新型冠状病毒感染治愈患者出院,到2月19日20时,累计报告新型冠状病毒肺炎确诊病例91例,全程使用中西医结合诊疗治愈出院65例,作为中草药大省,甘肃专家们总结形成的系列中医药预防和治疗方剂也随第五批援鄂医疗队空运武汉,免费为医务工作者和患者使用。

“治愈率指的是治愈出院患者占总确诊人数的百分比,甘肃现在的新冠肺炎确诊人数不过百,其中轻症患者多,基础样本少,造成治愈率比较高。”甘肃中医药大学附属医院院长张晓刚告诉记者,良方并非神药,面对这种先前尚未在人类中发现的新型冠状病毒,最有力的做法既要统一部署防控,还要统筹中西医资源协同治疗。“陇原儿女自抗疫以来共同写就的综合处方,中医医术+抢夺天时+万众人和,真是可圈可点。”

“一网一阵地”,未病先防

“动员全省防疫系统组成一个防护网,从而构建一个战疫阵地。”防控疫情是一场不能懈怠的阻击战,更是一场守护人民群众生命安全和身体健康的保卫战。在这个特殊的春天里,甘肃全省上下一心,迅速行动,采取联防联控措施织密防控网,积极推动企业复工复产,积极做到疫情防控和经济发展同促进。

张晓刚认为,“得益于甘肃省中药资源丰富的优势”,同时,甘肃用疫情防控科普知识和心理干预知识给百姓服下“安心丸”,在广播、电视、报刊等主流媒体,微信公众号、门户网站、今日头条、微博等媒介宣传疫情防控政策、个人防护科普知识。

从1月25日甘肃启动重大突发公共卫生事件一级响应至今,数以万计基层防疫员战斗在防控一线,用自己微弱的光,组成了最温暖的力量。随着多地患者治愈出院,地图上的这块玉如意逐渐清澈明亮。27天过去了,河西走廊的武威、酒泉、嘉峪关三市始终保持零疫情,马踏“肺炎”、酒泉消毒、雄关壁垒……网友们纷纷给予良好的祝福。

“一患一方案”,辨证施治

甘肃是中医药学的发源地之一,也是杏林开宗鼻祖之一岐伯的故乡。作为部省共建的中医药示范省,甘肃近年来走上中医特色的医改之路,鼓励民众充分利用道地药材制作药膳食用,提高肌体免疫力和疾病抵抗力。西医在外科、急救、激素、医疗仪器等方面具有无可比拟的优势,但在新冠肺炎治疗方面多为间接作用,目前并没有直接特效药,这也为中医的优势发挥开辟了天地。

“《黄帝内经》中说‘五疫之至,皆相染易,无问大小,病状相似’,中医在临床具体治疗根据病情辨证用药,有是证用是方。”作为国家名老中医学术经验继承人,张晓刚谈起诊疗来底气十足,新冠肺炎疫情发生当即,甘肃就建立了中西医结合联动工作机制,中医药专家第一时间介入疑似和确诊病例,联合西医专家共同拟定中西医结合救治方案,确保所有病例尽早、及时、全程使用中医中药,努力做到“一患一方案”。针对新冠肺炎患者的病情变化,甘肃多次组织专家会诊及 MDT 中西医多学科远程会诊,采取有针对性的抗病毒、抗感染治疗,并在需要时给予间断吸氧及中医协同治疗。“至今,已发布了第三版中医药防治方案。”张晓刚说。

“扶正避瘟方充分发挥中医药在治未病中的主导作用、宣肺化浊方和清肺通络方在医疗救治中针对病重程度提供辨证协同作用,益肺健脾方用于疾病康复,以及藏医药的主理防治。”张晓刚透露,这一系列甘肃优势方剂已用中药配方颗粒进行了分装,供援鄂队员预防和新冠肺炎患者治疗康复使用。

“一愈一信心”,逆行战疫

疫情来袭,医护工作者冲在了逆行最前列。为应对新冠肺炎疫情,甘肃确定了 109 家定点医院和 93 家后备医院,共准备床位 6000 余张。并通过视频会议、远程医疗等形式对全省 2 万余名医务人员进行了培训,成立了专家组 101 个,科学轮班防守,对确诊病例进行规范治疗。

从陇原到荆楚,千里大地阻隔不了兄弟情深,在这场没有硝烟的战斗中,甘肃第一时间抽调精兵强将挺进武汉,全力以赴支援湖北,截至 2 月 21 日,共派出六批 781 名医护人员支援武汉。每治愈一名患者,人民就多一分打赢防疫战的信心。白衣变战袍,穿着厚重的三层防护服采血、测生命体征、发口服药、上氧气一刻不停,一线的艰辛常人无法想象。谈到奋战在武汉的同仁,张晓刚顿了顿,“一愿他们安然无恙,零感染平安归来;二愿不忘医者初心,早日战胜疫情”。

“甘肃处方”,用张晓刚的话说,就是“第一时间进行科普防控,减少人员流动;第一时间中医介入，联合西医精准论治；第一时间整合团队，全力备战。”疫情面前需要科学和理性，更需要信心和同心，“一愈一信心”，只要静心防护治疗，战胜新冠肺炎定能交出合格答卷。

11 项科普大餐齐聚 甘肃启动 2020 年科技活动周

2020 年 8 月 24 日

“扶正避瘟丸、皮肤消毒护肤霜、空气消毒避瘟喷剂，艾果避瘟香囊，每一个我们都爱不释手……” 在 8 月 23 日启动的 2020 年甘肃省科技活动周暨平凉市首届科技创新成果展上，甘肃中医药大学展厅里挤满了前来参观的市民。

“科技战疫，创新强国”，在科技战疫成效展区，抗疫药物、负压救护车、心电监护仪、呼吸机、消杀设备及核酸检测等疫情防控新技术新装备逐一亮相。甘肃将围绕活动主题持续举办平凉市首届科技创新成果展、科技成果推介发布暨科技项目签约仪式、“科学之夜”活动、“崆峒论道”——平凉金融创新论坛等 11 项活动。本次活动齐聚了公共关注的科技热点，以科技宣传车、视频、展板、科普书籍签名赠书、现场咨询服务等形式全面展开，更加贴近实际、贴近生活、贴近群众。

崆峒昂首展雄姿，科技创新正当时。本次活动的主办地平凉市近年来培育形成了以智能光电产业园、蓝康医药、超越农业等为代表的一批技术创新型企业，成功选育“静宁 1 号”“成纪 1 号”“庄薯 3 号”等具有自主知识产权的苹果、马铃薯新品种，各项科技成果落地开花。“突出源头创新和应用导向，深化科技创新体制改革，科技创新已成为助力脱贫攻坚、疫情防控和经济高质量发展的重要引擎。”平凉市委副书记、市长王奋彦说。在科技项目签约仪式上，平凉与合作高校、科研院所及企业负责人签订了平凉工业园区新能源锂电池、华亭市年处理 4 万吨废旧轮胎循环利用、崇信县九功 800 亩贝贝南瓜农业现代示范园建设等 26 个科技协议项目，签约总额 6.16 亿元。

“在这次战疫中大家都看到了医护工作者和科研工作者的艰辛和努力，众志成城齐战疫，只待繁花与共时。作为大学生，我们也研发了一些敦煌医学文创产品，向社会尽我们的一份绵薄之力”，甘肃省中医药大学药学专业的王芸向感慨地说。以这次活动为契机，让广大群众在参与中开拓科学眼界、在体验中学习科学知识、在互动中感受科技魅力。甘肃将持续推崇科学精神，激发全民科技创新热情，进一步扩大科学技术的影响力、辐射力和带动力，让科技创新根植大地、反哺大众、助力发展。

驻足甘肃临夏盆地，探问亿年生命密码

2021 年 1 月 11 日

在祁连山余脉马衔山与西秦岭太子山之间，被基岩山地包围的甘肃省临夏盆地曾经是远古生物繁衍生息的伊甸园。这里有占据“六项世界之最”的和政县古生物化石遗址群，更有坐拥“八项国内外之最”的刘家峡恐龙足印化石群。

新年踏雪，探问亿年生命密码。当笔者随着化石印记去翻阅这部“高原史书”，神秘大地的远古生命回响恍惚如昨。

“古动物化石之乡”的生命回响

临夏盆地曾是封闭神秘的古湖环境。1200 万年前，青藏高原的隆升使得这里的气候发生了剧烈变化，寒冷、干旱、食物紧缺，大量不能适应的动物被大自然残酷淘汰。时迁日移，20 世纪 50 年代，附近的村民无意间在临夏州和政地区发现了昂贵的“龙骨”，几代科学家的目光被吸引到了这里。查证后学者们惊喜地发现，“龙骨”属于新生代晚期的巨犀、铲齿象、三趾马和真马等哺乳动物群。

“恐龙世界灭绝之际，人类社会上演之前，距今 3000 万年到 250 万年完整的临夏地质地貌和古动物化石，栩栩如生的哺乳动物生活场景在这里得到重现。”和政古动物化石博物馆馆长何文介绍道，和政古动物化石数量之丰富，种类之繁多，保存之完好世界罕见，被誉为“古动物化石之乡”。

“和政博物馆是研究所重要的科研基地，这些化石材料为研究青藏高原新生代盆地哺乳动物群之间的关系和迁徙提供了绝佳的材料，对深入研究全球新生代生物演化具有重要意义。”正在整理化石的中科院古脊椎动物与古人类研究所王世骐研究员介绍，科研团队每年来五六次，一待就是一个月。

世界独一无二的和政羊、最大的三趾马、最丰富的铲齿象、最早的披毛犀、最大的真马“埃氏马”、最高的“巨鬣狗”……走进博物馆，错落有致、形态各异的化石，给人们带来强烈的画面冲击感。目前，馆内收藏150个属种的化石标本3.1万余件，包括世界范围仅存的系列铲齿象头骨化石，印刻着铲齿象从幼年到40岁生命结束的发育史。

“作为为数不多的国家级专业博物馆，发掘大自然留下的宝贵财富价值是我们的任务，下一步要提升馆藏的娱乐性、互动性和吸引性。”何文说，让更多的群众感受大夏河畔生命的回响。

“中国恐龙之乡”的亿年足音

出了和政，驱车沿兰永旅游公路向北100千米外的临夏州永靖县，刘家峡恐龙国家地质公园就坐落在水岸边。世界罕见的白垩纪恐龙足印化石群、恐龙卧迹、尾部拖痕、粪迹，以及白垩纪晚期地层剖面、第三级夷平面、古植物化石点、泥裂和波痕等沉积构造，拉伸应力形成的正断层和褶皱构造等自然地质遗迹景观，承载着临夏盆地一亿七千万年前的生命之谜。

“遗迹在1999年8月首次发现，目前有10个足印化石点，人工揭露4个足印化石点，揭露面积约2000米^2，有11类150组1831个足印。”地质公园博物馆馆长尤文泽说，足印保存之完好、整体规模之大、产出层面之多世界罕见，其中兽脚类、翼龙鸟脚类足印填补国内空白。在这里，学界研究命名了世界最大牙齿植食恐龙“兰州龙”、国内最胖恐龙“刘家峡黄河巨龙”。

与生物化石不同，恐龙足迹形成条件非常严苛。“要求土壤湿度、黏度、颗粒度适中，留下痕迹后迅速被掩埋石化。另外，还需要保留凹形足迹的岩体与后来的覆盖层岩性不一致。”尤文泽告诉笔者，古动物足印尤为珍贵，研究价值更大。

刘家峡恐龙足印1号保护馆的化石点上，深深浅浅、大大小小的蜥脚类、鸟脚类、兽脚类和翼龙足迹遍布在岩体上。在这里能清晰地看到全球保存最好的那只恐龙足印：后足印长1.5米、宽1.2米，前足印长1.1米、宽1米，步幅达到惊人的3.75米。据专家分析，这只恐龙的体长在20米以上，体重接近50吨，相当于833个60千克的成人，两步就可以跨过一个篮球场。

2009年，永靖县被中国地质调查局地层与古生物中心命名为“中国恐龙之乡”。“面向省内外高校地质与古生物专业的学生，开展了徒步踏寻恐龙足迹、线上地质与古生物问题有奖答题等科普活动。”尤文泽说，地质公园后续布展和展示改造正在实施中，科普广场和2号保护馆面世指日可待，“呼吁更多的游客来参观学习。”

“伸手触摸的这块岩石，就是亿万年前啊！”神秘临夏宛如科学殿堂，盆地抬升、地层剥蚀历历在目，多处化石埋藏区吸引着国内外游客的目光。从和政古动物化石到永靖恐龙足印，这里多处宝藏相映成趣，揭示着地球演化、物种进化、环境变化的深刻内涵和生命更替。

走进大地湾，探源华夏文明 8000 年

2021 年 1 月 29 日

“我从哪里来，要到哪里去？”历史长河中，最受人类关注的莫过于起源与归宿这个古老话题。距今约 6 万年前，距离甘肃秦安县城东北 48 千米的大地湾就留下了远古人类繁衍生息的印记。8000 年前，原始社会农业生产发展成型，气候温润的陇山脚下、清水河畔，“大地湾人”登上了历史舞台。

徘徊在 20 世纪我国 100 项考古重大发现之一的大地湾遗址上，从大地湾走出来的 8000 年文明岁月，在眼前交织成一幅幅流动的画卷。

大地湾遗址肇始 8000 年华夏文明

“1978~1984 年，甘肃省文物考古工作队在大地湾遗址共揭露面积 1.4 万米 ^{2}，出土各类文物近万件，发现了房址、窖穴、墓葬等史前遗迹 700 多个。”大地湾文物保护研究所所长赵志雄介绍，遗址距今约 7800~4800 年。其代表着西部地区早中期的新石器遗存，是我国文明的重要起源地之一。

走进大地湾博物馆，展馆中展出了大地湾遗址最早的旱作农作物标本、彩陶、雕塑、绘画、汉字雏形、宫殿式建筑、“混凝土”地面、防潮层建筑材料、消防实例、度量衡与十进制等，正是这些发现让大地湾遗址将中华文明向前推进了 3000 年。

“仓廪实而知礼节。”黍粒、粟种、油菜籽标本的发现，确立了黄河流域寒旱作物栽培史；居住条件由地穴下沉变为平地起建，占地 420 米 ^{2} 的“原始宫殿”式建筑，开创了八柱九开间土木结构中国宫殿建筑的先河；条形盘、异形器、簸箕形器、四鋬带盖罐是我国发现最早的陶质量具，它们的出土把我国度量衡实物史提前了 3000 多年。

老官台文化、仰韶文化、常山文化……大地湾罕见地涵盖了所有新石器时代的文化类型，与裴李岗、河姆渡等诸多新石器文化在发展演变中融合，共同孕育了古老中华文明。

51 米 ^{3} 探方包含 6 万年人类印记

一个长 3 米、宽 2 米、深 8.5 米的探坑，历时 3 年发掘，破译了 6 万年前古人类活

动的印记。

“2006年至2008年，甘肃省文物考古研究所、兰州大学资源环境学院、大地湾文物保护研究所和美国加州大学戴维斯分校等机构联合在大地湾原始村落发掘了旧石器时代文化遗存。”赵志雄说，这个编号DDW006的探方，将大地湾人类持续活动历史倏然推前了8个数量级。衔接6万年新旧石器时期的文明遗址，在全世界都是绝无仅有的。

由探坑往下望去，台阶、炉灶、墙壁等生活痕迹一目了然。据介绍，探坑的文化堆积层共有6层，包含了古人类长期生活留下的各类文化遗存。1~3层形成于距今6万年至2万年，地层中发现了石英砸击品；第四层形成于距今2万年至1.3万年，细石器产品和陶片开始出现；第五层展现了大地湾初始农业经济；第六层展现了半坡晚期成熟农林经济，完整记录了我国北方地区从狩猎到农作的发展过程。

据赵志雄介绍，探坑不仅有较为完整的黄土－古土壤沉积序列，而且保存了更新世中晚期到全新世持续的考古记录。“研究人员利用碳14、光释光测年法和土壤序列分析、高精度石笋氧同位素分析等现代技术手段，为遗址人类活动建立了可靠的年龄框架。”

赵志雄说，遗址已经出土的文物对于研究中华文明历史起源和中国北方旱作农业起源，有着非比寻常的意义。

275万米^{2}遗址，触摸5000年甘肃文明脉络

一个大地湾，上开中原仰韶文化之先河，下启陇右马家窑、齐家文化之滥觞，为甘肃东部史前考古树立了断代标尺，彻底改变了甘肃新石器时代的研究局面。

大地湾发掘以前，甘肃东部地区的考古工作相对薄弱，仰韶文化仅有零星的发现，距今5000年前的历史基本上属于空白。“大地湾的发现，把甘肃历史文化的认识推向了仰韶文化之前。”甘肃省文物考古研究所研究员郎树德说，仰韶文化是中华文明孕育成长的重要时期，在大地湾算是找到仰韶文化的“祖先”了。

“目前大地湾遗址探明面积275万米^2，发掘的面积仅占0.5%。”赵志雄说，现阶段要研究如何将文博事业和文化产业结合，以保护为基础深化研究，在宣传推广中完成文化传承。

大地湾文物保护研究所接待服务部主任邵耀峰介绍道，现在展馆通过陶器制作、炭笔绘画、钻木取火、陶埙演奏等现场体验，开展了一系列科普教育和文化旅游活动。

采访结束，远远望着这座古老遗存，记者不禁浮想联翩：千年文脉、万年历史，神秘的大地湾之下，也许还有诸多待解之谜。

何来何往？读懂沙尘天气

2021 年 4 月 7 日

前不久，我国北方多地连续出现扬沙或浮尘天气，新疆、内蒙古、甘肃等 12 地被多场严重沙尘暴的黄色“滤镜”持续笼罩。“土”味十足的朋友圈里，沙尘暴也成了网友们吐槽和调侃的热点对象。

近年来，我国沙尘天气呈减弱趋势。这场 10 年以来最强的沙尘暴，究竟从何而来、如何形成、我们如何正确理解关于沙尘暴的种种问题，也成了待答之题。

沙尘自北方荒漠区“卷土东来”

早在 3000 多年前，我国史书便有西北地区发生“黄沙”“雨尘”“雨尘土”“黄霾”等记录。每当天空中的蓝天白云突变为浮尘弥漫，“沙源来自西北地区”是人们的习惯性反应。

“我国多地的沙尘暴属于输入性沙尘，受北方荒漠区冷高压底部的偏东风影响，我国西北、华北等地区数次经历沙尘天气。”甘肃省兰州中心气象台首席预报员狄潇泓给出了明确答案。

据狄潇泓介绍，上一次受东大风影响形成的沙尘暴天气是在 2015 年。“2015 年 3 月，在蒙古冷高压底部偏东气流影响下，甘肃河西西部、内蒙古西部出现了大范围的强沙尘暴天气。”

多元素共同助力沙尘形成

沙尘暴带着无尽的黄土尘不断弥漫，人们不禁发问：沙尘天气为何“卷土重来”、天空灰暗却为何降温不明显、能见度低的情况为何不见改善？这些问题的答案，同样关乎沙尘暴的形成条件。

“沙尘暴的形成需要同时满足三个条件，一要有沙尘源地，二要有足够大的风扬起地表的沙尘，并长距离输送，三要有不稳定的空气状态。”狄潇泓告诉记者，此次沙尘天气过程就是受新疆东部热低压和蒙古高压影响，冷空气和暖空气之间的气压梯度比较大时，就容易产生大风天气。

“今年沙尘天气过程的影响系统较为复杂。3月14日夜间至15日，甘肃自西向东陆续出现大风沙尘天气，其中马鬃山、敦煌、鼎新等11站出现沙尘暴，最小能见度出现在鼎新，为420米，最大风速为瓜州20.4米/秒。”面对重大气象天气变化，狄潇泓和同事们加班加点进行了严谨的分析研判，第一时间为政府提供了信息专报，“16日，受上游沙尘扩散影响，我省沙尘天气范围进一步扩大，中东部出现大范围输入性沙尘天气。”

甘肃地区：浮尘扩散缓慢

“十一戊午朔，大风从西北来，折木飞沙走石，六日始息。”自古至今，沙尘暴在我国发生的空间规律就是西部多于东部，北部多于南部，主要集中在我国西北和华北的干旱和半干旱地区。“从气象学上来看，目前甘肃东部处于蒙古高压底部，大气层结稳定，各地沙尘浓度较大，风速较小，不利于沙尘快速扩散。”狄潇泓解释，今春首场沙尘天气过程为输入性沙源、期间没有明显冷空气、风速较小，沙尘只能缓慢沉降，持续时间较长。

“从地理学上来看，甘肃地域狭长，境内海拔分布不均，天气气候特点差异大，降水充沛的陇南市处于长江流域，而河西常年干旱少雨。”狄潇泓说，准确预报天气，要在真正了解甘肃的地形地貌、不同海拔地区天气气候特点的基础上，通过数值天气预报模式的一系列计算得出结果。

天有不测风云，预报则是向大自然不断试探、深入了解的过程。“随着卫星、遥感技术等技术手段的进步发展，我们现在拿到的资料分辨率逐渐提高，频次也增加了。”在兰州中心气象台大厅内，狄潇泓像陀螺一样不停地观测记录着。她说，“每逢遇上沙尘、寒潮、强降水这些天气过程，我们都争取第一时间为政府提供决策支撑，为社会活动提供服务保障，必要的时候向公众发出预警信号。”

利害并存于沙尘暴之中

风蚀土地、沙埋植被、破坏农田水利等基础设施，还直接损害人们的身体健康……漫漫黄沙唤起了人们对沙尘暴的一番讨论，与其相关的灾害问题更是成为焦点中的焦点。沙尘暴真的是百害而无一利吗？兰州大学大气科学学院教授王澄海为我们进行了详细解答。

“沙尘暴对人体健康和人居环境来看是一种灾害性天气。但是沙尘天气作为长期存在的一种自然现象，也有‘善良’的一面。”王澄海说，沙尘暴能有效缓解酸雨就是其中一个例子。“这与沙尘中包含着复杂的物质成分有关，其中含有丰富的钙等碱性阳离子，外来的沙尘和地面扬起的碱性沙尘都能有效地中和酸雨。”王澄海解释道，还有一些沙尘粒子中富含铁和盐等海洋生物必需的营养物质，因而可以给海洋生物生长提供"肥料"。

"沙尘天气发生的过程中,既会污染空气,也能净化空气。沙尘天气带来的丰富气溶胶使得空气中的水汽凝结核增多,有利于空气中的水汽凝结,形成降雨。"王澄海说,沙尘在随着雨水降落的过程中可以冲刷工业烟尘和汽车尾气中的氮氧化物、二氧化硫等物质,有效地过滤空气。通常,一场沙尘暴过后,如果伴随着一场降雨,尘埃落定的天空是会再变得洁净晴朗。

沙尘天气后,兰州迎来了一场春雪,受冷空气及降水影响,将利于空气污染物稀释、扩散。王澄海说,"沙尘暴是自然物质循环和全球生物地球化学循环中的重要环节,需要加以系统地研究利用来扬长避短。"

科普接力跑！甘肃连续 15 年举办中小学生科学知识网络竞答

2020 年 8 月 26 日

"与科技活动周同步启动,连续举办 15 年,活动时间 60 天,参与人数累计达到 58 万人次"。近日,由甘肃省科学技术厅、甘肃省科学技术协会联合主办的甘肃省第十五届中小学生科学知识网络竞答活动全面启动。

作为面向中小学生的一项具有导向性、创新性、示范性和群众性的网络竞赛,活动围绕生动有趣的科学问题展开,试题内容涉及科技知识、环境保护、农业环境、生物科学、军事知识、生活百科等方面。比赛采取网络在线即时答题方式进行,从 2016 年起实现了电脑端和微信双平台答题，每个参赛学生需在 100 分钟限时内完成从试题数据库中随机抽取的 100 道单项选择题,紧张活泼又兼具科普教育意义。

据了解,自 2006 年"甘肃省首届中小学生科学知识网络竞答"活动启动以来,连续举办的 14 届活动受到学生、家长、教师和社会各界的普遍欢迎和好评,参与学生范围覆盖全省 14 个市州,参赛学校达到 700 余所,在第十四届竞答活动中参赛学生达到 11 万人次,成为甘肃省科普工作的一项重要内容。

持续推进"互联网 + 科普"融合发展新局面,面向全省中小学生传播科学思想、弘扬科学精神,培养青少年的科技意识和科技能力。活动承办方表示,甘肃将以科学的规划为基础，运用现代教育理念与教学方法进行中小学生科普知识教育活动，通过科学知识的传播，培养更多有益于科技创新的后备人才。

甘肃山丹：科技碰撞，助力青少年实现"创意梦"

2021 年 5 月 18 日

"青少年机器人竞赛是一项集科技创新和激情碰撞为一体的活动，这里不仅是青春的舞台，更是智慧的赛场。"近日，由甘肃省科协、甘肃省教育厅联合主办，甘肃省青少年科技活动中心、张掖市科协、山丹县委、县政府共同承办的"第 20 届中国青少年机器人竞赛暨世界青少年机器人邀请赛选拔赛"在甘肃山丹落下帷幕，来自甘肃省各地中小学校的 17 支代表队、281 支参赛队、712 名中小学生在赛场上比脑力、拼创意、秀绝技，将这场科技比拼"玩"出了新花样。

据了解，中国青少年机器人(甘肃赛区)竞赛是面向甘肃省中小学生开展的一项集知识积累、技能培养、探究学习为一体的普及性科技教育活动，旨在通过富有挑战性的比赛项目，培养广大青少年学生的创新意识、动手能力和团队精神，提升广大青少年的科学素质。经过多年的连续举办，机器人竞赛规模和影响力不断扩大，已经成为我省青少年科技教育的一项品牌活动。

本届中国青少年机器人大赛为期 5 天，以"快乐·成长"为主题，共分 7 类竞赛项目，包括以"垃圾分类、助力环保"为主题的机器人综合技能比赛；以"协作机器人"为主题的机器人创意比赛；以"积木成塔"为主题的 VEX 机器人工程挑战赛；以"智慧城市"为主题的机器人创新挑战赛；世界青少年机器人邀请赛(甘肃赛区)选拔赛主要包括以"风暴过后"为主题的小学组、以"雪后城市"为主题的初中组 WRO 常规赛；以"智慧交通"为主题的小学组、以"智能制造"为主题的初中组 Make X 机器人挑战赛和以"金球入框"为主题的 VEX IQ 挑战赛等。最终，经过激烈角逐，共产生各类奖项 312 项。

本届大赛产生的各赛项各组别冠军队伍将被竞赛组委会办公室提名推荐参加第二十届中国青少年机器人竞赛暨世界青少年机器人邀请赛。

中国青少年机器人竞赛的举办，不断扩大了机器人竞赛规模和影响力，同时发现和培养了一大批热爱科学、具有创新精神和实践能力的科技创新后备人才，让科技创新成果源源不断涌现出来。甘肃省科学技术协会党组书记陈炳东表示,“此次大赛的举办,必将进一步激发和培养广大青少年崇尚科学、追求真知、开拓进取的精神,推动我省青少年科普工作深入广泛开展。”

“慧聚自然”,甘肃举行科普进校园活动

2021 年 6 月 4 日

6 月 5 日是第 50 个世界环境日,为响应全国“人与自然和谐共生”环境日主题,同时丰富学生视野和扩大知识面,落实科普启智的教育愿景,激发学生对自然科学的求知兴趣,6 月 4 日,以“科普进校园,探索生命奥秘”为主题的科普活动走入甘肃兰州市银滩泽华小学,为孩子们带来一场生动而富有意义的自然科普知识盛宴。

“北极狼、玳瑁、海龟、企鹅、鳐鱼、鲸鱼、鲨鱼,这些极地动物和海洋动物大家都见过吗?”来自兰州海洋公园的科普辅导员用问题开启了孩子们的“畅游”之旅。“老师,海牛有一个非常好听的名字,你知道吗?”“美人鱼!”孩子们不甘示弱,不停地反问老师,让活动氛围迅速融洽了起来。通过 PPT 和老师的讲解,孩子们从形态特征、栖息环境、生活习性、分布、繁殖方式等多方面“探秘”了这些远离日常生活的极地动物。

“海洋生物靠什么生存?”“深海有没有植物?”“人类如何能更有效地保护海洋环境呢?”“大家知道它们都是几级国家保护动物吗?”一系列知识问答环节将本次科普活动推向了高潮,孩子们争先恐后地回答问题,更加激发了孩子们对小动物的兴趣。

活动现场,一批“萌宠”忽然“空降”,豚鼠、龙猫、雪貂、鬃狮蜥、鳄龟、水母等“嘉宾”让孩子们兴奋不已,大家纷纷与可爱的小动物合影,轻轻地触摸它们。“我们应该保护小动物,不能伤害他们,也要阻止大人伤害他们。”孩子们稚嫩地说道。

了解环境、爱护环境,增强全社会环境保护意识。此次科普活动,孩子们与老师积极互动探讨自然生物的神奇与奥妙,既学到了课本上没有的知识,更懂得了人类要与自然和谐相处,保护环境就是保护我们人类自己。

2020年全国科普讲解大赛预选赛暨甘肃省第五届科普讲解大赛落下帷幕

2020年8月10日

“今年的大赛相比往年，社会关注度更加高，参赛选手职业范围更加广泛，同时，可喜的是今年首次有2名中学生报名参赛。”8月7日，由中共甘肃省委宣传部、甘肃省科学技术厅、甘肃省科学技术协会主办，甘肃省生产力促进中心承办的2020年全国科普讲解大赛预选赛暨甘肃省第五届科普讲解大赛总决赛在兰州顺利举行。

据悉，2020年全国科普讲解大赛预选赛暨甘肃省第五届科普讲解大赛自启动以来，经过选手报名、各单位选拔推荐及初赛评审等竞赛阶段，历时2个多月。比赛初赛共有来自甘肃科技馆、甘肃省气象局、甘肃省农科院、甘肃省博物馆、敦煌研究院等单位的138名选手参加，依次经过自主命题讲解、科技常识问答、评委专家问答几个环节的层层选拔，其中45名选手入围总决赛。

在决赛现场，选手们以科学的内容、崭新的角度、风趣而生动地讲述了重离子加速器、胖五、蓝鲸号等科技知识，用充满创意与活力的讲解，向现场评委和观众展现了一场有趣、有料的科普视听“盛宴”。经过激烈角逐，来自甘肃科技馆的张曜红、来自兰州中心气象台的李荣和来自金川科技馆的郭子豪获得一等奖，他们将代表甘肃省参加2020年全国科普讲解大赛。

近年来，甘肃大力推动科普工作的多元化投入、常态化发展，包括科普讲解大赛在内的甘肃省科技活动周、甘肃省青少年科技创新大赛等一系列科学实践活动和科普宣传活动的开展，有力地推动了科普工作的社会影响力。甘肃省科技厅副厅长巨有谦在颁奖典礼上寄语：“大赛举办四年以来，发现和培养了一批懂科学、爱科学、用科学的科普传播和讲解员队伍，有效支撑了科普宣传工作。通过比赛，我们希望努力形成关心科普、参与科普、支持科普、宣传科普的良好社会氛围，推动全省科技事业健康快速发展。”

物象千年的古代玻璃世界

2021 年 8 月 27 日

“丝绸之路今天已是世界地图上没有的道路，然而它对我来说却是现实中存在的道路，是我必须走下去的道路。”日本著名画家平山郁夫因痴迷丝绸之路的艺术宝藏，曾广泛收集流散于民间的丝路艺术品。前不久，由敦煌研究院和平山郁夫丝绸之路美术馆主办的“琉光溢彩——平山郁夫丝绸之路美术馆藏古玻璃器展”开展，325 件璀璨的古玻璃器惊艳亮相，折射出古代丝绸之路沿线各民族的智慧和创造力。

曾经它叫“琉璃”

“方椎夜光之流离，剖明月之珠胎。”在人类早期文明中，火与土的“协奏”从未停止过，陶、青铜、玻璃是古代人类最早开始使用的三种材料，作为艺术与工艺交汇的产物，玻璃于公元前 3000 年诞生于美索不达米亚和古埃及地区，后广泛传播于古罗马，后通过丝绸之路上的贸易传播至东方。古代的玻璃技师匠心独具，创造出了各种制造技术和装饰工艺，留下无数令后人叹为观止的艺术品，为后人打开了一扇与璀璨文明“亲密接触”的绚丽窗口。

玻璃在中国很早的史料中已有记载，《后汉书·西域传》有记：“（大秦）多金银奇宝，有夜光璧、明月珠、骇鸡犀、珊瑚、虎魄、琉璃、琅玕、朱丹、青碧。”这里的琉璃，指的就是玻璃器。据考证，早在春秋战国时期，就有地中海地区生产的“蜻蜓眼”玻璃珠流入中国，从汉代开始，伴随陆上丝绸之路与海上丝绸之路的繁荣，中亚与西亚的玻璃制品作为昂贵的舶来品运抵中国，成为上层社会奢侈生活的标志。

据中国科学院干福熹院士的《丝绸之路上的古代玻璃研究》一书考证，我国新疆地区出土的玻璃制品是中国境内出现年代最早的，约为商周时期，到了汉代，玻璃制品大量传入中国，有了丝绸之路这条传播链，玻璃产品东传的同时也伴随着玻璃生产技艺的东传，干福熹认为，中国作为丝绸之路亚洲段的中心，古代玻璃制品及其制作工艺又从中国向日本、朝鲜半岛和东南亚传播和交流。

看我“七十二般”变化

从宝石的“替身”到器皿，再到华丽的装饰品，自古至今，玻璃都是一个拥有“七十二般”变化，流光溢彩的“精灵”。早期玻璃以珠子为代表，是古代西亚和地中海地区早期最主要的制作技术，后来出现了各种容器。以硬核成型技术生产的花瓶等各种容器为代表。到了公元 1 世纪，玻璃进入吹制阶段，制作更加容易，器型也更多，玻璃器胎体变薄，具有透明度，到了古罗马时期，玻璃的制作工艺得到迅猛发展，吹制、吹模、切割、雕刻、镌刻、缠丝、镀金等技术不断出现，玻璃器很快融入了人们的生活，刻着精美花瓣纹、带脊纹等纹样的碗、金箧簾等成为人们宗教活动和生产生活中的“新宠”，盛放香膏和香油的华美器皿展现了古罗马人的“情调”，盛放眼泪的小型玻璃器承载着生者对逝者的缅怀……

盛行于公元 4 世纪的玻璃镂雕技术是古罗马玻璃制作技艺的巅峰，也是最为奢华的一类，如悬挂式镂空玻璃油灯等。伴随技术的精进，层层叠加不同色彩的玻璃料的横截面形成了五彩斑斓的马赛克玻璃，这种技术让玻璃匠人更有发挥创造力的空间，它也是玻璃的基础，而将带花纹和螺纹的马赛克玻璃切片铺满模具，熔化后做成的玻璃盘子和杯子，看上去就好像开了很多花一样，成为真正意义上的玻璃。这些精湛的玻璃制作技艺和极具艺术价值的玻璃制品，让人不禁为古人的聪明和智慧所折服，流光溢彩的玻璃艺术珍品，为世人打开了一个充满浪漫与美好的世界。

作为商品，玻璃在输入中国的同时，也促进了中国玻璃制造的发展，东晋时期，中国就有合五种灰来制造玻璃的先例，但是并未得到推广，到了唐代，玻璃制作已经不再停留在仿制的阶段，而是自成一派，古朴大气，独具特色，例如，陕西法门寺《物帐碑》成为“瑠璃茶椀子一副”的玻璃托盏，便是中亚、西亚从未出现过的，属于地道的中国特色的自产器物。到了宋代，中国在传统工艺基础上吸收西方技术，出现了形态多样的玻璃器。赵汝适《诸蕃志》载：“琉璃出大食，诸国烧炼之法与中国同，其法用铅硝石膏烧成，大食则添入南鹏砂，故滋润不烈，最耐寒暑，以此重于中国。”这充分体现了当时中国与外国在玻璃制作方法和原料上的特点；元代寺院的琉璃塔是典型的传统琉璃，而清代的琉璃接近现代的玻璃，两者之间已经没有多大的区别了，沿着古老的丝绸之路，文化在交流中发生了碰撞，在融合中得到了提升，在借鉴中得到了升华。也是在这样的环境中，中国玻璃工艺几起几落，逐渐走向成熟。

与文化“共舞”数千年

一沙一世界，小小的琉璃珠在火焰的洗礼下，焠炼成就一份匠心。在宏伟的历史长河中，玻璃的地位曾一度凌驾于宝石、金银之上，最为独特的是，中国古代玻璃自出现伊始，就与“丝绸之路”结下不解之缘，例如《西游记》中，沙僧之所以被贬下天庭，后成为唐僧徒弟，保护其西天取经，就是因为他打破了王母娘娘的一只琉璃盏。玻璃与文化“共舞”数千年，给我们展现了古人高超的加工制作技艺，古代科学技术的发展可见一斑，更是丝绸之路上东西方文化交流的见证。

“琉璃钟，琥珀浓，小槽酒滴真珠红”“千家献黄金，万匠磨琉璃”“霁晓气清和，披襟赏薜萝。玳瑁凝春色，琉璃漾水波”……我们古代的文人骚客总是用琉璃形容纯净、高贵的事物，到了唐代以后还成为贵妇人的服饰点缀，并用来制作钗、钏等首饰，很快成为时尚，蔓延到更广泛的社会层面。然而，伴随时代的发展，玻璃从“观者见之，莫不惊骇，以为神明所做”，到“国中琉璃遂贱，人不复珍之”，再到如今精彩纷呈的各式“黑科技”应用，体现了它的“命运多舛”，也彰显了它强大的生命力，正如北京大学考古文博学院齐东方教授所说，历史上各个地区文明的发展不是封闭且孤立的，而是开放包容、相互促进的，玻璃承载的不仅仅是丝绸之路厚重的历史，更反映了不同文化碰撞与融合，它提供了一个突破国家、民族、地域限制进行交流的最佳范例，也促进了中华文明在不断积淀中走向辉煌，为人类社会的发展和世界多种文明的融合发展提供了深刻的启示。

后 记

本书的作者基础专业都非新闻学，却都是有“新闻情怀”的科技工作者，科技工作本就是要去田间、进车间，到实验室，研究高精尖，我们本着“传递甘肃科技声音、讲好甘肃科技故事”的初心，将公众眼中晦涩难懂的科技工作用通俗的语言表现出来，也持之以恒为甘肃科技创新工作的优异成绩鼓与呼。

本书荟集几位作者六年来的新闻作品而成，作品逾千篇，历经几番整理，数次讨论，最终收录了其中一小部分，本书所著作品均在《科技日报》及其官网刊发，在集纳成书的过程中，只对个别字句进行了修改。很多稿件收获了来自《科技日报》、甘肃省及各市州的殊荣，如中宣部“新春走基层”活动先进个人、甘肃省委宣传甘肃好新闻奖、宣传甘肃优秀作品一等奖、甘肃新闻奖等，在此，感谢相关部门对甘肃科技工作的关注与支持。

需要说明的是，杜英同志在科技日报社甘肃记者站深耕多年，本书只收录了其部分作品，他作为指导老师，积极布局，几年间付出了大量心血策划选题、指导采访、对接编辑，并执笔撰写了部分重要的稿件，共计约 6 万字；邸金同志执笔撰写了 2015~2020 年的大部分作品内容，2020~2021 年部分内容，共计约 13.8 万字；张文丽同志执笔撰写了 2020~2021 年大部分作品内容,共计约7.1万字,刘勇同志执笔撰写了2020~2021年部分作品内容,共计约5.1万字。

本书整理过程中,得到了甘肃省科技情报研究所领导及各个兄弟部门及众多采访对象的指导和帮助,向他们表达由衷的谢意。“好稿不厌百回改”,这些作品凝聚了大家的厚爱和心血。

感谢甘肃科学技术出版社的编辑刘钊老师,你们不厌其烦、精益求精的工作态度和乐业精神,令人感念。

由于作者水平有限,本书在撰写过程中难免有不足之处,诚请各位批评指正,特驰惠意。